STUDY ON CONTEMPORARY OVERSEAS MARXIST PHILOSOPHY

当代国外
马克思主义哲学研究丛书
国家出版基金项目
NATIONAL PUBLICATION FOUNDATION　张一兵　主编

南京大学
建设世界一流大学一流学科工程项目

Discover Sohn-Rethel
The Hidden Social and Historical Mechanism
for the Apriori Synthesis of Idea to Happen

发现索恩－雷特尔

先天观念综合发生的隐秘社会历史机制

张一兵　著

北京师范大学出版集团
BEIJING NORMAL UNIVERSITY PUBLISHING GROUP
北京师范大学出版社

总　序

今天中国的改革开放创造了一个前所未有的华夏讲文明的时代，中国人文社会科学学术研究领域中那种单向的"去西方取经"一边倒的情形，已经转换为世界各国的科学家和思想家纷纷来到中国这块火热的大地上，了解这里发生的一切，与中国的学者进行面对面的交流。在作为中国马克思主义哲学研究重镇的南京大学，德里达来了，齐泽克①

---

① 斯拉沃热·齐泽克(Slavoj Žižek，1949—)：当代斯洛文尼亚著名思想家，欧洲后马克思思潮主要代表人物之一。1949 年 3 月 21 日生于斯洛文尼亚的卢布尔雅那市，当时，该市还是南斯拉夫西北部的一个城市。1971 年在卢布尔雅那大学文学院哲学系获文科(哲学和社会学)学士，1975 年在该系获文科(哲学)硕士，1981 年在该系获文科(哲学)博士。1985 年在巴黎第八大学获文科(精神分析学)博士。从 1979 年起，在卢布尔雅那大学社会学和哲学研究所任研究员(该所从 1992 年开始更名为卢布尔雅那大学社会科学院社会科学研究所)。主要著作：《意识形态的崇高对象——悖论与颠覆》(1989)、《斜视》(1991)、《延迟的否定——康德、黑格尔与意识形态批判》(1993)、《快感大转移——妇女和因果性六论》(1994)、《难缠的主体——政治本体论的缺席中心》(1999)、《易碎的绝对——基督教遗产为何值得奋斗?》(2000)、《视差之见》(2006)、《捍卫失败的事业》(2008)、《比无更少》(2012)等。

来了，德里克①来了，凯文·安德森②来了，凯尔纳③来了，阿格里塔④

来了，巴加图利亚⑤来了，郑文吉⑥来了，望月清司⑦来了，奈格里⑧

---

① 阿里夫·德里克(Arif Dirlik，1940—2017)：土耳其裔历史学者，美国著名左派学者，美国杜克大学、俄勒冈大学教授。代表作：《革命与历史——中国马克思主义历史学的起源，1919—1937》(1978)、《中国革命中的无政府主义》(2006)、《后革命时代的中国》(2015)等。

② 凯文·安德森(Kevin B. Anderson，1948—)：美国当代西方列宁学家，社会学家，加利福尼亚大学圣塔芭芭拉分校教授。代表作：《列宁、黑格尔和西方马克思主义：一种批判性研究》(1995)等。

③ 道格拉斯·凯尔纳(Douglas Kellner，1943—)：马克思主义批判理论家，美国加利福尼亚大学洛杉矶分校教授，乔治·奈勒教育哲学讲座教授。代表作：《后现代转折》(1997)、《后现代理论——批判性的质疑》(1991)、《媒体奇观：当代美国社会文化透视》(2001)等。

④ 米歇尔·阿格里塔(Michel Aglietta，1938—)：法国调节学派理论家，法国巴黎第五大学国际经济学教授，法国巴黎大学荣誉教授。代表作：《调节与资本主义危机》(1976)等。

⑤ 巴加图利亚(G. A. Bagaturija，1929—)：俄罗斯著名马克思主义文献学家和哲学家。

⑥ 郑文吉(Chung, Moon-Gil，1941—2017)：当代韩国著名马克思学家。1941年11月20日出生于韩国庆尚北道大邱市；1960—1964年就读于大邱大学(现岭南大学)政治系，1964—1970年为首尔大学政治学研究生，获博士学位；1971年起，任教于高丽大学，1975年任副教授，1978年任教授；2007年，从高丽大学的教职上退休。1998—2000年间，郑文吉任高丽大学政治科学与经济学院院长。代表作：《异化理论研究》(1978)、《青年黑格尔派与马克思》(1987)、《马克思的早期论著及思想生成》(1994)、《韩国的马克思学视域》(2004)等。

⑦ 望月清司(Mochizuki Seiji，1929—)：日本当代新马克思主义思想家。1929年生于日本东京，1951年就读于日本专修大学商学部经济学科，1956年就任该大学商学部助手，1969年晋升为该大学经济学部教授。1975年获得专修大学经济学博士，并从1989年开始连任专修大学校长9年，直至退休为止。代表作：《马克思历史理论的研究》(1973)等。

⑧ 安东尼·奈格里(Antonio Negri，1933—)：意大利当代著名马克思主义哲学家。1956年毕业于帕多瓦大学哲学系，获得哲学学士学位。同年加入意大利工人社会党。20世纪60年代曾参与组织意大利工人"自治运动"(Autonomia Operaia)。1967年获得教授资格。1978年春季，他应阿尔都塞的邀请在巴黎高师举办了一系列关于马克思《政治经济学批判大纲》的讲座，其书稿于1979年分别在法国和意大利出版，即《〈大纲〉：超越马克思的马克思》。1979年，奈格里因受到红色旅杀害时任意大利总理阿尔多·莫罗事件的牵连而被捕。释放后流亡法国14年，在法国文森大学(巴黎第八大学)和国际哲学学院任教。1997年，在刑期从30年缩短到13年后，奈格里回到意大利服刑。在狱中奈格里出版了一批有影响的著作。1994年，奈格里与哈特合作出版了《酒神：国家形式的批判》。之后，二人又相继合作出版了批判资本主义全球化的三部曲：《帝国》(2000)、《诸众》(2004)、《大同世界》(2011)等。

　　和普舒同①来了，斯蒂格勒②和大卫·哈维③这些当代的哲学大师都多次来到南京大学，为老师和学生开设课程，就共同关心的学术前沿问题与我们开展系列研讨与合作。曾几何时，由于历史性和地理性的时空相隔，语言系统迥异，不同文化和不同的政治话语语境，我们对国外马克思主义哲学的研究，只能从多重时空和多次语言转换之后的汉译文本，生发出抽象的理论省思。现在，这一切都在改变。我们已经获得足够完整的第一手文献，也培养了一批批熟练掌握不同语种的年轻学者，并且，我们已经可以直接与今天仍然在现实布尔乔亚世界中执着抗争的欧美亚等左派学者面对

---

　　①　穆伊什·普舒同(Moishe Postone，1942—2018)，当代加拿大马克思主义历史学家、哲学家和政治经济学家。1983年获德国法兰克福大学博士学位，代表作《时间、劳动和社会支配：对马克思批判理论的再解释》在国际马克思主义学界产生了很大影响。普舒同教授曾于2012年和2017年两次访问南京大学马克思主义社会理论研究中心，为师生作精彩的学术演讲，并与中心学者和学生进行深入的研讨与交流。

　　②　贝尔纳·斯蒂格勒(Bernard Stiegler，1952—)：当代法国哲学家，解构理论大师德里达的得意门生。早年曾因持械行劫而入狱，后来在狱中自学哲学，并得到德里达的赏识。1992年在德里达的指导下于社会科学高级研究院获博士学位(博士论文：《技术与时间》)。于2006年开始担任法国蓬皮杜中心文化发展部主任。代表作：《技术与时间》(三卷，1994—2001)、《象征的贫困》(二卷，2004—2005)、《怀疑和失信》(三卷，2004—2006)、《构成欧洲》(二卷，2005)、《新政治经济学批判》(2009)等。

　　③　大卫·哈维(David Harvey，1935—)：当代美国著名马克思主义思想家。1935年出生于英国肯特郡，1957年获剑桥大学地理系文学学士，1961年以《论肯特郡1800—1900年农业和乡村的变迁》一文获该校哲学博士学位。随后即赴瑞典乌普萨拉大学访问进修一年，回国后任布里斯托大学地理系讲师。1969年后移居美国，任约翰·霍普金斯大学地理学与环境工程系教授，1994—1995年曾回到英国在牛津大学任教。2001年起，任教于纽约市立大学研究生中心和伦敦经济学院。哈维是当今世界最重要的马克思主义思想家，提出地理—历史唯物主义，是空间理论的代表人物。其主要著作有《地理学中的解释》(1969)、《资本的界限》(1982)、《后现代的状况——对文化变迁之缘起的探究》(1989)、《正义、自然与差异地理学》(1996)、《希望的空间》(2000)、《新自由主义简史》(2005)、《跟大卫·哈维读〈资本论〉》(第一卷，2010；第二卷，2013)、《资本社会的17个矛盾》(2014)、《世界之道》(2016)等。

面地讨论、合作与研究，情况确实与以前大不相同了。

2017年5月，我们在南京召开了"第四届当代资本主义研究暨纪念《资本论》出版150周年国际学术研讨会"和"《政治经济学批判大纲》专题讨论会"。在这两个会议上，我们与来到南京大学的国外马克思主义哲学研究者们，不仅共同讨论基于原文的马克思《1857—1858年经济学手稿》中的"机器论片断"，也一同进一步思考当代数字资本主义社会出现的所谓自动化生产与"非物质劳动"问题。真是今非昔比，这一切变化都应该归因于正在崛起的伟大的社会主义中国。

2001年，哲学大师德里达在南京大学的讲坛上讨论解构理论与当代资本主义批判之间的关系，他申辩自己不是打碎一切的"后现代主义者"，而只是通过消解各种固守逻辑等级结构的中心论，为世界范围内的文化、性别平等创造一种新的思维方式。如今，这位左派大师已经驾鹤西去，但他的批判性思想的锐利锋芒，尤其是谦逊宽宏的学术胸怀令人永远难忘。

2003年以来，我们跟日本学界合办的"广松涉与马克思主义哲学国际学术研讨会"已经举行了六届，从南京到东京，多次与广松涉①夫人及

---

① 广松涉(Hiromatsu Wataru，1933—1994)：当代日本著名的新马克思主义哲学家和思想大师。广松涉1933年8月11日生于日本的福冈柳川。1954年，广松涉考入东京大学，1959年，在东京大学哲学系毕业。1964年，广松涉在东京大学哲学系继续博士课程的学习。1965年以后，广松涉先后任名古屋工业大学讲师(德文)、副教授(哲学和思想史)，1966年，他又出任名古屋大学文化学院讲师和副教授(哲学与伦理学)。1976年以后，广松涉出任东京大学副教授、教授直至1994年退休。同年5月，任东京大学名誉教授。同月，广松涉因患癌症去世。代表作：《唯物史观的原像》(1971)、《世界的交互主体性的结构(1972)、《文献学语境中的〈德意志意识形态〉》(1974)、《资本论的哲学》(1974)、《物象化论的构图》(1983)、《存在与意义》(全二卷，1982—1983)等。

学生们深入交流，每每谈及广松先生从 20 世纪 60 年代就开始直接投入左翼学生运动狂潮的激情，尤其是每当聊到广松先生对马克思主义哲学的痴迷和以民族文化为根基，以马克思主义哲学为中轴，创立独具东方特色的"广松哲学"的艰辛历程时，广松夫人总是热泪盈眶、情不能已。

2005 年，卡弗①访问了南京大学马克思主义社会理论研究中心，每当谈起马克思恩格斯的《德意志意识形态》等经典哲学文本时，这位严谨的欧洲人认真得近乎固执的治学态度和恭敬于学术的痴迷神情总是会深深打动在场的所有人。2018 年，卡弗再一次来到南京大学时，已经带来了我们共同关心的《德意志意识形态》手稿版和政治传播史的新书。2006 年，雅索普②在我们共同主办的"当代资本主义国际研讨会"上受邀致闭幕词，其间他自豪地展示了特意早起拍摄的一组清晨的照片，并辅以激情洋溢的抒怀，他对中国社会和中国文化的欣赏与热情展露无遗，令与会者尽皆动容。

令我记忆深刻的还有 2007 年造访南京大学的哲学家齐泽克。在我

---

①　特雷尔·卡弗（Terrell Carver，1946—　）：英国布里斯托大学政治学系教授，当代著名西方马克思学学者。1974 年在牛津大学贝列尔学院获得政治学博士学位，1995 年 8 月至今任英国布里斯托大学政治学系教授。代表作：《卡尔·马克思：文本与方法》（1975）、《马克思的社会理论》（1982）、《弗里德里希·恩格斯：他的生活及思想》（1989）、《后现代的马克思》（1998）、《政治理论中的人》（2004）、《〈德意志意识形态〉手稿》（2016）等。

②　鲍勃·雅索普（Bob Jessop，1946—　）：当代重要的西方马克思主义理论家。毕业于英国兰卡斯特大学，从事社会学研究并获得学士学位。在英国剑桥大学获得博士学位后，任剑桥大学唐宁学院的社会与政治科学研究员。1975 年他来到艾塞克斯大学政府学院，开始教授国家理论、政治经济学、政治社会学和历史社会学，现为英国兰卡斯特大学社会学教授。代表作：《国家理论：让资本主义国家归位》（1990）、《国家的过去、现在与未来》（2016）等。

与他的对话中，齐泽克与我提到资本主义全球化中的那一双"童真之眼"，他说，我们应该为芸芸众生打开一个视界，让人们看到资本的逻辑令我们看不到的东西。在他看来，这，就是来自马克思主义批判的质性追问。也是在这一年，德里克访问南京大学，作为当代中国现代史研究的左翼大家，他在学术报告中提出后革命时代中马克思主义的不可或缺的意义。不久之后，在我的《回到马克思》英文版的匿名评审中，德里克给予了此书极高的学术评价，而这一切他从来都没有提及。

2008 年，苏联马克思主义研究院的那位编译专家巴加图利亚，为我们带来了自己多年以前写作的关于《德意志意识形态》的哲学博士论文和俄文文献。也是这一年，韩国著名马克思文献学学者郑文吉应邀来南京大学访问，他在为南京大学学生作的报告中告诉我们，他的学术研究生涯是"孤独的 30 年"，但是，在他退休之后，他的研究成果却在中国这样一个伟大的国家得到承认，他觉得过去艰难而孤独的一切都是值得的。2011 年，日本新马克思主义思想家望月清司访问南京大学，他将这里作为 40 年前的一个约定的实现地，此约定即谁要是能查到马克思在《资本论》中唯一一次使用的"资本主义"（Kapitalismus）一词，就请谁喝啤酒。已经初步建成《马克思恩格斯全集》电子化全文数据库的我们都喝到了他的啤酒。

最令我感动的是年过八旬的奈格里，他是怀中放着心脏病的急救药，来参加我们 2017 年"第四届当代资本主义研究暨纪念《资本论》出版150 周年国际学术研讨会"的，曾经坐过十几年资产阶级政府大牢的他，一讲起意大利"1977 运动"的现场，就像一个小伙子那样充满激情。同样是参加这次会议的八旬老翁普舒同，当看到他一生研究的马克思《资本论》手稿的高清扫描件时，激动得眼泪都要流出来了。不幸的是，普舒同教授离开中国不久就因病离世，在南京大学的会议发言和访谈竟然成了他留给世界最后的学术声音。

2015—2018 年，斯蒂格勒四次访问南京大学，他连续三年为我们的老师和学生开设了三门不同的课程，我先后与他进行了四次学术对话，也正是与他的直接相遇和学术叠境，导引出一本我关于《技术与时间》的研究性论著。[①] 2016—2018 年，哈维三次来到南京大学，他和斯蒂格勒都签约成为刚刚成立的南京大学国际马克思主义研究院的兼职教授，他不仅为学生开设了不同的课程，而且每一次都带来了自己的最新研究成果。我与他的哲学学术对话经常会持续整整一天，当我问他是否可以休息一下时，他总是笑着说："我到这里来，不是为了休息的。"哪怕在吃饭的时候，他还会问我："马克思的异化概念到底是什么时候形成的？"

对我来说，这些当代国外马克思主义哲学家和左派学者真的让人肃然起敬。他们的旨趣和追求是真与当年马克思、恩格斯的理想一脉相承的，在当前这个物质已经极度富足丰裕的资本主义现实里，身处资本主义体制之中，他们依然坚执地秉持知识分子的高尚使命，在努力透视繁华世界中理直气壮的形式平等背后深藏的无处控诉的不公和血泪，依然理想化地高举着抗拒全球化资本统治逻辑的大旗，发出阵阵发自肺腑、激奋人心的激情呐喊。无法否认，相对于对手的庞大势

---

① 张一兵：《斯蒂格勒〈技术与时间〉构境论解读》，上海，上海人民出版社，2018。

力而言，他们显得实在弱小，然而正如传说中美丽的天堂鸟①一般，时时处处，他们总是那么不屈不挠。我为有这样一批革命的朋友感到自豪和骄傲。

其实，自 20 世纪 80 年代以来，中国马克思主义理论界接触、介绍和研究国外马克思主义哲学已经有 30 多个年头了。我们对国外马克思主义哲学家的态度和研究方法也都有了全面的理解。早期的贴标签式的为了批判而批判的研究方式早已经淡出了年轻一代的主流话语，并逐渐形成了以文本和思想专题为对象的各类更为科学的具体研究，正在形成一个遍及中国的较高的学术探讨和教学平台。研究的领域也由原来对欧美马克思主义哲学的关注，扩展到对全球马克思主义哲学研究的全景式研究。在研究的思考逻辑上，国内研究由原来零星的个人、流派的引介和复述，深入到对国外马克思主义哲学的整体理论逻辑的把握，并正在形成一批高质量的研究成果。各种国外马克思主义论坛和学术研讨活动，已经成为广受青年学者关注和积极参与的重要载体和展示平台，正在产生重要的学术影响。可以说，我们的国外马克思主义哲学学科建设取得了喜人的进展，从无到有，从引进到深入研究，走过的是一条脚踏实地的道路。

从这几十年的研究来看，国外马克思主义哲学研究对于我国的马克思主义学术理论建设，对于了解西方当代资本主义社会的变迁具有极为

---

① 传说中的天堂鸟有很多版本。辞书上能查到的天堂鸟是鸟，也是一种花。据统计，全世界共有 40 余种天堂鸟，在巴布亚新几内亚就有 30 多种。天堂鸟花是一种生有尖尖的利剑状叶片的美丽的花。但是我最喜欢的传说，还是作为极乐鸟的天堂鸟，在阿拉伯古代传说中是不死之鸟，相传每隔五六百年就会自焚成灰，在灰中获得重生。

重要的意义。首先，国内的马克思主义哲学研究由于长期受到苏联教条主义教科书的影响，在取得了重大历史成就的同时也存在着一些较为严重的缺陷，对这些理论缺陷的反思，在某种意义上是依托对国外马克思主义哲学的研究和比较而呈现出来的。因而，在很大的意义上，国外马克思主义哲学的研究推动了国内马克思主义研究在理论和方法上的变革。甚至可以说，国外马克思主义哲学研究和国内马克思主义哲学研究是互为比照，互相促进的。其次，我们对国外马克思主义哲学的研究同时也深化了对西方左翼理论的认识，并通过这种研究加深了我们对于当代资本主义现实的理解，进而也让我们获得了中国特色社会主义道路自信最重要的共时性参照。

当然，随着当代资本主义的发展，国外马克思主义哲学理论逻辑也发生了重大变化，比如，到 20 世纪 60 年代，以阿多诺的《否定的辩证法》和 1968 年"红色五月风暴"学生运动的失败为标志，在欧洲以学术为理论中轴的"西方马克思主义"在哲学理论逻辑和实践层面上都走到了终结，欧洲的马克思主义哲学研究出现了"后马克思"转向，并逐渐形成了"后马克思思潮"、"后现代马克思主义"、"晚期马克思主义"等哲学流派。这些流派或坚持马克思的立场和方法，或认为时代已经变了，马克思的理论和方法已经过时，或把马克思的理论方法在新的时代条件下加以运用和发展。总的来说，"后马克思"理论倾向呈现出一幅繁杂的景象。它们的理论渊源和理论方法各异，理论立场和态度也各异，进而对当代资本主义的认识和分析也相去甚远。还应该说明的是，自意大利"1977 运动"失败之后，意大利的马克思主义理论研究开始在欧洲学术界华丽亮相，出现了我们并没有很好关注的所谓"意大利激进思潮"①。在 20 世纪 60 年代曾经达到学术高峰的日本马克思主义哲学研究界，昔日的辉煌不再，青年一代的马克思追随者还在孕育之中；而久被压制的韩国马克思主义哲学研究，才刚刚进入它的成长初期；我们对印度、伊朗等第三世界国家的马克思主义哲学研究还处于关注不够、了解不深的状况之中。这些，都是我们在今后的国外马克思主义哲学研究中需要努力的方向。

本丛书是关于国外马克思主义哲学研究的专题性丛书，算是比较完整地收录了近年来我所领导的南京大学马克思主义哲学研究学术团队和学生们在这个领域中陆续完成的一批重要成果。其中，有少量原先已经出版过的重要论著的修订版，更多的是新近写作完成的前沿性成果。将这一丛书作为南京大学"双一流"建设工程的重要成果之一，献礼于马克思诞辰 200 周年，我深感荣幸。

张一兵

2018 年 5 月 5 日于南京大学

---

① 意大利激进理论的提出者主要是 20 世纪六七十年代意大利新左派运动中涌现出来的以工人自治活动为核心的"工人主义"和"自治主义"的一批左翼思想家。工人运动缘起于南部反抗福特主义流水线生产的工会运动，他们 1961 年创刊《红色笔记》，1964 年出版《工人阶级》，提出"拒绝工作"的战略口号。1969 年，他们组织"工人运动"，1975 年，新成立的"自治运动"取代前者，成为当时意大利学生、妇女和失业者反抗斗争的大型组织。1977 年，因一名自治主义学生在罗马被法西斯分子杀害，引发"1977 运动"的爆发。因为受红色旅的暗杀事件牵连，自治运动的主要领导人于 1979 年 4 月全部被政府逮捕入狱，运动进入低潮。这一运动的思想领袖，除去奈格里，还有马里奥·特洪迪(Mario Tronti)、伦涅罗·潘兹尔瑞(Raniero Panzieri)、布罗那(Sergio Bologna)以及马西莫·卡西亚里(Massimo Cacciari)、维尔诺(Paolo Virno)、拉扎拉托(Maurizio Lazzarato)等。其中，维尔诺和拉扎拉托在理论研讨上有较多著述，这些应该也属于广义上的意大利激进理论。这一理论近期开始受到欧美学术界的广泛关注。

序

如果有一个人用六十八年时间写了一本书，然而这本书却不被后世所知，这应该是他个人的不幸。可是，如果他的观点直接影响了两位重量级的思想大师（阿多诺和齐泽克），并且他所写的是一本对思想史有重要价值的学术论著，那么这恐怕就会是学术界的悲剧了。令人有些许伤感的是，这并非一个无所指的寓言，而是一个我刚刚发现的真实历史故事：这个今天仍然不著名的人叫阿尔弗雷德·索恩-雷特尔①，那本

---

① 索恩-雷特尔（Alfred Sohn-Rethel，1899—1990）：德国西方马克思主义哲学家，1921 年毕业于海德堡大学。1920 年，他与恩斯特·布洛赫成为朋友，1921 年结识本雅明。1924—1927 年，他在意大利与法兰克福学派的克拉考尔和阿多诺接近，但由于霍克海默的反对，他始终没有成为法兰克福学派的成员。1928 年索恩-雷特尔获得哲学博士学位，1937 年，他通过瑞士和巴黎移居英国。1978 年，索恩-雷特尔被任命为不莱梅大学的社会哲学教授。其代表作有《商品形式与思想形式》(1971)、《德国法西斯主义的经济和阶级结构》(1973)、《认识的社会理论》(1985)、《脑力劳动与体力劳动》(1921—1989)、《货币：先天的纯粹铸币》(1990)等。

不被世人所知的书是《脑力劳动与体力劳动——西方历史的认识论》（ *Geistige und körperliche Arbeit ： Zur Epistemologie der abendländischen Geschichte* ）[1]。我现在觉得，索恩-雷特尔的这本书，是自己所读到的西方马克思主义哲学发展史中最重要的文本之一，所以，这是一个不应该发生的个人不幸和学术史悲剧。于是，我下决心重新**发现索恩-雷特尔**。

当然，这个被称作"法兰克福学派'同路人'"[2]的索恩-雷特尔之所以不为人们接受，原因之一是他的确没有同辈同胞学人阿多诺或本雅明那般广博和深邃，思想构境[3]意向也过于单一，甚至面对身边发生的种种新的思想浪潮无法生成更深一层的学术共鸣或互文参照境。这些都造成

---

[1] 此书 1970 年版的书名为《脑力劳动与体力劳动——社会综合理论》（*Geistige und körperliche Arbeit ： Zur Theorie der gesellschaftlichen Synthesis*）。

[2] ［斯洛文尼亚］齐泽克：《意识形态的崇高客体》，22 页，北京，中央编译出版社，2002。

[3] 构境（situating）是我在 2007 年提出的核心哲学范式，它的最初出场是在《回到列宁——关于"哲学笔记"的一种后文本学解读》一书的方法描述中。在我这里，构境概念被表述为关于**人**的历史存在论的一个**东方式**的总体看法，它不涉及传统基础本体论的终极本原问题，而只是讨论人的历史性存在的最高构成层级和高峰体验状态。我区分了社会生活空间中的**物性塑形**、**关系构式**、**创序驱动和功能性的筑模之上的**人的不同生存层级，以及这些不同生存状态和意识体认可能达及的不同生活情境，我将主体存在的最高层级界定为**自由的存在性生活构境**。很显然，在当代思想的形而上学内省和焦虑中，人们因为担心存在变成石化的在者、概念变成死亡的逻各斯本质，于是做作地在存在和概念的文字上打叉（海德格尔的"删除"和德里达的"涂抹"），而构境之存在就是当下同体发生的建构与解构性。情境之在不存留，只是每每辛苦地重建。当然，在现实历史事实中，构境存在通常是**与他性镜像**与**伪构境**（幻象）同体共在的。

了他理论构序①上的**闭合式自旋转**，简单且过于固执地从一而终。因此，他也被人称为"彻底的独白式的思想家"②。并且，如果从今天的视角来看，他在马克思的哲学、经济学理论认知上的失误处处可见，这些问题可能也是当时索恩-雷特尔热切地想要接近法兰克福学派，却被霍克海默坚决拒之门外的原因。然而我以为，这些问题并不足以让我们真正有理由不去关心索恩-雷特尔所努力进入的重要理论构境意向，特别是其中哲学认识论研究主题和历史唯物主义思考构境视角的并未真正实现的深刻意图和非凡构境点。

其实，我认为索恩-雷特尔的真正不幸，主要在于他走了一条逆传统学科构序惯性，跨越学科规范的崎岖小路。我将索恩-雷特尔的这一主要工作指认为**破境**③和归基工程，即根本解构康德认识论和一切唯心

---

① 构序(ordering，创序)，是我在 1991 年提出的一个概念，在复杂性科学中，构序即负熵。构序与马克思历史唯物主义中的物质生产力同义，是指"**人类通过具体的实践，历史地构成特定物质存在层系的人的社会存在的带矢量的有序性**"。2009 年，我在构境论的基础上再一次确认了这一概念。"与主体性的劳动塑形活动和客观的主体活动关系、塑形物的链接构式不同，生产创序是整个社会生产过程中活生生表现出来的特定组织编码和功能有序性，或者叫保持社会存在消除其内部时刻发生的坠回自然存在无序性熵增力量的有序性**负熵源**。社会历史存在中的创序能力是以劳动塑形为主导的整合性的社会创造能力，这种创序能力随着社会生产的日益复杂化而丰富起来。"参见张一兵：《实践构序》，载《福建论坛（文史哲版）》1992 年第 1 期；《劳动塑形、关系构式、生产创序与结构筑模》，载《哲学研究》2009 年第 11 期。

② ［德］耶格尔：《阿多诺：一部政治传记》，126 页，上海，上海人民出版社，2007。

③ 破境，我在本书中新生成的概念。对应于思想构境的突现发生，理论批判的核心将不再是一般的观点证伪，而是彻底瓦解批判对象的构境支点，从而使某种理论构境得以突现的支撑性条件彻底瓦解。破境是故意造成的，它不同于通常在思维主体暂时离开思想活动和文本解读活动现场时发生的构境与**消境**。我们处于睡眠状态或一个文本静静地躺在书架上时，思想构境是不存在的，每一次鲜活的学术构境都是随着我们的主体苏醒和思想到场重新复构的，从不例外。

主义思辨观念论的独立自存伪构境。具体一些说，也就是依循历史唯物主义的观点，努力追寻整个西方认识论观念和康德式先天哲学构架之自在伪境的**现实社会历史基础**，特别是其在商品交换关系**现实抽象**的内里构序机制。在这一点上，索恩-雷特尔一个意外的贡献就是无意识地凸显出马克思的**历史认识论**与传统哲学认识论的根本差别，即认识论的主要对象并非仅仅是感性经验之上的**可见**对象，而更多的是要透视社会历史生活中的特定**关系存在和内在构序**。关于这一点，我在《回到马克思》一书中已经有所涉及，但并没有很好地深入展开。^① 显然，即便是在今天，这些问题也是没有被学术界认真对待的重要研究领域和重大理论任务，所以，想要解决这些难题，实在是一件很不容易的事。加之索恩-雷特尔明显单薄的理论准备，即虽然他也正确地进入马克思关于资本主义商品—市场经济研究的内部，但其所依托的他性镜像却始终是半伪半真的，在相当多的批判性破境努力和还原构境点上，他都无力呈现马克思的原初构境。这使得他虽然在正确的努力方向上奔走，其实际结果却是不理想的。所以，固然尽其一生努力，也并不能让索恩-雷特尔真正完成这种重大学术突破，终究还是让不断滑下的逻辑巨石压住，有意义的破境意向落得残破不堪。讥笑他被石头压住是件轻松的事情，但如果我们试图将其从逻辑巨石下解救出来，并重新凿开那条可能通向透亮的马克思主义**认识论构境**的新路，却真是难事。

我认为，索恩-雷特尔的理论努力最值得我们关注的方面，是他第

---

① 参见张一兵：《回到马克思——经济学语境中的哲学话语》，560—566页，南京，江苏人民出版社，2014。

一次系统地追问了康德在认识论中实现的"哥白尼翻转"（kopernika-
nische Wendung）的**历史唯物主义答案**。或者说，是在漂亮的唯心主义
思辨伪境平台的直接瓦解基础上，深凿出一个新的马克思主义认识论构
境的可能空间。这就是他将马克思在《关于费尔巴哈的提纲》第二条中对
哲学认识论的初步历史化构序层深化为一个宏大的批判性思想构境平
台，并试图将马克思曾经开启的**实践认识论**问题深化到政治经济学研究
域中，以接续马克思在《1857—1858 年经济学手稿》和《资本论》中不得
不放弃的认识论追问。仅就这一点，已经足以使他进入西方马克思主义
思想史中一流学者的行列。尤其重要的是，这个深刻的破境和学术重新
构序方向正是近些年来我们国内马克思主义哲学研究所缺失的重要学术
维度。

　　纵观索恩-雷特尔的文本生产加工史，他极少出现逻辑斜视，理论
构境之思始终聚焦于先天观念综合构架独立存在的伪境之破解与回归社
会现实所发生的**先验性构式**①的客观运动。这两个先验性构架的归基与
同构关系是索恩-雷特尔理论构境中的精华。从 20 世纪 20 年代开始，
他就锁定康德认识论革命的历史唯物主义答案这一主题，分别在 1936

---

　　① 构式（configurating）是我在 2009 年从建筑学研究领域的"空间句法（Space Syn-
tax）理论"中挪用来的概念。我当时是想用其指认"人与物、人与人主体际的客观关系系
列及其重构（再生产），这是人类生存超拔出动物生存最重要的**场境关系**存在论基础"。与
有目的、有意图的主体性的劳动塑形不同，关系构式往往呈现为一种受动性的结构化的
客观结果。它既是社会生活的场存在形式，又是社会空间的建构。参见张一兵：《劳动塑
形、关系构式、生产创序与结构筑模》，载《哲学研究》2009 年第 11 期。在不久前我对于
福柯的研究中，我发现"构式"一词竟然也是法国科学认识论研究之后一批重要学者使用
的范式。

年、1937 年、20 世纪 50 年代逐步形成自己有一定原创性的基本看法，并在 1970 年完成这一宏大理论工程的第一个全景式的论著。1989 年在对这一文本的修改中，他又做了结构上的较大调整和完善。这也是本书将要面对的索恩-雷特尔的主要文本。

关于 1936 年的"卢塞恩草案"，我们可以从同时期他写给刚刚认识的阿多诺的名为"功能社会化理论草案"的信中看到其基本理论轮廓。这是一个无名学者恳请学术大他者认可的文本。① 在一定的意义上，它很像青年海德格尔在 1922 年写下的"那托普报告"（*Natorp-Bericht*）。② 能感觉得到，索恩-雷特尔一开始就打动了阿多诺，并逐步开始直接影响到后者。这是我们解读的第一个文本。索恩-雷特尔建立的第一个理念构境点是**社会功能化**（*funktionale Vergesellschaftung*）的剥

---

① 据文献记载，索恩-雷特尔于 1936 年在英国的牛津大学拜访了阿多诺。参见[德]魏格豪斯：《法兰克福学派：历史、理论及政治影响》（上册），222 页，上海，上海人民出版社，2010。

② 1922 年，马堡（菲利浦）大学的哲学教授那托普退休，而由哈特曼继承职位，于是，原来哈特曼的副教授职位空缺。海德格尔得知此事之后，在同年 10 月迅速提供了一份由 50 页打印稿构成的文章，标题为"对亚里士多德的现象学阐释——解释学情境的显示"，他将其寄给那托普，并告知此文为他自己一部关于亚里士多德哲学思想研究论著的导言，这就是"那托普报告"。其实，同年 7 月，海德格尔在给雅斯贝尔斯的一封信中已经提到一篇"对亚里士多德的阐释"的文章，11 月，海德格尔又告诉雅斯贝尔斯，给那托普的报告"花了整整三周的时间来做整理，并写了一个'前言'，然后我口授了所有的内容（共 60 页）。通过胡塞尔给马堡和哥廷根各寄了一份"。参见 *Martin Heidegger-Karl Jaspers. Briefwechsel 1920-1963*，Klostermann，1990，S. 34。中译文参见[德]比默尔、[瑞士]萨纳尔编：《海德格尔与雅斯贝尔斯往复书简》，123 页，上海，上海人民出版社，2012。此文献的首次问世是在 1989 年，刊发于《狄尔泰年鉴》第 6 卷（哥廷根，1989，235—269 页）上。2005 年收入当年出版的《海德格尔全集》第 62 卷附录三，343—420 页。中译文由孙周兴博士在 2004 年完成并公开出版，收入[德]海德格尔：《形式显示的现象学》，76—125 页，上海，同济大学出版社，2004。

削关系（Ausbeutungsverhältnisse），这决定了现代性认知结构的**机能**。政治性的**剥削**决定认识塑形①结构，这是一个很新奇的想法。一是将认识的**独立存在伪境**归基为历史性的实践，社会存在的**效用性**（*Geltungscharakter*）决定真理性质。这是马克思已经初步奠基的思考线索。阿多诺也肯定了这一观点。二是人类的文化史与人类**剥削关系**史同体发生，由康德、黑格尔在哲学认识论中放大了的观念本质构成的先天图式和它所统摄的现象世界（事实性），都是一定历史条件下不平等社会剥削关系下的劳动实践的**拜物教化异在**。把唯心主义哲学逻辑中的暴力归基于现实生活中的奴役关系和拜物教（Fetischismus），这是一种新的破境和重新构序点。并且，这里索恩-雷特尔的拜物教概念已经不同于马克思。三是资本主义生产方式中的社会功能化是由全新的商品形式基本特征所建构起来的。在他看来，这种资产阶级商品形式的基本特征是**同一性、定在和物性**（*Identität，Dasein und Dinglichkeit*）。这三个概念都超出了通常思想史的原有构序意义域，索恩-雷特尔由此凸显出新的思考情境。特别是其中的Dasein概念，既脱离了马克思历史唯物主义中的原有规定，也没有连接海德格尔对抽象个人主体的否定性新规定——此在。此乃本书第一章的内容。

———————

① 塑形（formating）是我于2009年在汉语学界独立提出的概念，当时我将其英译为shaping。在马克思晚期的经济学—哲学语境中，它表征了"人类劳动活动为我性地改变物性对象存在形式的生产和再生产过程。物质是不能创造的，但劳动生产却不断地改变物质存在的社会历史形式。**人的劳动在生产中并不创造物质本身，而是使自然物获得某种为我性（一定的社会历史需要）的社会存在形式**"。参见张一兵：《劳动塑形、关系构式、生产创序与结构筑模》，载《哲学研究》2009年11期。在不久前完成的关于海德格尔的研究和福柯研究中，我发现塑形概念是现象学和福柯等一批欧洲思想家普遍使用的研究范式，这令我大受鼓舞。

1937 年的"巴黎草案"，体现在同年索恩-雷特尔交给本雅明的一份题为"对先天论的批判性清算：一项唯物主义的研究"文本中。这还是一个寻求理论认同的文稿本。这也是在本书中我们解读的第二个文本。显然，索恩-雷特尔的这一文本较之上文已经有了重要的观念突破，理论构境内容也比较丰满，我用了三章的篇幅讨论，即第二章至第四章。与前述观点接近的是，索恩-雷特尔提出现实的社会关系异化结构是异在的先验观念形式的秘密，剥削的方式导致先验观念的统摄。能感觉到，原先他的思想破境批判中那种简单的政治定性逐渐开始转向哲学性的批判。话语塑形上进一步的深化在于，他已经意识到马克思的下述观点：生活在资本主义社会中的每一个人都必然受制于社会存在中业已发生的**物化方式和程度**，"他们不知，但却那样做"，这是占统治地位的生产方式生成**盲目自发的**经济和政治**关系场**。这一观点的重释直接启发了后来的齐泽克，他的著作《因为他们并不知道他们所做的》(*For They Know Not What They Do*，1991，Verso)就缘起于此。这种在物化结构中无意识发生的**齐一性**(*Einheit*)①，由思辨哲学的神秘逻辑强制清除了所有现实的因素，转换成**没有起源**的普遍的先验观念构架和真理体系。这一点深化了上述意识独立存在伪像的破境基础。并且，较之"卢塞恩草案"，索恩-雷特尔这里重要的原创性观点是提出了**生产先验**(*Apriori der Produktion*)、**功能性构序**(*funktionale Ordnung*)和**物**(*Ding*)三个重要概念作为理论构式的新支点，并以此生成了这一阶段思想实验中全

---

① 齐一性(Einheit)概念在传统的中译文中，通常被译作统一性或同一性，但从索恩-雷特尔对它的特殊使用来看，它似乎比同一性要更加具有强暴性。与有**认同机制**的同一性(Identität)相比，齐一性似乎更具有外部的强制特征。

新的先验**社会综合**(*gesellschaftliche Synthesis*)范畴。我以为，索恩-雷特尔此处确认的生产先验概念使他的思想构境达到了西方马克思主义学术发展的最高点。我注意到，阿多诺充分肯定了索恩-雷特尔的生产先验概念，只不过将其扩充为社会先验。而索恩-雷特尔这个社会综合的概念是对前述社会功能化概念的构境深化，由此更接近与康德先天观念综合的逻辑对接，从而使批判性破境产生更加直接的突现效果。在索恩-雷特尔看来，资本主义的商品—市场交换关系齐一化了全部社会存在，并给予了生产的先验构架，这是有史以来社会存在中发生的最重要的**现实综合**。索恩-雷特尔想说，正是这个客观发生的历史性社会综合才是康德先验观念综合在**现实大地上的秘密**。可以说，这是索恩-雷特尔对康德认识论提供的历史唯物主义答案中最有分量的理论构序内容。其实，从以上两个文本的写作，我们已经不难体会索恩-雷特尔当时的困窘情境。为获得法兰克福学派学术场的认同，他不得不反复征询阿多诺和本雅明的意见，而且，他的不少观点多少还是打动并真的很深地影响到了阿多诺。但这种努力最终还是失败的，因为真正的老板霍克海默显然不吃这一套。① 我们不难发现，索恩-雷特尔在自己的研究中其实提

① 据文献记载，阿多诺曾经郑重向霍克海默推荐索恩-雷特尔，请求研究所资助。阿多诺认为，索恩-雷特尔正在进行有意义的独立研究，也在像自己一样"从内部摧毁唯心主义"。并且，在我对阿多诺《否定的辩证法》一书的解读中，我发现阿多诺在不少重要观念的理解中都认同了索恩-雷特尔的见解。但是，霍克海默对此表示出了明确的拒绝。因为他认为，尽管索恩-雷特尔的书中那些"被意义含量巨大的词语挤满的沉闷的句子"包含了非常强大的的理智能量，可是，充其量只是对旧问题"从唯心主义出发进行一番修饰，反而使它们无法引人注目"，这种学术研究与"雅斯贝尔斯或别的什么教授的作品的地位没什么区别"。参见[德]魏格豪斯：《法兰克福学派：历史、理论及政治影响》(上册)，222页，上海，上海人民出版社，2010。

出了不少重要的新概念和新的构境意向，但都因为他自身的理论内功缺陷，丧失了建构伟大学术思想的可能性。倒是阿多诺和齐泽克这样的思想家从中淘到了不少闪光的东西。而霍克海默和马尔库塞则因为索恩-雷特尔的某些缺点简单否定了其全部的理论努力，在这一点上，我是站在阿多诺和齐泽克一边的。在刚刚开始研究索恩-雷特尔时，我周围的同事和学生中也有不少持怀疑和否定态度的，我以自己的研究获得最后说服了他们。

1951年，索恩-雷特尔用英文完成了自己的主要论著——《脑力劳动与体力劳动——唯心主义认识论批判》书稿，但是到了1970年，他才第一次出版了《脑力劳动与体力劳动——社会综合理论》，此时，原来书名中作为副标题的"唯心主义认识论批判"被换成了"社会综合理论"。此书1972年重印。而到了1989年，这一主要成果出修订版的时候，索恩-雷特尔又将书名改为《脑力劳动与体力劳动——西方历史的认识论》。对唯心主义认识论的否定性批判，是对阿多诺类似论著（《认识论的元批判》）的靠近，而社会综合理论则是对自己独创性的指认，最后，索恩-雷特尔干脆认为自己根本解决了**整个西方历史的认识论**问题，这显现出他理论自信的逐步增强和膨胀。

我们解读的第三个文本，是在终稿中被索恩-雷特尔删除的1970年版（1972年重印）的序言。保留并面对这个序言，是因为它概括了索恩-雷特尔在历史唯物主义视角中所提出的一些认识论研究的理论原则。一是他进一步将社会综合表征为对马克思"社会塑形"（Gesellschaftsformation）观念的一种"特殊结构化要素"结果。一定社会历史条件下的社会综合形式规制了一定时代的思想结构，当社会综合的塑形形式发生改变时，思想综合的先验自动座架结构也必然随之改变。这是一个正确的历时性的**同构**确认。二是他还指认出，**脑力劳动与体力劳动的分离**存在于阶级社会和经济剥削的整个历史之中，这是**一种异化（Entfremdung）现象**，而这一异化现象正是使得先天观念综合构架凌驾于感性经验生活的主要原因。应该指出，脑力劳动与体力劳动的历史性分离是索恩-雷特尔自认为找到了康德先天观念论假性独立存在伪境的重要原因，并且，索恩-雷特尔这里的异化概念已经是一种现代性痛苦的现象指认，而非人本主义的本真—异化—复归逻辑。三是确认这一问题的一般**历史认识论**意义。这些，构成了本书第五章的主要学术构境层。

第四个文本就是索恩-雷特尔这本书的主体，即 1989 年出版的这一论著的正文第一部分。这当然也是本书的主要研讨部分，索恩-雷特尔似乎将其视作自己最终的思想构境成果，关于它们的理解和批评性的讨论展开在本书第六章至第九章的思考中。

第六章思考了索恩-雷特尔在此书中最重要的理论成果，即他从脑力劳动与体力劳动的分离和相互关系入手，揭示了康德命题的非历史性，在批判了先天观念综合独存的虚假构境的合法性之后，进一步破解了社会综合的秘密生成机制——商品交换中发生的**现实抽象（Realabstraktion）**，这种客观的关系抽象才是观念综合思维抽象的真正基础。我认为，这可能真是索恩-雷特尔此书中继提出"生产先验"之后，最重要的理论再发现，这种新的思想构境意向强化了马克思在经济学语境中对资本主义生产方式中"抽象成为统治"的重要观点之哲学意义。显然，索恩-雷特尔的这一发现后来也给予了齐泽克学术研究上的重要影响。后者在自己最重要的著作《意识形态的崇高客体》一书中深入展开和发挥了索恩-雷特尔的这一观点。我会在下面文本的具体讨论中细说。

第七章的中心是抽象劳动与商品交换抽象的关系。其中，索恩-雷特尔自认为是"现象学式地"深入思考了西方资产阶级所创造的这个商品—市场经济王国的社会存在特性：在抽象劳动的基础上，正是以商品交换关系为核心所建构起来的**抽象形式化**的复杂经济机制，生成了这个资本主义生产方式中看起来在人的经验**之外**的自发运动和调节的先验社会综合功能。而他想刻意去做的事情，就是要重新捕捉到在康德先天观念综合结构自运行伪境中被遮蔽起来的交换关系现实抽象的痕迹，以还原抽象劳动—现实抽象与观念抽象的初始塑形关联。这里，预示了后来学术界关于生产抽象—交换抽象—一般智力抽象的争论线索。

第八章的构境焦点是先天观念综合与后天感受性的被构架的强暴关系的隐性支援背景。索恩-雷特尔在这里集中讨论了商品交换所形成的物化定在建构的**非实体的现实世界**，即作为"实践唯一者"的商品所有者参与其中非统觉的**齐一化**的现实世界，因为，进入流通过程中的只是商品在交换中被抽象出来的**可交换性形式**（*Austauschbarkeitsform*），它是抽象的，但却具有**另一个**场境时空中的现实性，因为它是客观发生的社会关系转换，或者用索恩-雷特尔的话来说，叫"特别的、物性的格式塔"，其可见的结晶物性载体就是**货币**。正是货币的**齐一功能**建构了社会综合的齐一化。这个齐一化，才是观念综合强暴的本质。实际上，索恩-雷特尔在此将马克思关于商品价值形式的经济学思考构境转换为一种玄虚的哲学话语。

第九章的核心焦点是无意识的商品拜物教与先天观念的知性综合机制的关系。索恩-雷特尔引述了马克思关于商品拜物教的批判思想，即商品的价值关系所表现的并不是物品之间的相等，反倒是一种不同商品之间的可交换性纯粹以量的方式存在的表面本质。说它是表面本质，因为它已经是一种社会关系的**物化**（*Verdinglichung*），即在交换中人与人的劳动交换关系物化为商品与商品之间的关系，这就是商品拜物教特征。他想证明，在商品生产社会中，观念构架中的自我调节和自我校准机制，也就是康德先天观念综合所生成的**知性统觉**机制，从现实基础上看，恰恰是商品交换中发生作用的**无意识相互居有关系**的间接结果。这是索恩-雷特尔对康德认识论进行批判性破境最核心的冲击点。索恩-雷特尔也将这种社会生活中发生的社会无意识指认为"第二自然"（Zweite Natur）。在商品交换的现实抽象中，出现了与纯粹知性发生相同的情形，因为现实抽象中出现的形式同一性不是由交换主体自觉发动的，社会综合的生成恰恰在他们**之外**。这个"之外"，正是先验观念构架**向存在立法**的秘密。

　　第五个文本是关于索恩-雷特尔此书正文第二部分的讨论。也是本书第十章的内容。在第二部分中，索恩-雷特尔试图将自己的"理论发现"泛化到整个历史中去，所以他想要破解"古代居有社会商品交换与抽象观念的生成"的秘密。我觉得，这一努力基本是失败的。因为索恩-雷特尔太贪心了。他的基本观点是历史性地分析古代"生产社会"向剥削的"居有社会"转变，以探寻脑力劳动与体力劳动分离后观念构架独立运行的假性空间，并且，试图描述这种居有社会的历史发生，以及在商品交换不断发展起来之后，新的社会综合如何转化为主观概念中的无形意识形态机制。索恩-雷特尔坚持认为，早期的商品与货币构成了希腊数学和形而上学抽象的现实基础。显然，这一断言是武断和缺少科学底气的。

　　顺便说一下，索恩-雷特尔这本书的最后还附有一个简短的谈话笔记，这是他在 1965 年与阿多诺一次谈话的记录，因为它并非一个完整的思想文本，所以我只是将它复位到相关的讨论中去了。我觉得，这个谈话笔记是阿多诺《否定的辩证法》一书中直接采用索恩-雷特尔相关观点的初步理解和先期认可。

　　不过，花如此大力气完整解读索恩-雷特尔这一终身反复打磨却仍有缺陷的文本，我在本书中到底想向中国马克思主义研究的学术界说明什么道理？我想了一下，大约有如下几点：

　　首先，在索恩-雷特尔最终出版《脑力劳动与体力劳动》的 1989 年，我已经开始写作《回到马克思》一书，不客气地说，在对马克思哲学—经济学思想构境的理解上，索恩-雷特尔真的落后了很多。写这本《发现索恩-雷特尔》，也恰恰是为了形成一种重要的反差，以凸显中国近 30 年来的马克思主义哲学研究与国外同行的差距。在与索恩-雷特尔的文本对话时，我尽可能详细地替他回到马克思的原始文本，复构①和补充了索恩-雷特尔在他性伪镜像中所无法看到的许多重要的经济学和哲学深境，明确批评了他在一些重要问题上的失误和错认，将他无法解决和无法再深入一步的重要方向都实实在在地向前推进了。在这一构境意向上，我是可以满满当当地自豪一把的。

　　其次，长期以来，索恩-雷特尔的学术思想始终处于黑暗的边缘上，他在历史唯物主义基础上批判康德认识论伪境并重新建构的历史认识论

---

　　① 复构，是我的构境论中的重要概念，它表达了文本研究者与文本写作原初构境的一种自觉设立的历史间距，阐释者的认知结果只能以自己的当下存在重新复构出一种新的文本话语场。它永远不可能直接等于原初语境。

构境意向始终没有被认真地关注和思考。这种无视，固然与前述的历史原因和索恩-雷特尔自身的理论缺陷有关，但更与整个西方马克思主义哲学研究中哲学认识论维度的弱化直接相关。客观地说，青年卢卡奇、施米特(Alfred Schmidr)和科西克(Karel Kosik)都有一定的认识论思考，但整个西方马克思主义主流的本质是人本主义的。或者说，其主导思想构境是生存论的。受到法国科学认识论影响的阿尔都塞，虽然也生成了一些重要的认识论观点，但并没有根本改变西方马克思主义的主要理论倾向。由于西方马克思主义在国内马克思研究学术界的深层话语塑形作用的不断放大，在一定的意义上，这种缺憾也影响到近年来我们自己的哲学理论构式，不难发现，很长一段时间以来，作为哲学研究前沿中最接近社会生产实践、自然科学实践和人的思维塑形构架的**认识论研究竟然不在场**！

早在 20 世纪 80 年代，我已经开始着手思考哲学认识论的相关问题。那个时候的国内学界，哲学认识论是一道亮丽的学术风景和重要思想构境背景，几乎每年都有专题性的全国认识论研讨会。1984 年，商务印书馆把皮亚杰主要的作品翻译过来，有七八种，最先被介绍的是《发生认识论原理》和《儿童心理学》[①]。皮亚杰以生物学、数学、物理学和逻辑学等自然科学为基础，博采众家现代哲学之精粹，在研究儿童心理学过程中，创建了一个独特的发生认识论(genetic epistemology)哲学理论。针对以巴甫洛夫心理实验所假设的主客体二元对立的反映论，皮亚杰以斯金纳

①　[瑞士]皮亚杰：《发生认识论原理》，北京，商务印书馆，1981；《儿童心理学》，北京，商务印书馆，1980。

行为主义的"小白鼠实验"为基础，探讨了主体在自主行动中如何认知客观的因果联系，由此确证认识主要是一个主体主动认知外部环境中规律的发生过程，他提出的所谓"双向建构认识论"对我后来的理论构境影响巨大。从 1984 年到 1986 年，皮亚杰在中国影响很大，相关的认识论讨论长达两年半。当时讨论的核心是：认识到底是什么，认识的本质究竟是反映还是建构。那时，认识论研究对中国当代哲学研究发展具有重要的推进作用。也是在那个理论构境氛围中，我写过一批关于认识论的文章，比如关于皮亚杰的认识论①、关于波兰尼的意会认识论②等专题论文，也像索恩-雷特尔一样，总是试图给予认识论一种马克思主义的解答方案，所以才会有关于科学理论构架与实践格局关联③、关于列宁"哲学笔记"中认识论与实践结构同构性等方面的思考和相关论文。后来，因为"回到马克思"和国外马克思主义的研究，我特别钟爱的这一主题被暂时搁置了。

客观地说，近一段时间，哲学认识论的确在国内哲学界慢慢地被边缘化了，哲学更多地关心主体的历史生存论，而较少聚焦与社会现实结构和自然科学前沿更贴近的认识论。我已经讨论过，存在一本有论大师海德格尔恰恰是根本否定认识论的合法性的。④ 对青年一代学者来说，可能很多人并不了解近代以来康德在认识论上的哥白尼革

---

① 参见张一兵：《皮亚杰发生认识论研究与历史唯物主义》，载《学术月刊》1986 年第 1 期。

② 参见张一兵：《波兰尼与他的〈个人知识〉》，载《哲学动态》1990 年第 4 期。

③ 参见张一兵：《论科学真理的理论框架制约及其现实基础》，载《上海社会科学院学术季刊》1988 年第 3 期。

④ 参见张一兵：《回到海德格尔》（第一卷），第二章第一节，北京，商务印书馆，2014。

命。黑格尔武断地颠倒作为整个世界本质的认知逻辑构架，这里有索恩-雷特尔第一次完整揭示的马克思哲学—经济学革命中的认识论意蕴。而在今天，除了上面已经提到的皮亚杰和波兰尼（Karl Polanyi），可能还有汉森（Norwood Hanson）的理论负载说、库恩（Thomas Kuhn）的科学认知范式理论、广松涉（Hiromatsu Wataru）的主体际认识论、法国的科学认识论与福柯的认识型和话语场论，以及整个当代自然革命中凸显出来的认知科学方法论等，似乎都成了我们的博士、硕士十分陌生和遥远的东西。有一个痛苦的事实，让我一想起来就内疚不已，那就是在长达 20 年的博士生培养中，我们这个学科点竟然没有一篇关于哲学认识论专题的博士论文。我始终觉得，认识论是全部哲学研究中最能代表哲学的思想构境深度的领域，可今天，它的思想庭院中却长满了凄凉的枯黄荒草。在构境论的层面看，一切有利于认识论思考成境的构序—构式因素统统都消失了，这不能不说是一个悲剧。所以，在今天重新唤起学界对认识论的关注和激情，倒成了我特别想做的事情。这本关于索恩-雷特尔的小书，多少也是这种冲动的结果。应该说，在与索恩-雷特尔的批判性对话中我也尽可能提供了自己长期思考的一些重要看法。在这本书之后，我也希望自己能够完成关于广松涉的认识论研究专题和波兰尼的意会认知理论的研究专题。说心里话，我特别希望中国哲学界特别是年轻一代学者能够重新回到认识论研究这一重要的学术领域中来。

最后一点，1921—1989 年，索恩-雷特尔写作这本书整整花了六十八年，这是一个学者完整的一辈子。从第一个草案开始，一直到他去世前对书稿的修订，同一个主题被反复追问、思考和改变，如同一首复杂的多声部的理论赋格曲①，如果我们能不以成败论英雄，那么仅这一点，就令人崇敬不已。因为今天真的没有人会再如此傻傻地做学问，一辈子非功利地思考和解决一个自己认为重要的问题。并且，它可能不会被理解，更不会为当下的学术场和世人所认同。这需要多么坚强的毅力啊！今天的中国学术界所缺失的正是这种忘我精神。这也是我重新发现索恩-雷特尔的现实意义之一。

发现索恩-雷特尔，去努力看到一个新的学术新构境方向的可能性空间。

张一兵

2015 年 7 月 27 日于飞往法兰克福的 LH0781 航班

---

① 赋格(fuge)是盛行于巴洛克时期的一种西方复调音乐体裁，俗称"遁走曲"，意为音乐主题演奏中的追逐、遁走。赋格的结构以一个主旋律为基调，人声或乐器以不同的音高和时间相继进入，按照对位法组织在一起，如巴赫的 G 小调赋格曲。在我这一次对索恩-雷特尔文本的解读中，他在不同时期文稿中对康德认识论进行破境批判时发生的这种赋格式的反复，有时会让我产生逻辑呕吐的感觉。

目　录

索恩-雷特尔——他讲他说

在动笔写一本文本解读论著的引言时，我已经养成了一个好的习惯：少一些主观臆想和逻辑编造，更多地让研究对象自己的言说话语构境得以复现。况且，索恩-雷特尔还是一个特别想自我表白的学者，这可能也来自他不为世人和当时的学术场所认可这种摆脱不掉的怨怒。然而，他留下的文字很乱，似乎，他也没有能力将自己身后的文本理出一个好的构境线索。好在旁观者清，我尽可能努力扶他一把，让这个不为人知也很难进入的接近独白的构境理路变得清楚一些。这意味着，此种思境复构中也有我的隐性助力。

一、青年得道不一定是件好事

在此书 1972 年版的前言中，索恩-雷特尔有一个简短的自述。他告诉读者，"我早在 1916 年还在求学时，就已经开始阅读奥古斯特·倍倍尔和马克思"①。这也就是说，马克思的话语一开始就是索恩-雷特尔的思想构境基础。从索恩-雷特尔一生的学术追求和文本来看，对马克思，他真是从一而终的。这是难能可贵的。1917 年，他曾经在海德堡参加过反对第一次世界大战的学生运动。然而，运动似乎总是带给他失败的感觉。在他的眼中，列宁的"十月革命"远远地偏离了马克思原来的轨道，对欧洲来说，虽然也发生了类似的革命，但"一切都失败了，革命来了又走了，最终只留下空荡荡一场"。从理论立场上看，索恩-雷特尔似乎没有葛兰西那种对十月革命的狂喜，在列宁与卢森堡②的争执中，他好像更偏向于后者。这可能也是大多数西方马克思主义学者普遍的心态。在资产阶级强大的欧洲，无法照搬俄国的革命实践和理论模式，这其实是当时欧洲左派的惨痛共识。特别是在德国，出现了索恩-雷特尔所指认的"德国革命的缺场"（ausgebliebenen deutschen Revolution）状态。可能也因此，索恩-雷特尔的一生都是远离革命运动的。这可能是造成他的理论严重脱离

---

① Alfred Sohn-Rethel, *Geistige und körperliche Arbeit：Zur Theorie der gesell-schaftlichen Synthesis*, Suhrkamp Verlag Frankfurt am Main, 1972, S. 9. 中译文参见李乾坤译稿。

② 卢森堡（Rosa Luxemburg, 1871—1919）：波兰、德国和国际共产主义运动史上杰出的女革命家，马克思主义理论家。她是德国社会民主党和第二国际著名的左派领袖之一，德国共产党的创建人和领导人之一，1919 年惨遭杀害。她的重要著作有：《社会改良还是社会革命?》(1899)、《资本积累论》(1913)、《尤利乌斯小册子》(1915)等。

现实的原因。

　　显然，当时索恩-雷特尔在海德堡大学里学到的东西，与他已经接受的马克思的观点在理论上并不一致，比如经济学中看起来很有道理的边际效用学说①、马克斯·韦伯非常复杂的社会理论，都曾深深地吸引着他。也是在这种情况下，青年索恩-雷特尔开始认真地阅读马克思的《资本论》。为什么会读《资本论》？依我的猜测，当列宁拒斥了第二国际对马克思社会经济发展必然趋势的解读逻辑之后，葛兰西那篇《十月革命：反对"资本论"的胜利》让一批西方的马克思主义学徒们狠狠地高兴了一阵，可欧洲无产阶级暴动失败之后，他们中的大多数又开始陷入深深的迷乱之中。所以，从实践的挫败感中重新回到《资本论》是一种可能的选择。在这里，索恩-雷特尔赞扬了后来阿尔都塞写作《读〈资本论〉》的方法。不是从经济学的视角阅读《资本论》，而是将其中的哲学意蕴释放出来，这也是索恩-雷特尔的相近构境逻辑。索恩-雷特尔有些自豪地说：

　　　　应该是用了两年，我在大学学业的背景下写作了与之相关的像小山一样的论文，以至于我可以背出《资本论》前六十页的每一句重要表述，研究其定义的特征，首先是它的隐喻的含义，试图探索它

　　① 1928年，索恩-雷特尔在莱德尔（Emil Lederer）的指导下，完成了博士论文《从经济活动分析到国民经济学理论：对熊彼特理论的方法论研究》。Alfred Sohn-Rethel, *Von der Analytik des Wirtschaftens zur Theorie der Volkswirtschaft：Methodologische Untersuchung mit besonderem Bezug auf die Theorie Schumpeters*, Heinr. J. Lechte, 1936.

们相互之间如何证明又如何相互矛盾。[1]

　　显然，这是下了大功夫的，背出《资本论》第一卷前六十页的重要论述，这当然不是简单的记忆，也不是通常的经济学理解，而是穿透式的**哲学**专注。因为他说："凭借一种疯狂的专注，我开始领悟到，在商品的形式结构的最内在之中，可以找到先验主体（Transzendental-subjekt）。"这是极为深刻的哲学透视，因为年轻的索恩-雷特尔竟然把康德**哲学**拉回到马克思的**经济学**，在 1920 年，这应当是一个了不起的全新破境—构境视角。显然，青年索恩-雷特尔此时的思想构境意向，早于青年卢卡奇在《历史与阶级意识》中的类似讨论。这真是青年得道。并且，索恩-雷特尔那时候就深刻地发现："商品形式和思想形式神秘的同一性（geheime Identität），是如此隐蔽，如此决定性地隐藏在整个资产阶级世界结构（ganzen bürgerlichen Weltstruktur）之中。"[2]从这里可以看出，索恩-雷特尔的理论努力首先是对康德认识论革命之伪境的破境批判，其次这种破境恰恰是由回到马克思的经济学思想构境为支撑点的。这里有三个重要的理论质点：一是康德命题可以有一个新的历史唯物主义的答案，这是他破境的战略大方向；二是看起来先在的观念逻辑结构是同一于商品形式结构的，这是破境的战术方法；

① Alfred Sohn-Rethel, *Geistige und körperliche Arbeit：Zur Theorie der gesell-schaftlichen Synthesis*，Suhrkamp Verlag Frankfurt am Main，1972，S. 10. 中译文参见李乾坤译稿。

② Alfred Sohn-Rethel, *Geistige und körperliche Arbeit：Zur Theorie der gesell-schaftlichen Synthesis*，Suhrkamp Verlag Frankfurt am Main，1972，S. 12. 中译文参见李乾坤译稿。

三是这种规制关系被深深地隐匿在资产阶级的世界结构中，这是新的构境点。应该说，这是一个青年大学生**独立完成的重要原创性发现**。因为在那个时候，传统马克思主义思想史的研究，多是关注列宁指明的马克思与黑格尔—费尔巴哈的继承和超越关系，人们几乎没有想到过马克思与康德，更不要说马克思中晚期的经济学研究与哲学认识论的内在关联，特别是揭露由资产阶级意识形态掩盖起来的先验观念认识论伪境的隐性机制。同时期，整个西方马克思主义还处在萌芽状态，在大学哲学专业以外的青年卢卡奇、葛兰西和柯尔施(Karl Korsch)都还没有如此深地触及康德认识论，尤其是这种思辨构架与商品形式之间的隐秘关系。当然，同样处于发展初期的法兰克福学派中，也没有人走向这个专业哲学的方向。按理说，这完全有可能成为西方马克思主义思想构境一个重要的前期理论走向，然而事情的发展却并非如此。

可悲的是，学术上的无名之辈总是不容易被承认的，哪怕他真的完成了惊天发现。索恩-雷特尔成不了名，首先与西方马克思主义哲学关注的构境视角直接相关。因为其第一、第二代重要代表人物通常聚焦于与现实社会生活密切相关的个人主体生存状况，相对抽象的认识论研究则边缘化得多。当然，也因为索恩-雷特尔自己的学术研究中存在着诸多问题，所以，一直到去世，他所提出的学术观点和相关文本始终没有获得学术界的真正关注。对此，索恩-雷特尔感叹道，"人们将我视作一个无望的事件而放弃了"，可能，他一生中听到最多的话就是"索恩-雷特尔的胡说八道"！也因此，"在这一环境之下在学界谋职也变得不可能，结果就是我始终保留了我的观点而做一名旁观者"①。从这一点，我们可以反观海德格尔的聪明，他早知道自己的观点绝不可能为世人所识，于是将其隐匿起来。且拿出在一个学术场中可引导人们通识进步的存在论话语。由此他成功摆脱旁观的角色，在当下学术中心成为这个世界中的存在哲学大师。在这一点上，索恩-雷特尔的**学术入世**是极其失败的。

有一个人对索恩-雷特尔伸出了理解之手，这就是大名鼎鼎的阿多诺。其实，早在20世纪20年代，索恩-雷特尔就与恩斯特·布洛赫、本雅明、阿多诺、齐格弗里德·克拉考尔有过接触，并逐步受到卢卡奇、霍克海默和马尔库塞著作的影响。显而易见的事实是，索恩-雷特尔一辈子都想挤进法兰克福学派，在他的心目中，"法兰克福学派中回响着1918年圣诞节对王室的连续炮击声，以及柏林斯巴达克斯战斗的枪声"②。这是一个很深刻的对比性隐喻，前者是十月革命的胜利，后者是德国革命的失败，在索恩-雷特尔看来，法兰克福学派的社会批判理论正是这一对比度很大的实践落差的思想回应。我认为，这可能也是整个西方马克思主义逻辑的缘起。依索恩-雷特尔的说法，在所有人无法理解他的思想构境的孤立状态下，恰恰是阿多诺接受了他，"他在其思想之中以其特有的方式寻觅到了这一真理。他和我大约在1936年达成了相互理解。

---

① Alfred Sohn-Rethel，*Geistige und körperliche Arbeit：Zur Theorie der gesellschaftlichen Synthesis*，Suhrkamp Verlag Frankfurt am Main，1972，S. 12. 中译文参见李乾坤译稿。

② Alfred Sohn-Rethel，*Geistige und körperliche Arbeit：Zur Theorie der gesellschaftlichen Synthesis*，Suhrkamp Verlag Frankfurt am Main，1972，S. 10. 中译文参见李乾坤译稿。

只有他自始至终将商品分析视作完全不同的东西"①。这个"完全不同",是说马克思的《资本论》中可以读出与它自身经济学构境完全不同的哲学批判意味。关于这一点,我基本认同,因为在阿多诺后来完成的《否定的辩证法》一书中,索恩-雷特尔的核心观点很深地影响了前者,在一些极为重要的论述中,阿多诺几乎是肯定性地复述了索恩-雷特尔的观点。这可能也是很多学者没有注意到的地方。依我的判断,索恩-雷特尔将康德的先天观念构架与现实商品交换关系相链接,这在1936年深深地打动过阿多诺,准确地说,他的观点与阿多诺发生了重要的共鸣,并对阿多诺后来的思想产生了重要的影响。② 1936年,当阿多诺读完索恩-雷特尔给他的提纲文本之后,十分激动地给索恩-雷特尔写了一封信。信中,阿多诺竟然这样写道:你的想法让"我受到了自从在哲学上与本雅明首次相遇——这发生在 1923 年——以来最大的精神震撼(Erschütterung)。这一震撼显示出你思想的磅礴与力量——但它同时也显示出一种与我契合(Übereinstimmung)的深度(Tiefe),甚至比你,或者我本人,所能预期的更深,无比之深"。一是阿多诺在索恩-雷特尔的提纲中感受到了精神震撼,这是对其重要性的肯定;二是阿多诺觉得索

---

① Alfred Sohn-Rethel, *Geistige und körperliche Arbeit*：*Zur Theorie der gesell-schaftlichen Synthesis*, Suhrkamp Verlag Frankfurt am Main, 1972, S. 12. 中译文参见李乾坤译稿。

② 阿多诺只是在《否定的辩证法》一书中轻描淡写地提及索恩-雷特尔,他指出:"是阿尔弗雷德·索恩-雷特尔第一个指出,在先验论原则、精神一般和必要的活动中,隐含着一种前提性的社会劳动。"但在此书的一些重要论述中不难看出索恩-雷特尔构境的重要影响。我们在相关的具体讨论中将详细分析。阿多诺在《否定的辩证法》一书中对索恩-雷特尔的评论,参见 Theodor W. Adorno, *Negative Dialektik*, Gesammelte Schriften, Band6, Suhrkamp Verlag Frankfurt am Main, 2003, S. 178。

恩-雷特尔竟然与自己看法相一致，并且，这种一致是在一种很深的思想构境中发生的。阿多诺说，在他自己关于"爵士乐著作的伪综合(die falsche Synthesis)概念中观察到一些痕迹，但它根本存在于辩证唯物主义对唯心主义的批判—内在转换(die kritisch-immanente Überführung＝辩证同一性 dialektische Identifikation)之中"①。可以看出，阿多诺对索恩-雷特尔用马克思主义唯物论破境康德唯心主义先验论的努力，给予了充分肯定，并且他告诉索恩-雷特尔，自己在对爵士乐的音乐评论中已经使用了"伪综合"这样的批判性概念。因为，阿多诺认为，在索恩-雷特尔的研究中，"关于纯粹知性的社会解释消除了自然科学与人文或历史科学之间悖论性的不可兼容性。借此，通往全面理解西方人类历史的道路便打通了"②。

几乎与此同时，另一位法兰克福学派学者本雅明也成为索恩-雷特尔的知心阅读者和同情者。对此，索恩-雷特尔后来曾经这样谈及他与阿多诺和本雅明的思想关系：

> 在我还是学生时，对商品形式中的先验主体的揭示，或者更准确地说，对认识主体被遮蔽在商品形式当中这一点的确信，就已经作为"灵感"而深深地吸引了我，如果让我做出自我描述的话，那就可以这样说，这"灵感"使得我不再迷失，但却也使得我的思想陷入持久的、与日俱增的混乱当中。这是这样一种状态，即我感到，相

---

① 参见本书附录二。

② ［德］索恩-雷特尔：《脑力劳动与体力劳动——西方历史的认识论》，104 页，南京，南京大学出版社，2015。

对于这两个无比天才的灵魂——阿多诺和本雅明——而言，我是多
么相形见绌、惶惶不安；尽管如此，我还是坚信，对这种混乱的解
释必定会将我带到某个领先于他们的地方。①

在索恩-雷特尔眼里，阿多诺和本雅明是两位高不可攀的理论大师，但
他在学生时代关于先验的认识主体与商品形式关系的"洞见"就如同不灭
的"灵感"指引着自己不懈地努力，固然这种努力中时常存在混乱，但他
自信最终将领先于阿多诺和本雅明。不过我以为，索恩-雷特尔始终没
有真正进入本雅明—阿多诺后来开启的批判现代性启蒙进步史观的构境
层，所以，他想真正超越两位大师是很困难的。

　　当然，即使与阿多诺和本雅明多有交流，索恩-雷特尔自己的"真理
线索的发展是独自进行的"。这显然是一个没有亮光、无尽的、痛苦的
过程，所以，

　　在这一过程中不是没有停滞和长时间的中断，因为谋生等可以
想见的原因。那些中断和正常的遗忘的时间，日积月累甚至也积累
为更为持久的具有推动力的理论努力，在其中我自己的事情逐渐发
展为一种完美和澄清。②

————————

　　①　［德］索恩-雷特尔：《脑力劳动与体力劳动——西方历史的认识论》，117 页，南
京，南京大学出版社，2015。

　　②　Alfred Sohn-Rethel, *Geistige und körperliche Arbeit：Zur Theorie der gesell-
schaftlichen Synthesis*，Suhrkamp Verlag Frankfurt am Main，1972, S. 12. 中译文参见李
乾坤译稿。

然而，令索恩-雷特尔遗憾的是，整个资产阶级的"西德学界几乎完全无视了我的研究，一部分由于反共产主义的老顽固，一部分由于反对通行的对马克思著作理解的假绅士"①。另外，仍然处在斯大林式教条主义影响下的传统苏东马克思主义学术界就更谈不上看见索恩-雷特尔的理论新境中的闪光点了。索恩-雷特尔的一生，是孤独和悲壮的独行者之旅。

二、一辈子只做一件事情

孤独的索恩-雷特尔真是一辈子只认真做一件事情，据他自己的勾画，我们依稀可以看见这样一幅思想构境理路：

一是索恩-雷特尔的理论构境之起点，时间是 1921 年。那一年，索恩-雷特尔刚刚从海德堡大学毕业，年轻的他获得了一个重要的"假设"：**商品形式在自身中把握了先验主体**。依我看，这是索恩-雷特尔一生全部思想构序的基本线索。据他说，"这一知识产生于对马克思《资本论》开头几章中的商品分析进行的长达一年半的逐字逐句的分析，而这一分析又是与 1920 年恩斯特·卡西尔在柏林主持的关于康德《未来形而上学

---

① Alfred Sohn-Rethel, *Geistige und körperliche Arbeit*：*Zur Theorie der gesellschaftlichen Synthesis*, Suhrkamp Verlag Frankfurt am Main, 1972, S. 12. 中译文参见李乾坤译稿。

导论》的研讨班结合进行的"①。这是两个重要的他性镜像支持：一是
马克思经济学研究中的商品分析；二是卡西尔的哲学观念，其中，机
械论与自然科学的关系深深地影响了索恩-雷特尔。前面，他说过花
了两年时间研究《资本论》。其中一年半产生了上述重要的判断。而卡
西尔对索恩-雷特尔的影响是深远的，一直到他最后对自己文本的修
改中，前者的一些论点还是重要的理论参照。我能感觉到，当时这位
意气风发的大学生胸中激荡的思想豪情，因为他是要寻求被黑格尔绕
过去，而马克思又没有来得及深化的**康德问题的历史唯物主义答案**，
而且，他对康德认识论伪境的破境—构境意向从一开始就是对的：**现
代**思想先验的真实基础恰恰是资产阶级的商品**构式先验**。应该承认，
这里我已经对索恩-雷特尔的论点进行了校正，"现代"一词是我加上
的历史限定，因为在他那里，关于观念先验与商品交换形式的关系被
武断地前移到了古希腊等"居有社会"，我认为这种理论泛化是非法
的，在本书中，我也会具体反驳这种不必要的"普适性"。这一点，索
恩-雷特尔信心满满地断言，当时沉浸于黑格尔逻辑学优美结构的马
克思并没有想到。

　　二是两个不同学术思想构境提纲（Entwurf）的生成，即索恩-雷特尔
所说的"卢塞恩草案（Luzern Expose）"②和"巴黎草案"。前者是 1936 年
他在瑞士德语区卢塞恩"构思一种知识的社会学理论"的结果，这是他对

---

① ［德］索恩-雷特尔：《脑力劳动与体力劳动——西方历史的认识论》，前言，1
页，南京，南京大学出版社，2015。

② 这一手稿于 1985 年以《认识的社会理论》为题发表单行本。参见 Alfred Sohn-Re-
thel, *Soziologische Theorie der* Erkenntnis, Suhrkamp Frankfurt am Main, 1985。

自己的思想实验的"一种总体阐述的最初尝试"。其中，为了躲避纳粹的耳目，他用"社会学的"这一术语替代了"马克思主义的"，如同葛兰西在法西斯监狱中将马克思主义隐喻为"实践哲学"。不过，在我们所看到的这本书中的同样写于 1936 年的给阿多诺的信中，已经不再有这样的躲避。后者是 1937 年他在法国巴黎完成的思想实验，这是他"受特奥多·W. 阿多诺与瓦尔特·本雅明的影响"后，"对先验论（Apriorismus）的批判性清算"。还是不破不立的破境——**清算康德**。依索恩-雷特尔自己的评判，此时他的研究工作深度还是不够的，"我进行意识形态批判的工作完全没有走向意识形态批判自身，而只是凭借它走向了存在批判（Seinskritik），即改进对当前被掩盖了的经济发展的理解，因为意识形态批判没有走向'知识的元批判'，并未指向任何关于脑力劳动与体力劳动的理论。这一阐释是我在四五十年代时才展开的"①。依他的记忆，在 20 世纪四五十年代，他才开始获得脑力劳动历史性地脱离体力劳动的新理论构境基础，其初步成果应该是下述他用英文完成的手稿。

三是关于马克思的方法论的论文，发表于《现代季刊》，第 3 卷第 1 期（1947—1948 年冬）。

四是 1950 年在英国伯明翰完成"脑力劳动与体力劳动（Intellectual and Manual Labour）"的英文手稿。在这里，我们可以看到，此时索恩-雷特尔将自己的理论努力集中于对唯心主义认识论伪像的破境，并且，

---

① ［德］索恩-雷特尔：《脑力劳动与体力劳动——西方历史的认识论》，118 页，南京，南京大学出版社，2015。

已经从商品形式与先验主体的关系，深入到**两种劳动塑形**的关系，这也是他的学术论著的最初思想构形。但是，这部"1951 年的分量很大的英文书稿，《脑力劳动与体力劳动——唯心主义认识论批判》一书在经过了持续的努力之后最终未能发表"①。

五是书稿的正式出版和修订。首先是 1961 年的一次重大理论突破——"从社会角度解释纯粹知性的起源（Ursprung）的尝试"②，这是"在洪堡大学的小圈子里发表的一篇讲座，名为《商品形式与思想形式：对'纯粹理性'社会本质的研究》"，这是将康德命题**复归于社会历史现实**的努力，索恩-雷特尔自己将其命名为"柏林草案"③。依他自己的说法："我的整条道路是以这样一些草稿为铺路石的，它们被列入了'草案'这一名目之下，而且很大一部分在我的抽屉中发霉腐烂掉了。30 年代的这些草案，只是标志着我与'法兰克福学派'之间的联系，当时，这的确或多或少地要归功于阿多诺（我总是通过他来联系霍克海默）。"④虽然，索恩-雷特尔从霍克海默那里得到的始终是拒绝。其次是于 1965 年 4 月

---

① Alfred Sohn-Rethel, *Geistige und körperliche Arbeit：Zur Theorie der gesellschaftlichen Synthesis*, Suhrkamp Verlag Frankfurt am Main, 1972, S. 12. 中译文参见李乾坤译稿。

② 这是索恩-雷特尔在柏林大学历史学院所做的一个演讲，后发表于《洪堡大学学报》（社会与语言科学丛刊）。*Wissenschaftliche Zeitschrift der Humboldt-Universität zu Berlin. Gesellschafts-und sprachwissenschaftliche Reihe*, Jg. 10（1961）, Nr. 2/3, S. 163-176.

③ 这一手稿作为附录 1971 年首次发表于《商品形式与思想形式》一书。参见 Alfred Sohn-Rethel, *Warenform und Denkform*, Europäische Veranlagsanstalt, Frankfurt am Main, 1971.

④ ［德］索恩-雷特尔：《脑力劳动与体力劳动——西方历史的认识论》，117—118 页，南京，南京大学出版社，2015。

在《今日马克思》杂志上发表的论文《关于知识的社会学理论》（"Soziolo-
gische Theorie Der Erkenntnis"）。① 索恩-雷特尔再一次将此文本呈送给
阿多诺，由此形成了作为本书附录的谈话笔记。最后是作为整个理论研
究初步成果的《脑力劳动与体力劳动——社会综合理论》②一书于1970年
完成并出版。这个在此书副标题中出现的**社会综合**（*gesellschaftlicher
Synthesis*）概念，是索恩-雷特尔关于康德命题破境中的最新**历史唯物主
义答案**，即先天综合（观念先验）的真实基础是历史发生的社会综合（历
史先验）。与此书前面的英文稿相比，索恩-雷特尔的思想构境点从认识
论批评已经扩展到更宽阔的现实社会批判领域。此版书稿除去序言和导
论（Einleitung）之外，分为三个部分：第一部分"商品形式与思维形
式——认识论批判"（Warenform und Denkform-Kritik der Erkenntnis-
theorie），第二部分"社会综合与生产"（Gesellschaftliche Synthesis und
Produktion），第三部分"社会化劳动与私人居有"（Vergesellschaftete
Arbeit und private Appropriation）。两个附录分别为"商品分析的必然齐
一"（Über die notwendige Einheit der Warenanalyse）和"作为一种假设的
历史唯物主义"（Der historische Materialismus als methodologisches
Postulat）。1972年，此书再版，索恩-雷特尔作第二版序言。

六是1971年出版的单行本《商品形式与思想形式》。其中包括三篇
文献：第一是《功能社会化理论的提纲——给阿多诺的一封信》，从时间

---

① Alfred Sohn-Rethel, *Soziologische Theorie Der Erkenntnis*, Frankfurt Am Main：
Suhrkamp, 1985.

② 这是舒尔坎普版的《体力劳动与脑力劳动》，即 *Geistige und körperliche* Arbe-
it. *Zur Theorie gesellschaftlicher Synthesis*, Suhrkamp, Frankfurt am Main, 1970。

上看，这应该与 1936 年"卢塞恩草案(Luzern Expose)"的内容相近；第二是《对先验主义的批判性清算：一项历史唯物主义的研究》(瓦尔特·本雅明边注)，这可能与 1937 年的"巴黎草案"接近；第三是作为后记的《商品形式与思想形式——对"纯粹理性"社会起源的研究》，这恐怕是 1961 年的"柏林草案"。① 前两个文本后来被收入《脑力劳动与体力劳动》一书终版附录。

七是一个此研究线索之外的成果，1973 年，索恩-雷特尔出版了《德国法西斯主义的经济和阶级结构》。② 此书系索恩-雷特尔 1936 年流亡英国时写下的一批对德国经济发展研究论文的结集。文集的内容与索恩-雷特尔的商品形式与思维形式的研究主题没有直接关联。似乎也是索恩-雷特尔出版物中唯一的理论斜视。

八是 1976 年，再次确认"货币，先天性的纯粹铸币"(*Das Geld，Die Bare Munze Des Apriori*)，以形成一份新的"不莱梅草案"。③ 这也是索恩-雷特尔的最后一份"草案"。此手稿有如下一些思考点：第一是思维能力的解释性定义；第二是数学自然认识论的先天性；第三是商品交换的社会现实抽象；第四是现实抽象与观念抽象，即转换问题；第五是对自然的理论认识能力的起源；第六是作为脑和手之间的边界的数学；第七是手工和农业的个体生产中手和脑的一致性；第八是从手工

① Alfred Sohn-Rethel，*Warenform und Denkform*，Europäische Veranlagsanstalt，Frankfurt am Main，1971.

② Alfred Sohn-Rethel，*Ökonomie und Klassenstruktur des deutschen Faschismus*，Suhrkamp，Frankfurt am Main，1973.

③ Alfred Sohn-Rethel，*Das Geld*，*Die Bare Munze Des Apriori*，Berlin：K. Wagenbach，1990.

向科学的过渡形式；第九是天文学中的革命；第十是第二自然的异在统治。此手稿在索恩-雷特尔去世后出版。[①] 我觉得，这些新的认识，是索恩-雷特尔试图泛化自己的康德命题之历史唯物主义答案的努力，也是他 1989 年修改自己《脑力劳动与体力劳动》一书第二部分的主要参照。

九是 1989 年完成的此书终版——《脑力劳动与体力劳动——西方历史的认识论》。从副标题的再次修改可以看出，这是一个更深的意义宣示，康德命题的历史唯物主义答案也将真正说明整个**西方历史的认识论伪境的真相**。我个人认为，这种断言有些过于武断，因为将现代性的康德认识论问题的解决推演成全部思想史反思的基础，是存在某种非历史的边界僭越的。这也就是我们面前这本需要解读的修订和增补版。其书的内容和结构有比较大的变动。首先，索恩-雷特尔删除了原有的序言和导论，只是重新写作了一个简短的新序。其次，第一部分原来 7～9 节合并为一个"结论"，第二部分几乎重新改写了，吸收了他自己一些新的想法，特别是删除了整个第三部分（"社会化劳动与私人居有"）。最后，附录的内容也做了彻底调整，原来两个附录被删除，直接替换成 1971 年出版的单行本《商品形式与思想形式》中的前两份手稿，即接近"卢塞恩草案"的 1936 年《功能社会化理论的提纲——给阿多诺的一封信》和由本雅明加有边注的接近"巴黎草案"的写于 1937 年的《对先验主义的批判性清算》，并且增加了一个 1965 年

---

① Alfred Sohn-Rethel, *Das Geld*, *Die Bare Munze Des Apriori*, Berlin: K. Wagenbach, 1990.

"阿多诺与索恩-雷特尔谈话笔记"。可以说，这是索恩-雷特尔对自己
这一研究的最终认定。我推测，他的修订缘由是集中于自己的康德认
识论批判成果，而与此主题无关的内容则割爱了。有趣的是，索恩-
雷特尔对自己这一成果的最后修改显然有些匆忙，因为在此书第一部
分的许多段落中，我们会看到他还保留了初版中的一些逻辑呼应，比
如"这一问题我们将在本书第三部分中具体讨论"，"请参见本书的附
录"，可是，新版中已经删除了第三部分，而附录中的内容已经完全
替换成了新的内容。

三、有意识的拟文本构境

索恩-雷特尔的被淹没事件，除去我在序言中提及的两个明显的原
因，从文本学解读的细节上看，还存在一些更深的文本构境层上的原
因。关于这一点，从他留给我们这个有趣的 1989 年的最后文本中可以
看出一二来。

首先，本书的文本生产和关涉参与者并非是一个，而有多个：一是
作者索恩-雷特尔。其中，作者自己又像孙悟空一样分裂为几个不同时
期(1936、1937、1965、1970—1972 和 1989 年)的文本作者。应该说，
这是一个非常有趣的**多重自我对话**的文本事件，也是我所看到的由作者
自己明确解构思想构境(另一种意义上的**破境**)的**伪同一性**的自觉表演。
因为，在他放置在同一本书的文本群中，同时出现了认识程度历史性地
发生明显改变和深化的异质性文本，这每一个历史文本都可以呈现一个

学术研究构境层，当这些有一定差异的学术构境群同时陈列于一个书稿构序结构中时，他也就成功排除了遮蔽自己曾经的认知缺陷的意识形态障眼法。不能不说，在这一点上，索恩-雷特尔是值得尊敬的。二是作者特别想与其讨论互动的阿多诺，他的在场方式是一个几乎被偶像化的收件人和高高在上的评点人，并且，这种评点又是以一个他曾经在现场言说的谈话笔记的方式现身的。固然这一评点中，多有质疑和批评，但这种在场方式还是有力支撑了索恩-雷特尔的全部理论构境。三是在一个历史时段中，对作者某一历史草案进行阅读的本雅明，竟然干脆以拟文本式的不可见的**批注记号**的方式被在场。如果按照我的文本分类，这一拟文本①倒不是编辑者的后期生产和制作的结果，而是直接以原始文本的批注初始状态出现的。应该说，这种特殊的文本生产情境我也是第一次遭遇到。

其次，书中文本不是一个连续的逻辑整体，而是由多重历史断裂的

① 拟文本是我在《回到列宁》一书中指认出来的一种新的前文本类型。拟文本即作者的读书批注，它不同于我先前在《回到马克思》一书中在讨论文本分类时提到的那些已经完成的正式文本、基本成形处于理论建构之中的手稿类生成性文本，或者至少有明确观点和思想意向的笔记、心得和札记类亚文本。读书批注是一个读者最初接触解读文本的过程，通常阅读批注都是直接写在被阅读的文献之上的，它通过各种记号（折角、下划线、符码）表现出来，也有少量的文字。说它是前文本，是因为它尚没有形成一般文本结构中的意义逻辑构架、完整的话语系统以及表达文字的结构。可是，当我们面对这种特殊的也有一定物质承载的意义符码时，通过细心的解读和能动的情境建构，我们还可以基本再现原读者当时的思想语境并拟建我们的质性判断。当然，这仅仅是发生在我们思想中的重新构境。前文本的解读，不能直接作为判断一种思想语境的直接证据，只能提供其他文本解读的一个佐证，仅此而已。参见张一兵：《回到列宁——关于"哲学笔记"的一种后文本学解读》，131页，南京，江苏人民出版社，2008。海德格尔也有这种阅读批注，比如收入全集第 90 卷中的关于荣格多本著作的阅读批注。Heidegger, *Gesamtausgabe*, Band 90, Vittorio Klostermann, Frankfurt am Main, 2004, S. 303-466.

文本拼接而成的。如果还原其历史时序可得：

一是 1936 年作者写给阿多诺的信。与其说是信，不如说是一个**非著名**学者的理论思想成果的汇报提纲。从时间上看，这应该是作者"卢塞恩草案"的主要观点。

二是 1937 年作者完成的一个手稿。从时间上看，这应该是"巴黎草案"的主体。本雅明正是在这个文本中以批注方式现身的。

三是阿多诺在 1965 年看过作者相关手稿后的谈话笔记。

四是此书在 1989 年最终完成时的主要文本。它又隐含着自 1950 年开始的一系列文本生产和再生产的复杂学术构序进程。

然而，在此书 1989 年的文本修改和结构调整中，索恩-雷特尔却没有严格按照时间线索，而是将最终成果作为此书的主体，然后将 1936—1965 年的部分思想发生学文献附后。不过，从索恩-雷特尔 1989 年对自己文本的最后修改和整理中不难看到一种逻辑收缩，即从比较宽泛的社会批判理论集中到**社会综合对先天观念综合的规制**这一主题上来，为此，此书 1972 年版中与此主题有一定游离的第三部分①和两个附录都被

———————

① 1970 年版中的第三部分是索恩-雷特尔对当代资本主义的分析和批判，其中谈及垄断资本主义与泰勒制。其目录如下：

第三部分：社会化劳动和私人占有

1. 垄断资本和现代化的工作流程

2. 市场经济与垄断资本主义中的企业经济

3. 再生产或非再生产和价值

4. 两种社会综合

5. 资本主义的终结：两个方案

6. 企业经济与马克思的社会化劳动

7. 泰勒制

8. 他的改变（转下页注）

删除，在对第一部分和第二部分的内容修改上也坚持了这一原则。

索恩-雷特尔对自己的书有一个总结：通过对长久被密封起来的"我们西方社会的功能性综合（funktionalen Synthese）"这一实情的破解，使得全部西方哲学的"再概念化（Rekonzeptualisierung）成为可能"。[①]这是一句说得很大的话。很早索恩-雷特尔就意识到，在资产阶级的观念史中，往往"真理与遮蔽是重合的"（Verdeckung und Wahrheit sind hier deckungsgleich）。[②]这是海德格尔的话语，在 1937 年那份手稿中索恩-雷特尔对此观点有一定的展开说明。所以，要真正破解康德—黑格尔认识论的伪境，根本解蔽这种意识形态的遮蔽，就必须像马克思一样，让这些伪饰起来的美妙观念构境重新在现实中"跳起舞来"（马克思语）。他的破境策略是：

（接上页注）9. 泰勒和劳动异化

10. 劳动异化的辩证法

11. 时间与动作研究

12. 单位的人力和机械

13. 劳动的完全社会化

14. 无阶级社会化的形式规律

15. 从头—手的社会化齐一而来的"新逻辑"

16. 无阶级的社会化主体

17. 社会主义和官僚制

18. 技术和技术专家

19. "政治挂帅！"

20. "摩登时代"

21. 革命的问题

① ［德］索恩-雷特尔：《脑力劳动与体力劳动——西方历史的认识论》，前言，1页，南京，南京大学出版社，2015。

② 同上书，116 页。

任何由它自身的材料(以拜物教的方式神秘化了的遮蔽材料，换言之即哲学反思概念)来建构综合的结构(Konstruktion der Synthesis)都不会成功(这里的"综合"是在康德、黑格尔意义上使用的；在其中，资本开始着手确认其对存在统治的彻底性)。在此，由于所有伪装成本质的企图的失败，它的非本质(Unwesen)便被揭露出来了。这些注定失败的企图从未能拒绝资本，但也从未将资本带向成功的终点。①

这是一个很难理解和进入的破境—构境层。我的复构结果为，康德—黑格尔先验构架的"综合"的秘密在于经济拜物教在现实中建构起来的统治关系之遮蔽，当它们被唯心主义式地伪装成世界的本质时，无非是映射了**资本**在现实社会存在中的统治。在此我应该有一个特设说明，在索恩-雷特尔所有重要文本的讨论中，他对康德命题进行历史唯物主义破境式解答，特别是将先天观念综合的思维形式归基到商品交换形式的社会综合时，基本上只是停留在货币关系的层面上，并没有真正深入到马克思讨论的**资本拜物教**的构境层中。但这里，他却不经意地提及了这一正确观点。在本书的一些关键讨论中，我将仔细批评索恩-雷特尔的"货币构架论"。并且，与观念"综合在哲学上的失败相应的，是资本主义经济现实中的危机"②。更准确的表征，应该是索恩-雷特尔通过对现代性资本主义商品交换机制中产生出的**社会综合功能**(现实抽象)的揭示，解

---

① ［德］索恩-雷特尔：《脑力劳动与体力劳动——西方历史的认识论》，116 页，南京，南京大学出版社，2015。

② 同上书，117 页。

决了康德以来**先验观念综合**的现实基础问题。换言之，他是以马克思的历史唯物主义方式破解了马克思并没有直接接触的康德命题。我基本上认同这个断言。

对此，索恩-雷特尔引证了阿多诺的一句名言："历史唯物主义是对起源的回忆（Anamnesis der Genese）。"①Anamnesis 这个单词在德文中有"病史"的意思。阿多诺的这一断言反复出现在索恩-雷特尔的不同文本中。这是说，历史唯物主义总是在帮助人们记起被他们遗忘了的真实，有如人总得先解决衣食住行才能再谈尊严和精神理想，先有社会生活，才有一定生存条件下的意识观念，等等。其实，阿多诺的这一说法令人想起海德格尔总是让人们记起存在者之后被遗忘的存在。索恩-雷特尔自豪地认为，他解决了一个马克思并没有直接关注的问题，即现代性意识结构中出现的先验综合框架的内部机制的现实社会历史起源。1936 年，索恩-雷特尔曾经写信给阿多诺，并询问他的这种思考方向是否与后者对胡塞尔哲学的批判方法相一致，据索恩-雷特尔的说法，阿多诺在复信中肯定了他的观点。② 在索恩-雷特尔看来，这是唯心主义和唯物主义两种认识论的分野，可遗憾的是，

　　　　马克思并没有建立起关于科学知识的唯物主义观点，而是对在他那个时代占据统治地位的、由康德和黑格尔所建立的观点予以承认。马克思在《资本论》的开篇部分所做的商品分析对政治经济学进行了分

---

① ［德］索恩-雷特尔：《脑力劳动与体力劳动——西方历史的认识论》，前言，1 页，南京，南京大学出版社，2015。

② 同上书，117 页。

析，但并没有探寻社会中的社会综合(gesellschaftliche Synthesis)的可能性，这一综合是以私人所有(Privateigentums beruhen)原则为基础的。与之相对，我的研究恰是致力于对这种社会联结(Nexus)的探索——由于这种主题的转换，政治—经济学的提问方式(politisch-ökonomische Fragestellung)也就变成了社会学(soziologischen)的提问方式。①

直接些说，索恩-雷特尔指证马克思有错。依他的观点，马克思在《资本论》研究期间，尽管在经济学上取得了辉煌的成就，但并没有真正发现康德—黑格尔在先验主体问题上的"丑闻"(Skandalon)，以至于承认了他们的错误结论，而恰恰是在对商品进行政治经济学研究时忽略了对资本主义商品—市场交换中发生的以私人所有为基础的社会综合的关注，而索恩-雷特尔自傲地宣称，他解决了这一问题。这是他祥林嫂般反复唠叨的东西。我注意到，齐泽克倒是很干脆地肯定了索恩-雷特尔的这一"丑闻论"，他认为："先验主体，这个先验范畴网络的支撑者，便面临一个令人不安的事实：正是在它的形式起源中，它依赖于某种内在于世界的'病态'过程，这是一个丑闻，一个从先验的观点来看的荒谬的不可能性。"②对此，我有一定的保留，因为，马克思虽然没有直接再回到哲学认识论的讨论中，可是他在《资本论》及其大量经济学研究手稿中解决了更深的哲学方法论问题，当马克思在《1857—1858 年经济学手稿》

---

① ［德］索恩-雷特尔：《脑力劳动与体力劳动——西方历史的认识论》，前言，2—3页，南京，南京大学出版社，2015。
② ［斯洛文尼亚］齐泽克：《意识形态的崇高客体》，23 页，北京，中央编译出版社，2002。

中提出"抽象成为统治"时，并不是仅仅停留在货币关系和一般财富决定论的层面，而是将其视作走向资本统治生产关系的过渡环节。这是索恩-雷特尔从来没有认识到的重要问题，不能意识到这一点，也就无法进入马克思的三大经济拜物教批判，即**商品拜物教、货币拜物教和资本拜物教**的完整构境，以及揭露资本主义剩余价值生产的真正秘密。这也会是我在本书中与索恩-雷特尔争论的焦点之一。

然而，索恩-雷特尔在他一生的努力中，对康德—黑格尔唯心主义认识论的破境多少是成功的，他也初步展现了来自于马克思经济学研究中的历史唯物主义基础，并且，将马克思的认识论作为不同于资产阶级意识形态的构境也是他时常挂在嘴边的词语，但是，究竟什么是马克思在历史唯物主义构序线索中的历史认识论，他却始终没有正面和积极地去思考。这不能不说是一个遗憾。在本书中，我不可能全面讨论马克思的历史认识论，但在对索恩-雷特尔文本的批评性解读进程中，我也会发表一些相关的评论，以期更多专题性的深入。

第一章 | 社会功能化与认知构架的制约性关联（1936）

我们需要面对的第一个文本，是索恩-雷特尔在1936 年写给阿多诺的名为"功能社会化理论的提纲"的一封信。我前面说过，如同青年海德格尔的"那托普报告"一样，这是一份求得学术大他者认同的文本。据时间线索判断，这封信也应该是索恩-雷特尔自指为"卢塞恩草案"的主要内容。依他自己后来的说法，这也是其思想实验的"一种总体阐述的最初尝试"，并且，"这封信，正如我当时所有的草稿那样，只能说是自我澄清的一个阶段"[①]。在这封信中，索恩-雷特尔已经将自己从 1921 年开始思考的先验主体与商品

[①] ［德］索恩-雷特尔：《脑力劳动与体力劳动——西方历史的认识论》，117 页，南京，南京大学出版社，2015。

形式关系的问题直接与马克思 1845 年写下的《关于费尔巴哈的提纲》结合起来，并使马克思新世界观中已经萌发的实践认识论构境意蕴得以生长和视域深化。从文本的思考构境意向中能看出，1936 年索恩-雷特尔的第一个理念构境点是社会功能化的剥削关系决定了现代性认知结构的机能。这也是他用历史唯物主义的方法创造性地对康德命题破境后得出的第一个尝试性答案。

一、伪自在的认识归基于历史性实践

索恩-雷特尔告诉阿多诺，自己长期思考的问题构想（Konzeption）基于两个本质性的洞见（wesentlichen Einsichten）。将自己的认识直接指认为"本质性的洞见"，也是需要勇气的，能看得出索恩-雷特尔此时的理论自信。一是认识的历史发生缘起于**与实践的断裂**，二是人类的文化史与人类**剥削关系**史同体发生。我们先来看第一个"洞见"。

首先，认识的**独立存在伪像**必须归基为历史性的实践。这倒真是马克思历史认识论的首先原则。我们知道，在整个西方思想史上，从柏拉图、康德一直到胡塞尔，理念、先天综合判断和观念直观始终代表着独立于感性存在的内在本质（抽象），而索恩-雷特尔则认为，

整个独立的且带有逻辑自律外观（Schein der logischen Autonomie）的**理论**的历史产生，也就是说任何唯心主义所理解的"认识"（Erkenntnis）的历史产生，最终只能从社会存在的**实践**（*Praxis des* gesellschaftlichen Seins)中的一种独特且极其深刻的断裂(Bruch)出发才能得到解释。一般来说，这是与一种基本的马克思主义洞见相符的：人类理论的所有问题实际上都可以回溯到人类实践的问题上去，从而马克思主义意识形态批判的任务便可概括为，理论问题可归基于(zurückzuführen)实践中的奠基性问题，即归基到矛盾之上。①

乍听起来，这很像是传统马克思主义哲学认识论中的那个著名观点，即"认识来源于实践"。霍克海默就没有看出索恩-雷特尔此处学术构境的深一层意向。② 其实不然，依我复构的思境即海德格尔式的**归基论**，索恩-雷特尔这里批判的观念独立论正是海德格尔在存在论差异中指认出来的存在者伪境。一部独立的形而上学史不过是与存在本身深刻断裂后被石化了的存在者之尸，索恩-雷特尔让认识归基于实践的地方，海德格尔称之为**关涉**(Sorge)。与传统解释框架中的认识论不同，索恩-雷特尔理解的马克思的实践认识论观点并没有坚持简单的反映论，而是主张**一种实践目的指向**。在海德格尔那里，叫"何所向"(Worauf)。索恩-雷

---

① ［德］索恩-雷特尔：《脑力劳动与体力劳动——西方历史的认识论》，106—107页，南京，南京大学出版社，2015。中译文有改动，参见 Alfred Sohn-Rethel, *Geistige und körperliche Arbeit：zur Epistemologie der abendländischen Geschichte*，VCH，Acta Humaniora，1989，S. 131。

② 霍克海默在1936年写给阿多诺的信中说，索恩-雷特尔的这种"'认知问题的解决方式(Lösung des Erkenntnisproblems)'将'通过实践中得收获'来执行，这要么是对理论交织于实践之中、人们必须在实践中——在各种实践斗争中——获胜的思想的差劲表述，要么便干脆是一句空谈"。参见本书附录二第三部分。

特尔消解伪相的破境策略是，表面看起来独立存在并有着自律运行机制的观念认识，真实的历史起源是人的主观世界与实践的断裂。索恩-雷特尔这里所说的实践将对应于以后他指认的功能社会化—社会综合—现实抽象等一系列逐步深化的构境层面。而这里的"断裂"，则很深地指向后来他所发现的脑力劳动与体力劳动的脱离。我注意到，也是在这里，他深刻地意识到，在历史唯物主义的构序起点上，观念的基础不是**抽象的物质**，而是被遗忘了的历史性的实践，由此，马克思才会彻底否定一切旧式的**寻求基始本原**的哲学本体论。于是，他直接向收信人阿多诺求证，马克思的观点"完全不是对一种新的本体论或初始哲学的设定"（nicht die Setzung einer neuen Ontologie und prima philosophia），他的新唯物主义不再简单地承认**抽象的物质本体论**。这正是阿多诺后来在《否定的辩证法》中确认的重要观点，他更极端的说法是：一切企图建立某种"第一性"哲学的做法都是非法的。阿多诺反对过去一切本体哲学、主义哲学和体系哲学。这当然包括历史上一切唯心主义和唯物主义，只要遵循一种"基础概念（Grundlagenbegriff）以及内在思想的第一性（Primat）"原则，均在此矢所射之靶心内。能看出，阿多诺多少受到了索恩-雷特尔此处观点的启发。

索恩-雷特尔这一观点的重要深拓构境意义在于，马克思的历史唯物主义新世界观中并没有抽象的**物质本体论**（这也是一种打着马克思旗号的伪境），而只有一定历史条件下的社会实践出发点，也由此才会建立起始终与社会生活相关的**历史的**认识论和自然观。由此，不仅非历史的抽象物质决定精神的**旧唯物主义命题**是非法的，而且离开了具体社会存在制约的**抽象哲学认识论和自然辩证法**也是非法的。这正是我们今天需要认真反思的构境层。

其次，**真理**（*Wahrheit*）不是对**无历史规定的物质实在**的反映，而服务于"对人的物质存在进行实践的改造"（praktischen Veränderung des materiellen menschlichen Seins）。[①] 索恩-雷特尔在真理问题上的新构境点，恰恰是上述历史认识论哲学原则的具体深入和构境转换。显而易见，传统教科书中那种真理是**对外部事物本质的客观反映**一说在索恩-雷特尔这里遭到了拒绝，因为，"马克思主义是从人类历史出发提出关于真理的问题的；因此它只知道关于真理的问题是在历史中发生的（并通过历史而落到它的头上）"。这是说，马克思眼中的真理不是传统旧唯物主义那种对抽象的没有历史规定性的物质的直接反映，而往往是由改变"人的物质存在"的人类实践历史性地**构序—构式**的，真理不是面对**物**，而是面对人类历史的 Seins！"马克思主义是从人类历史发出真理追问（Wahrheitsfrage）的；因此它只知道在历史发现（Geschichte vorkommt）中（并通过历史而落到它的头上）发出真理追问。"[②] 我觉得，索恩-雷特尔这里的**历史认识论**是对马克思的正确解读，而那时（20 世纪 30 年代）正在建构起来的斯大林教科书体系中的伪真理观则是严重的理论倒退。可遗憾的是，这种对马克思历史认识论的误认到今天仍然没有被彻底清除。

其三，认识的**有效性**取决于历史，或者说，社会存在的效用规制科学和真理的性质。这可以看作是上述观点的具体展开。认识归基于实

---

① ［德］索恩-雷特尔：《脑力劳动与体力劳动——西方历史的认识论》，106 页，南京，南京大学出版社，2015。

② 同上书，107 页。

践，真理归基于存在之改变，认识的效用归基于社会存在的效用。这会
让索恩-雷特尔一步步接近自己想要抓住的康德认识论革命的伪境之根。
对于这一点，霍克海默持怀疑态度，他在 1936 年写给索恩-雷特尔的信
中提出了自己的疑问。① 索恩-雷特尔明确指出，与西方资产阶级的社会
学不同，马克思对真理的追问，从发生学（genetische）的意义上，是从
人类社会历史生活本身出发的，准确地说，他将**关于其有效性特征**的
概念（Begriffe *hinsichtlich ihres Geltungscharakters*）归基到了社会存在
（gesellschaftliche Sein zurückführt）之上"②。这也就是说，康德——黑格
尔那样的观念认识座架感性存在的有效性并不在于观念自身，而取决于
社会存在（生活）中客观发生的功效，更不要说旧唯物主义中那种简单的
物象反映——符合论。对于这一观点，齐泽克有如下发挥，他认为，"由
科学程序（这当然指的是牛顿自然科学中的程序）所预先假定、暗示出来
的范畴装置，科学把握自然所需要借助的概念网络，已经呈现在社会有

---

① 在霍克海默 1936 年 11 月 25 日从美国纽约写给索恩-雷特尔的信中，他这样问
道："您是如何理解'有效性特征'（Geltungscharakter）的？意识的唯物主义还原（material-
istische Re-duktion），与其并不相适应。在我看来，您从这一概念出发，并生产出一系列
其他的理论范畴的关系，建立在我目前极为片段化的最初阅读基础上，是非常不清楚
的。"参见本书附录二第二部分。在我看来，霍克海默对索恩-雷特尔的态度是粗暴的，其
实他根本没有认真阅读后者的全部提纲，只是读了几页就开始极其厌恶地发表否定性的
意见。在他同时写给阿多诺的信中可以清楚地看到这一点。与阿多诺的研究心态比，霍
克海默的反应是极其反常的。

② ［德］索恩-雷特尔：《脑力劳动与体力劳动——西方历史的认识论》，108 页，南
京，南京大学出版社，2015。中译文有改动。参见 Alfred Sohn-Rethel, *Geistige und
körperliche Arbeit：zur Epistemologie der abendländischen Geschichte*，VCH，Acta Hu-
maniora，1989，S. 133。

效性中，已经运转于商品交换的行为之中"①。显然，齐泽克读懂了索恩-雷特尔的上述观点，只是在经典自然科学方法论的抽象假定证伪中使之更加精准了，并直接将其链接于索恩-雷特尔后来的商品交换构境。

在索恩-雷特尔的思想构境中，在假想的经验论基础之上建立起来的西方社会学，是资产阶级意识形态的重要工具。所以，

在资产阶级—社会学的还原(bürgerlich-soziologischen Reduktion)中，"存在"变形为粗糙的事实性(krude Faktizität)，而它在马克思主义的还原中却产生出了其作为物质实践(materielle Praxis)的特征；意识形态那被批判过的真理要求作为革命性的能量嵌入这个实践之中了。②

这是说，在标榜还原为可见的客观事实的社会学研究中，社会历史存在变成了直接性的经验现象。这一观点与青年卢卡奇《历史与阶级意识》一书中的相近观点一致。青年卢卡奇指出，资产阶级意识形态的本质正是以拜物教的形式停留在社会现实的直接性现象上，即**"资产阶级社会的普通人在日常生活中所面对的那种直接性"**的事实。③ 这也是口口声声"拒绝形而上学"的科学的实证主义的认识论样式。依索恩-雷特尔的看

---

① ［斯洛文尼亚］齐泽克：《意识形态的崇高客体》，22—23 页，北京，中央编译出版社，2002。

② ［德］索恩-雷特尔：《脑力劳动与体力劳动——西方历史的认识论》，108 页，南京，南京大学出版社，2015。

③ ［匈］卢卡奇：《历史与阶级意识》，236 页，北京，商务印书馆，1992。

法，马克思的实践—历史认识论的观点可以透视这种直接性的事实，将认识和真理的有效性归基于历史性的社会存在中，特别是"作为革命性的能量"改变世界的物质实践的有效性。他认为，必须"由对一定的历史和社会存在（bestimmten geschichtlichen und gesellschaftlichen Seins）的分析出发，必须得出从属于这个存在的一个无漏洞的推导关联，直至导出**其逻辑结构**（*logische Strukturen*），导出其真理概念"①，而绝不是相反。在这一点上，索恩-雷特尔显然是对的。

其四，**社会存在与意识**的辩证关系。这是索恩-雷特尔全部研究所依循的历史唯物主义基本原则。他反对旧哲学中那种与抽象物质相对立的抽象的意识观，因为按照马克思的理解，只有一定历史条件下的社会存在才决定了意识的产生和发展。在传统教条主义教科书体系中，先有一个抽象的物质决定抽象的意识，然后再在下一层级的"历史观"中设定一个"社会存在决定社会意识"的观点。其实，在马克思的历史唯物主义中，根本不存在**抽象的**物质与意识的对立，而只有历史发生的特定社会存在与在此之上发生的全部主观世界的制约关联。人们面对的**客观先在的**自然以及作为自己客观活动建构起来的社会生活事物，都是一定历史条件下社会生活中人们的特定认知结果。不过，索恩-雷特尔还特别强调，

离开意识的社会存在什么都不是，或者，更正确地说，它无非

---

① ［德］索恩-雷特尔：《脑力劳动与体力劳动——西方历史的认识论》，108页，南京，南京大学出版社，2015。

是纯粹事实性的拜物教幻象而已；并且，离开社会存在的意识同样什么也不是，或者，更正确地说，无非是对"先验主体"的拜物教式反映(fetischistische Gegenschein)。与之相反，"意识"**是**由社会存在决定的，而社会存在**是**决定人们的意识的。只有在这一联系(Relation)中，二者才具有其历史的、辩证的现实性(geschichtliche und dialektische Wirklichkeit)。①

人类社会生活一开始，社会存在与意识就是共存的。在一定历史性质的社会生活之上，就会发生一定的意识，同样，没有不存在意识的社会生活。在其现实性上，两者总是相互依存的。也是在这里，索恩-雷特尔指认马克思方法的本质就是**联系性的**(*relational*)。这是深刻的指认。那么，索恩-雷特尔差一点接触到马克思对意识本质的科学认识：**我对我环境的关系即是意识**。马克思在《德意志意识形态》中说："不言而喻，人们的观念和思想是关于自己和关于人们的各种关系(Verhältnisse)的观念和思想，是人们关于自身的意识，关于一般人们的意识(因为这不是仅仅单个人的意识，而是同整个社会关联着[Zusammenhange]的单个人的意识)，关于人们生活于其中的整个社会的意识。人们在其中生产自己生活的并且不以他们为转移的条件，与这些条件相关联(zusammenhängenden)的必然的交往形式以及由这一切所决定的个人的关系和社会的关系(persönlichen und sozialen Verhältnisse)，

---

① [德]索恩-雷特尔：《脑力劳动与体力劳动——西方历史的认识论》，110 页，南京，南京大学出版社，2015。

当它们以思想表现出来的时候，就不能不采取观念条件和必然关系（notwendigen Verhältnissen）的形式，即在意识中表现为从一般人的概念中、从人的本质（menschlichen Wesen）中、从人的本性（Natur des Menschen）中、从人自身中产生的规定。人们是什么，人们的关系是什么，这种情况反映在意识中就是关于人自身、关于人的定在方式（Daseinsweisen）或关于人的最切近的概念规定（näheren Begriffsbestimmungen）的观念。"①这也就意味着，马克思历史认识论的真正对象并非感性经验之上的可见的对象，而是**非直观的社会关系**。在这一点上，索恩-雷特尔的讨论无意识地显现了马克思历史认识论区别于传统认识论的这一重要构境质点。

当然，有些自我膨胀的索恩-雷特尔并不认为马克思真的完成了上述理论意向，即便是在马克思最重要的《资本论》研究中。索恩-雷特尔自陈，在"早年的学生时代以来的十年中，我一直关注着这一分析中阻碍着实际澄清的巨大困难"，他的疑问在于：在《资本论》中，

如果商品形式透析了唯心主义认识论，直至其基本因素，以至于主体性、同一性、定在、物性、客体性和判断形式的逻辑（der Subjektivität，der Identität，des Daseins，der Dinglichkeit，

---

① 《马克思恩格斯全集》第3卷，199—200页，北京，人民出版社，1960。中译文将此处的 Daseinsweisen 译作"生存方式"，我改译为"定在方式"。这个定在方式很有意思，马克思在全书中三次使用此词。文中的 Zusammenhange 一词均改译为"关联"。文中最后一段中的 Begriffsbestimmungen 被译为"逻辑规定"，我改译作"概念规定"。参见 Marx/Engels，*Die deutsche Ideologie MEW* Bd. 3，Berlin，Dietz Verlag，1969，S. 167。

Objektivität und der Logik der Urteilsformen eindeutig)这些概念清晰地、毫无遗漏地归基到劳动产品的商品形式，归基到其起源和辩证法之上，那么它就被足够严格地执行了。由于我认为，在马克思的分析中，我并没有看到这一要求得以圆满地实现，所以我试图继续深化这一分析。因为我无条件地坚信，马克思主义的科学的连贯性依赖于这样的可能性，即继续推进对商品形式的分析，直到这样一个关键点，在这个点上，拜物教化的整个机制超出了特殊的资本主义拜物教(speziell kapitalistischen Fetischismen)，也就是说，因其有效性特征，对意识形态起源的揭示，贯穿了整个所谓的文化史，也就是直到古典时代，甚至还要更早。①

这就是索恩-雷特尔当时向阿多诺陈述的一个主要观点：马克思在《资本论》中开辟了正确的思考方向，即从**商品形式**透视全部资产阶级的意识形态拜物教，但马克思并没有真正完成这一认识论的任务。也许，索恩-雷特尔想以此来证明自己理论构境中的原创性。需要指出，我不能苟同索恩-雷特尔的这种判断，所以我对马克思的辩护如下：马克思从来没有打算把全部意识，包括索恩-雷特尔所列举的主体和同一性等都无条件地规制于商品形式，因为，商品形式并不是规制人的意识(认识)形式的唯一方面，人的实践活动还包括了经济活动之外的大量生产实践、艺术实践以及后来历史形成的科学技术实践，它们与一定历史条件

---

① ［德］索恩-雷特尔：《脑力劳动与体力劳动——西方历史的认识论》，111页，南京，南京大学出版社，2015。

下发生的商品交换形式共同构成了人的主观世界十分丰厚的塑形与构序来源，索恩-雷特尔将全部人类主观意识特别是思维形式的基础狭窄地归基为商品交换形式，这也是他后来在理论学术构境上进入死胡同和非历史逻辑泛化根本原因。而马克思只是历史地说明**现代资本主义生产方式之下**商品交换关系对资产阶级意识形态的根本规制作用，在这一点上，显然马克思是对的。我所坚持的这一观点，恐怕也会是一种贯穿本书始终的与索恩-雷特尔的争执。我注意到，霍克海默之所以对索恩-雷特尔十分反感，也因为他的"书中到处可见对马克思发出的阴阳怪气的讽刺"①。

此处，索恩-雷特尔自己标出来的努力方向有二：一是真正解决马克思提出的问题，深化关于商品形式与意识形式的关系问题；二是他认为，这一归基关系特别是"拜物教化的整个机制"甚至可以延伸到整个文化史。我有保留地同意第一个努力方向，第二个方向则还需要具体分析。通过分析，我们可以看到，索恩-雷特尔的第二个研究方向恰好是与他自己的所谓第二"洞见"相关联的。

① 参见[德]魏格豪斯：《法兰克福学派：历史、理论及政治影响》（上册），222 页，上海，上海人民出版社，2010。在霍克海默 1936 年写给阿多诺的信中，他指出：索恩-雷特尔文本中"最糟糕的，是马克思的理论在这一文本中的表现方式。在我看来，在不必做出任何改变的情况下，文中的马克思范畴完全可以替换为孔德或斯宾塞的概念。并且，经济学概念完全可以被任意替换为历史编纂学的、生物学的或是心理学的概念。在通篇文章中，找不到马克思范畴独具特色的讽刺，更见不到这些范畴的批判功能"。参见本书附录二第三部分。

二、文化与剥削的历史关联

索恩-雷特尔自己宣称的第二个"洞见"，是认为"人类文化史，其实在根本上是与人类剥削关系的历史（Geschichte der menschlichen Ausbeutungsverhältnisse）同时发生的"①。乍看起来，索恩-雷特尔的这一断言似乎与马克思恩格斯后来对《共产党宣言》的修正方向相违。因为马克思和恩格斯在读到摩尔根②的《古代社会》一书后，得知人类历史进入阶级社会之前，还有一个原始部族生活的史前发展阶段，所以他们将"有史以来的一切人类社会历史都是阶级斗争的历史"，特设标注为"有文字记载以来的文明史"。应该说，在一般的意义上，索恩-雷特尔的这一断言明显是错误和不周延的。因为在剥削社会产生之前，人类社会历史存在着相当长的一个没有阶级和剥削关系的前史时期。直到今天，我们这个星球上还残存着一些没有进入现代性的原始部族生活，以索恩-雷特尔的断言，由于他们的生活中没有剥削，所以就没有"文化"？这是荒唐的西方中心主义的论断。以我的理解，索恩-雷特尔这里的"人类文化史"即是服务于剥削阶级利益，并已经独立于生产劳动过程的脑力劳动及其观念产品的**现代**文化史。做这样的限定之后，索恩-雷特尔的下述说明才有可能成立，

---

① ［德］索恩-雷特尔：《脑力劳动与体力劳动——西方历史的认识论》，111页，南京，南京大学出版社，2015。

② 路易斯·亨利·摩尔根（Lewis Henry Morgan，1818—1881），美国民族学家、原始社会史学家，1877年出版《古代社会》一书。他提出了社会进化的理论，说明人类社会从低级阶段向高级阶段发展，从原始社会发展到阶级社会。

　　所有的所谓"文化"特征——诸如存在对人而言（Seins für die Menschen）的世界形式性（Weltförmigkeit）、人自身的主体特征、人在"此岸"与"彼岸"（Diesseits und Jenseits）之间的纠葛、定在及其认同模式（Identitätsmodus，在这里，"定在"始终负有一种消极的论调），判断关系与理性（ratio）、个体的人格性、真理问题、关于"知识"与客体世界（Objektwelt）的理念、善、美，等等——简言之，所有唯心主义高谈阔论的东西——都明白无误地被证实且被证明为剥削在发生学上的后果。①

　　显然，索恩-雷特尔在这里列举的所有文化特征都是近代以来西方哲学中的关键词，而其中有一半与康德的认识论相关。可想而知，如果将这些现代性的认识论范畴非历史地投射到整个文化史中去，会有多么可笑。在索恩-雷特尔看来，所有这一切"表面上自律"（scheinautonomer）的意识形式其实都不过是剥削关系的一种异化观念存在，必须用历史唯物主义的方式打破康德的认识论伪境。所以，让这些异化的意识形式（Bewußtseinsformen der Entfremdung）归基于剥削的客观实践，"将会使得整个人类文化的所有历史形式及形式化，转化为人类实践及其施魅（Verzauberung）的独特的问题式（Problematik）"②。他的意思是，看起来神秘的先天观念的自组织机制并非自我发生，而是现实社会关系中由剥削的异化实践所施魅的。我觉得，这也应该是我们历史认识论研究

---

　　①　[德]索恩-雷特尔：《脑力劳动与体力劳动——西方历史的认识论》，111—112页，南京，南京大学出版社，2015。
　　②　同上书，112页。

中需要认真辨识的问题。

这里值得肯定的方面有：一是索恩-雷特尔贯彻了马克思的历史认识论的主要对象是社会关系这一正确的原则。二是在认识论研究中进一步意识到**剥削关系**的在场，这恐怕是所有专业哲学家永远都不会想到的构境层，也是有一定意义的论断。但是我以为，索恩-雷特尔将以康德哲学认识论为核心的概念体系强加于整个人类文化史则必然是非历史的臆断。

> 所有那些所谓的异化形式——事实性以及本质的图式(Schemen des Wesens)——都是以剥削实践为根据的劳动实践的拜物教化(Fetischisierungen der Arbeitspraxis)，并且，文化人类的所有理论问题式(theoretischen Problematik)的真实内容，乃是一个关于其物质存在的纯实践问题式(rein praktische Problematik ihres materiellen Seins)。如果这一点能够被完整地、简洁地证明出来，那么借此，显然就与上面所要求的、对异化的意识形态的发生学上的真理性批判(Wahrheitskritik)直接联系起来了。①

这是比较难理解的一段表述了。依我的解意复构，这大约是指康德认识论中放大的观念本质构成的先天图式和它所统摄的现象世界(事实性)，

---

① ［德］索恩-雷特尔：《脑力劳动与体力劳动——西方历史的认识论》，112 页，南京，南京大学出版社，2015。中译文有改动，参见 Alfred Sohn-Rethel, *Geistige und körperliche Arbeit：zur Epistemologie der abendländischen Geschichte*，VCH, Acta Humaniora, 1989, S. 138。

都是一定历史条件下不平等社会剥削关系下的劳动实践的拜物教化异在，一切看起来独立运行的理论问题式的真正现实基础只能是**实践的问题式**。这是一个深刻的透视。应该承认，在 1936 年，索恩-雷特尔对 Problematik 概念的熟练使用是令人惊奇的，因为它的出现早于阿尔都塞近 30 年。并且，他将始终存在于观念构境层中的 Problematik 归基到实践的 Problematik。实践如何产生社会历史构序的方式，这是一个可以深入讨论的历史认识论重要前提的构境方向。依索恩-雷特尔的理解，如果能够实现上述这种历史唯物主义的归基，那么，对异化的意识形态的真理性破境就成为可能。比如，哲学认识论中的主体与客体的分裂，真理问题的悖结，无论哲学家们怎样苦思冥想，都不可能在哲学认识论的观念内部得到根本解决，只有将这些异化的、拜物教化理论形式归基到其缘起性的根基——异化和拜物教的剥削实践和问题式中，矛盾才会彻底解决。这有一定的道理。

可以看出，索恩-雷特尔这里的批判性破境背景是马克思在《关于费尔巴哈的提纲》中对费尔巴哈宗教异化批判问题的进一步归基，即宗教世界的异化"只能用这个世俗基础的自我分裂和自我矛盾来说明"[①]。这个大的思路是对的。可我的质疑有二：一是康德的哲学认识论并不是宗教，**先验综合判断的逻辑构架并不等于上帝**，绝不可能像费尔巴哈那样用一句"上帝是人的类本质之异化"就可能打发掉。总的感觉，索恩-雷特尔这里的归基论破境过于简单了。二是索恩-雷特尔"非反思地"（他常

---

① 马克思：《关于费尔巴哈的提纲》，见马克思、恩格斯《费尔巴哈》，84 页，北京，人民出版社，1988。

常挂在嘴边的话语）使用**异化**概念，却不知道马克思 1845 年春天对《1844 年经济学哲学手稿》中的人本主义异化史观的根本叛离，而他试图作为理论武器的历史唯物主义恰恰是这种逻辑解构的结果，马克思后来的经济拜物教批判正是对人本学**异化逻辑**的替代。而在马克思后来的经济学研究中，他再一次认真地提出了异化问题。并且这一次，异化成为马克思历史现象学科学批判中最核心的观点。我认为，马克思在这里揭示出来的资本主义经济关系中的异己性，绝不再是《1844 年经济学哲学手稿》中那种人本主义的**价值悬设的"应该"**，而是**一种现实社会关系中发生的客观的自反性**。当索恩-雷特尔脑中关于马克思历史唯物主义的学说理路处在一团糨糊状态时，企望他的讨论完全科学可信是不现实的。应该说，将马克思的**科学异化概念**引入历史认识论的研究中，特别是将其纳入对商品—市场经济之后整个社会关系的颠倒显现的思考，是我们以后可以深入的构境方向。

也是在这里，索恩-雷特尔提出，与传统马克思主义解释框架不同，真理与实践不是简单的反映关系。在原则上这是对的。可是他接着说，真理往往是被异化的意识形态结构化地遮蔽起来的，或者说，"异化了的意识与探寻真理的问题是捆绑在一起的；这就是说，真理问题仍然是异化的产物"，所以，"人们必须砸开异化的结构（Konstitution der En-tfremdung），为的是撞开异化的意识形态而达到真理，意识形态（Ideol-ogien）的结构掩盖了这个真理"①。从历史唯物主义的观点来看，任何

①　［德］索恩-雷特尔：《脑力劳动与体力劳动——西方历史的认识论》，112 页，南京，南京大学出版社，2015。

真理性认识都是一定历史条件下社会生活和实践的产物，特别是人们对外部自然界的认识并不一定就都是与剥削关系直接相关联的"异化意识"，一个时代中发生的真理性认识在后继社会实践中被证明其存在历史局限性是正常的。当索恩-雷特尔非反思地使用"异化"范式时，他并没有意识到**没有异化的本真意识状态**是什么，在马克思的历史唯物主义中，意识形态不是异化中的**不应该**，而是统治阶级的意志体现。我以为，索恩-雷特尔并没有对意识形态这一概念进行过认真的思考，所以，他对该词的使用过于随意。

也因此，索恩-雷特尔为自己指认的进一步深入的理论任务就是"在颠倒的关系中使'先验演绎'的不可解决的难题（从思想出发构造［Konstruktion］存在的努力）变得可以解决：采取辩证地重构剥削关系史（Geschichte der Ausbeutungsverhältnisses）的方式，以物质的社会存在来构造逻辑"①。你看，这还是对康德命题伪相的破境式关注。先验演绎中无法解决的康德难题，只有在索恩-雷特尔指认的剥削关系史中才能被彻底澄清。不是先验观念解释现实存在（"从思想出发构造存在"），而只能用社会物质存在结构说明看起来独立、先在的逻辑构架。这是正确的历史认识论的原则。在索恩-雷特尔看来，这个特定的社会物质存在结构就是**居有性**的社会功能化。

---

① ［德］索恩-雷特尔：《脑力劳动与体力劳动——西方历史的认识论》，112 页，南京，南京大学出版社，2015。

三、居有社会中的社会功能化

索恩-雷特尔说，如果要真正实现上述两个反对康德认识论的破境任务，即观念结构归基于实践结构、遮蔽真理的异化意识形态问题式归基于社会剥削关系，就必须在马克思主义的认识论上有所突破，他选择了一个理解社会历史剥削结构塑形的新范式，即**功能社会化**（*funktion-ale Vergesellschaftung*）。这是他自认为原创的新概念。我们后面会看到，动态活动中的关系性的功能规定是索恩-雷特尔偏爱的理论旨趣。应该说，从一般的社会关系到复杂的社会结构，特别是功能性的剥削制度的批判性认识，这都是传统哲学认识论根本无法进入的构境领域，当然，也是我们历史认识论研究必须面对的重要问题。我们的认识论研究，什么时候从那种抽象的主体—客体、经验现象与理性本质、真理与谬误的旧式认识论讨论中返回社会生活的批判性关系透视中，才会开启马克思历史认识论构境的全新思考层。

那么，什么是索恩-雷特尔所说的功能社会化呢？依他自己的解释，这个所谓的功能社会化"与马克思所说的'原始共同体'（natur-wüchsigen Gemeinwesens）的社会化类型在历史和结构上都是不同的"①。这是一个否定性的边界。具体些说，

　　功能社会化产生于与自然发生的社会化的断裂（Bruch），这一断裂是剥削，即这样一个事实状态：社会的一部分人开始依赖于另

---

① ［德］索恩-雷特尔：《脑力劳动与体力劳动——西方历史的认识论》，113 页，南京，南京大学出版社，2015。

一部分人的产品而生存，因为前者居有（aneignet）了因逐渐增长的生产力而产生的可供支配的剩余产品（Mehrprodukt）。这种居有首先是作为单方面居有而发生的（它能够囊括从习惯上以正当的方式发展起来的对礼物的接受，到野蛮的掠夺之间的各种形式）；只有经过一个较长的历史时期之后，这样一种单方面的居有关系才变成了以作为商品交换的交互居有为形式（Formen wechselseitiger Aneignung qua Warenaustausch）的剥削。①

在这里，首先我们可以看到索恩-雷特尔精细地区分了在马克思文本中出现的三个表征社会关系的重要概念，即 Eigentum、Besitz 以及 Aneignung。其实，这些重要的关系性范畴都是我们历史认识论研究中必须面对的内容。我们所熟悉的是前两个概念，即表示居有权归属关系的 Eigentum ——**所有**（也可译为财产、产权），以及表示对某物的实际控制和使用的 Besitz ——**占有**。而与这两个经常出现在中文译文中的概念不同，马克思在自己的经济学文本中还使用过一种表示对某物进行侵吞和据为己有的 Aneignung——**居有**。其实，在马克思那里，Aneignung 一词并不表现为贬义的占有，早在《1844 年经济学哲学手稿》中，马克思就理想化地提出摒弃劳动异化，实现"人对**人的**本质的真正居有

---

① ［德］索恩-雷特尔：《脑力劳动与体力劳动——西方历史的认识论》，113 页，南京，南京大学出版社，2015。

(wirkliche *Aneignung*)"①。而在《1857—1858 年经济学手稿》中，马克思也使用了中性的 Aneignung："一切生产都是个人在一定社会形式(bestimmten Gesellschaftsform)中并借这种社会形式而进行的对自然的居有(Aneignung der Natur)。"②但索恩-雷特尔则坚持将 Aneignung 一词特指为剥削性的占有。应该承认，马克思文本中的 Aneignung 一词很长一段时间内，没有得到学术研究界的关注，甚至根本没有出现在中文语境中。所以说，索恩-雷特尔对这一概念的突出关注是具有重要学术价值的。日本学者望月清司③在 20 世纪 60 年代曾经将其日译为"领有"，我觉得，这是一种词义不清的转译。

其次，在索恩-雷特尔这里，相对于原始共同体中那种**自然发生**的社会化过程，剥削关系的发生造成了一种断裂，剥削产生了一批不劳而获的人，这种将原来公有的财富特别是由生产力发展带来的"剩余产品"**据为己有**的剥削现象则生成独特的**居有社会**。我推测，在他的理解构境中，侵占他人劳动产品的**剥削性居有关系**比简单的财产和生产资料私有社会更准确地揭露了剥削社会的本质。同时，索恩-雷特尔又将所谓的

---

① 《马克思恩格斯全集》第 42 卷，120 页，北京，人民出版社，1979。参见 Karl Marx, *Ökonomisch-philosophische Manuskripte*, *Gesamtausgabe*(*MEGA2*), I/2, Berlin：Dietz Verlag, 1982, S. 389。

② 《马克思恩格斯全集》第 46 卷上，24 页，北京，人民出版社，1979。中译文将此处的 Aneignung 译作占有，我将其改译为区别于德文中 Besitzens(占有)的"居有"。参见 Karl Marx, *Grundrissen*, *Gesamtausgabe*(*MEGA2*) II/1, Berlin：Dietz Verlag, 1976, S. 25。

③ 望月清司(Mochizuki Seiji, 1929—   )，日本当代新马克思主义思想家。1929 年生于日本东京，1951 年入学日本专修大学商学部经济学科，1969 年晋升为该大学经济学部教授。1975 年获得专修大学经济学博士。并从 1989 年开始连任专修大学校长 9 年，直至退休。他的代表著作为《马克思历史理论的研究》(1973)。

居有社会区分为早期的以掠夺性侵占为主的**单向**居有社会与商品交换出现后形成的**双向**居有社会。这个由索恩-雷特尔在 20 世纪 30 年代提出的观点贯穿于他一生的学术努力中。看得出来，索恩-雷特尔对剥削关系的不同类型和质性都做了较为深入的区分和思考，这都是值得我们反思的地方。虽然，他在讨论双向居有关系时并不是完全正确的。

最后，所谓的功能社会化，主要是指出现了商品交换的居有社会中生成的一种中介式的**同一性**功能，在传统原始共同体中用血亲自然关系统一起来的社会生活，现在是由人们之外的**交换居有功能**建立起来的。能看得出，索恩-雷特尔这里的同一性功能是对上述观念**有效性**规定的进一步确认。在这一构境意向上，之后会生发出极其复杂的批判性深境。请注意，索恩-雷特尔指认的这三个方面都是社会生活中不可直观**的关系存在**，这些认识对象在传统认识论中都是无法直观的对象，这是他有可能揭露康德认识论伪境的前提性条件。

有趣的是，索恩-雷特尔提出这一观点还有一个哲学逻辑上的否定性推论，即居有性剥削关系的出现违背了马克思历史唯物主义所定义的人的存在本质——劳动生产。请注意，这不是《1844 年经济学哲学手稿》中那个粗糙的人本主义价值悬设——**尚未**异化的劳动，而是《德意志意识形态》中历史唯物主义的现实生产劳动。他十分认真地指认，马克思在自己创立的历史唯物主义中明确提出，正是劳动生产才使人作为一种新的社会存在区别于动物：**我劳动生产故人在**。所以，"必须将马克思理解为'劳动过程'的这种现实性作为人类历史的根本性基础"，这是对的。在索恩-雷特尔看来，对于人来说，"在人类的历史上，他的生活无时无刻不是与自然（这个自然通过生产力的发展也成为一个历史概念）

进行物质交换的生活，并且无时无刻不是生产和消费中的生活"①。前一句括号里的补充是对青年卢卡奇在《历史与阶级意识》中那句"自然是一个社会概念"所做的修正，而后一句的言下之意则是：**不劳动者则非人**。可是，剥削关系的出现却"否认'同自然进行物质变换的人的物质生活'的实践"，因此否认了**人作为人而应该**进行的"'生产劳动'（马克思所讲的劳动过程的意义上的生产劳动）：因而是对实践的一种实践上的否定"②。在此，我们不难体会出，索恩-雷特尔这里浓浓的价值悬设之意，这与他所公开声称的历史唯物主义原则是不相符合的。*以后我们也可以看到，对于这种隐性的逻辑悖结，他总是无意识的*。

索恩-雷特尔专门界划道，他研究的范围正是与人类社会历史进程**中出现剥削关系**这一特定阶段相关联。

> 这段历史的独有的特征，特别是理论与实践的分裂（Spaltung）以及由此带来的知识现象（一种孤立的、似乎是自治的知识现象），最终是起源于：这里人类生活的物质实践（materielle Praxis）是通过那些与实践相矛盾的中介形式（Vermittlungsformen）而实现的。社会中的剥削者部分（不论其与被剥削者是否源于同一种族）依赖于人类劳动的产品而生存，但却不是其自己的劳动产品，所以这里统治阶层的生活并不是建立在自己对自然的关系之上，而是代之以对其他人的关系（Verhältnis zu andren Menschen），以及**后者**对自然

---

① ［德］索恩-雷特尔：《脑力劳动与体力劳动——西方历史的认识论》，113 页，南京，南京大学出版社，2015。

② 同上书，113 页。

的实践—生产关系(praktisch-produktives Verhältnis)。①

显然，索恩-雷特尔指认出社会历史发展中出现的剥削关系，还是为了解决哲学认识论的现实基础问题，总是试图将抽象的非历史的哲学认识论转变为历史认识论。在他看来，恰恰是由于人类社会物质生活中出现了**非直接**劳动生产关系之上的**寄生性存在**，才导致了理论与实践的分裂。以后，他将概括出脑力劳动与体力劳动的分裂。然而，如果从理论构境的基本线索上看，应该说索恩-雷特尔这里依从的逻辑不是马克思，而是黑格尔关于"主奴辩证法"的隐喻构境：主人的生存不是建立在直接劳动生产中的生存，而是通过奴隶的"生产—实践"中介式地面对自然。在索恩-雷特尔眼里，这种断裂于生产劳动的寄生性的剥削关系是中介性的思维形式**独立于**现实的真正原因。这是一个看起来很深刻的破境推论。因为，即便是马克思也很少直接谈及剥削对认识论的影响，他有时只是从宏观上谈到意识形态，作为统治阶级的政治意志的体现。关键在于，索恩-雷特尔是否能真正深入地讨论这一主题。他认为，

在剥削的范围内，人与自然之间的生产关系变成了一种人与人之间关系的对象(Gegenstand eines Verhältnisses Mensch-Mensch)，并将服从于后者的构序与法则(Ordnung und Gesetz)，因此它相对于"原始"状态而言乃是"去自然化"的(按照马克思的观点，在价值

---

① ［德］索恩-雷特尔：《脑力劳动与体力劳动——西方历史的认识论》，113—114页，南京，南京大学出版社，2015。

对象性[Wertgegenständlichkeit]中连一个自然物质的原子也没有掺杂进来），以便从此以后按照中介形式的规律（Gesetz von Vermittlungsformen）来实现，这些中介形式意味着对它的积极的否定。①

索恩-雷特尔这里的说明，显然有比较大的逻辑跳跃，因为，他在上述哲学认识论的讨论中先是引进了历史唯物主义构境意向，这里，又不加说明地突然引进马克思关于政治经济学讨论的微观理论构序细节，这会让很多熟悉马克思理论某一个专业方向的学者无所适从。

况且，索恩-雷特尔的这种逻辑挪移又不是特别准确，这无疑加深了理解上的难度。首先，我们知道，在《德意志意识形态》中，马克思最初说明广义历史唯物主义的视角时就指明了人与自然的关系和人与人的关系的双重性，而在 1857—1858 年以后的政治经济学研究中，他深入说明了资本主义生产方式中商品—市场经济运行过程里必然发生的人与人的直接劳动关系颠倒地表现为物与物的关系，而不是索恩-雷特尔这里描述的"人与自然的生产关系"变成"人与人的关系的对象"。需要肯定的构境层是，索恩-雷特尔试图告诉我们，原来不能直观的人与人之间的关系存在，现在却表现为某种可见的对象物，这会使历史认识论丧失正确的判断力，从而陷入资产阶级拜物教的误认泥潭。或者反过来说，康德—黑格尔一类哲学认识论的对象，恰恰是拜物教伪境中的物化对象和自组织机制。大的方面，这可能是对的，但也许太简单了。

---

① ［德］索恩-雷特尔：《脑力劳动与体力劳动——西方历史的认识论》，114 页，南京，南京大学出版社，2015。

其次，相对于原初的人对自然的关系，这种人与人的关系是"去自然化的"，用马克思的话来说，这是一种看不见的社会关系中的构序和法则。也是在这里，索恩-雷特尔突然将他所重新构序的"人与人的关系"纳入马克思的政治经济学批判的理论构境之中，并且不加任何说明地讨论起"价值对象性"中连一个自然物质的原子也没有的观点，因为他根本还没有开始讨论商品交换和价值问题，所以，这会成为大多数读者突然失去构境线索的迷乱之始。

最后，当然，索恩-雷特尔这里思想构境的基本意向是对的，他特别想指认康德—黑格尔式的独立的思维结构只是**中介化**的功能社会化的结果。我觉得，这种消极中介化的观点，更多来自黑格尔的《法哲学原理》而非马克思的《资本论》。在黑格尔那里，市民社会中的原子化个人是由交换中介消极地无意识建构起来的。所以，索恩-雷特尔口口声声允诺给出的"历史唯物主义答案"中的成分是复杂的，其显性话语与实际运作的隐性话语之间存在着某种断裂。

我觉得，这种显得十分不专业的写作方式很可能是霍克海默不认同索恩-雷特尔的原因之一。① 在 1965 年阿多诺与索恩-雷特尔的谈话中，前者对此也提出了尖锐的疑问："如果人与自然的关系是由交换来中介的，那么这种关系具有何种特征，它的主体和客体具有何种特征？交换的抽象性如何规定这种关系，它是这种关系的因素吗？对于主体来说，客体是如何表现的，客体自身又是如何表现的？这样的主体如何由交换

---

① 霍克海默甚至认为，索恩-雷特尔的这种研究方式是一种"形而上学的历史变形（eine metyphysische Geschichtsverklärung）"，会使"批判理论再次回到一种永恒的体系（ewiges System）"中去。参见本书附录二第二部分。

构建(konstituiert)起来，交换抽象在其中发挥了何种作用？"①当然，这时索恩-雷特尔还没有提出**交换抽象**问题，这是后话，但阿多诺这里一连串的疑问是索恩-雷特尔一时无法回答的。

索恩-雷特尔认为，剥削关系对直接劳动生产关系的否定不仅是观念性的，也同样是实践性的客观存在，

> 这种否定本身具有实践的特征，它是在这种人与人之间关系中的居有实践(Praxis der Aneignung)。不过我认为，在这种关系中的居有实践是同一性、定在以及物的形式(Dingform)或物性(因而不只是"物化"[Verdinglichung]才如此，"物"本身就已经是一种剥削样态了)模式(Modi)的真实的社会起源。②

我惊奇地发现，索恩-雷特尔此时已经十分精准地使用了马克思文本中并不常见的 Verdinglichung 一词。③ **居有实践**本身已经是坏东西了！在传统马克思主义的解释框架中，实践总是认识论中检验真理的标准，但如果出现了反动的剥削性的实践，被其证明有效的观念难道也是真理

---

① ［德］阿多诺：《阿多诺与索恩-雷特尔谈话笔记》，转引自［德］索恩-雷特尔：《脑力劳动与体力劳动——西方历史的认识论》，177 页，南京，南京大学出版社，2015。

② ［德］索恩-雷特尔：《脑力劳动与体力劳动——西方历史的认识论》，114 页，南京，南京大学出版社，2015。

③ 据我的不完全文献数据统计，Verdinglichung 一词在马克思的《德意志意识形态》、《1857—1858 年经济学手稿》、《1861—1863 年经济学手稿》和《资本论》第 1、第 2 卷中使用频次都为零，只在《资本论》第 3 卷中才出现过两次。可能是在韦伯和青年卢卡奇之后，此词的使用才普遍起来。

吗？这倒真出了一个难题。关于这一点，索恩-雷特尔的这种反动的居有实践，与后来20世纪60年代萨特提出的**异化实践**概念，然后由科西克发展成为与革命的实践相对立的**伪实践**，这些讨论对传统实践概念的线性解读是有冲击的。不仅人与人的关系的物化的居有实践是否定性的，由此产生的**同一性、定在和物性模式**都是剥削关系的表现，也是他所指认的**社会功能化的具体表现**。对于这三者，下面索恩-雷特尔还会逐一交代其特定的批判性构境意义。

四、同一性、定在和物性功能化的历史发生

为此，索恩-雷特尔在一个虚构的历史构境平台上，设定了从原始共同体**内部**关系到功能社会化外部剥削构架的转变。说他"设定"，因为这种看起来是历史发生学的研究实际上是在真实历史之外的。我觉得，历史认识论研究中的一个重要方向，是探讨不同历史时期社会认知构架的异质性和现实社会生产方式的关联，类似福柯在《词与物》一书中对文化认知构架（*épistémè*——"认识型"）的历史分期研究。在索恩-雷特尔看来，传统的原始共同体中，生产与消费是一体化的，消费来自生产者本身的直接生产结果，可是在一场部族之间的战争之后，败者为奴，则出现了一种前者占有后者剩余产品的新型剥削关系和统治关系："在被剥削者那里，产生了一种没有消费的生产，而在剥削者那里，则产生了一种没有生产的消费，因而生产与消费之间的必然物质关联（notwendige materielle Zusammenhang)这种早先的形式被摧毁了。"①我们不难看出，索恩-雷特尔的许多理论分析都是没有直接史料文献支持的随意性推论和主观设定，恐怕这也是霍克海默对他的观点采取不信任态度的缘由之一。

索恩-雷特尔有些伤感地说，也是从这时起，劳动最初的、原始的社会化特征被剥夺了，取而代之的是作为**商品的劳动产品的交换关联**(*Tauschzusammenhang der Arbeitsprodukte als Waren*)的出现。他再一次重申，正是这个商品交换关系的历史发生，才会建构出所谓的功能社会化：

> 剥削将生产与消费之间的生活必要性关联(lebensnotwendigen Zusammenhang)转变为一种人与人之间的、社会的关联(gesellschaftlicher Zusammenhang)。它在人们的存在的紧密联系中建立起了生产与消费之间的关联。这种由剥削所导致的人们之间的紧密联系，就是我所称的功能社会化(funktionale Vergesellschaftung)，它不同于任何形式的原始共同体(naturüchsige Gemeinwesen)。"功能的"社会化是对"原始的"社会化的否定，它摧毁了后者直至其完全解体，以至于功能社会化最终一统天下，并且商品生产采取了那种最终使得到单方面居有(einseitige Aneignung)变成相互居有

---

① ［德］索恩-雷特尔：《脑力劳动与体力劳动——西方历史的认识论》，114 页，南京，南京大学出版社，2015。

(wechselseitige Aneignung)的形式。①

　　现在我们知道，索恩-雷特尔所谓的功能社会化就是由剥削关系导致的原始共同体的解体，使原有在生产与消费之间发生的生活必然关联变成一种由剥削性掠夺建立起来的社会性**居有关联**，这种居有关系开始是**单向的**，后来在商品交换中生成**相互居有**。依这个逻辑推论，前者是主人对奴隶的单向掠夺，而后者为商人之间的相互盘剥。其实，这个"相互居有"是可疑的，因为，索恩-雷特尔所假设的这种商品—市场经济中发生的相互居有，只是表面的形式平等，而实质上仍然是资本家对工人的**单向盘剥**（无偿占有剩余价值）。所以，索恩-雷特尔的这个自以为得意的"相互居有"从本质上讲是错误的伪历史情境。

　　依索恩-雷特尔的所谓"历史性的阐释"（geschichtliche Gesamt-darstellung），这一转换过程经历了"古埃及、古典时代以及近代欧洲的商品生产"等主要步骤。首先，在古埃及和东方社会中出现了剥削关系的"第一种本质形式"——国家，即"最初的剥削关系"的社会化形式。这里，

　　　　在国家中，剥削的社会化功能局限于，赋予剥削的统治关系以齐一的特征（Charaktere der Einheit，国家主权、领土主权，等等），这种同一性构成了国家的本质，使剥削的实际的统治关系成为"国

---

① ［德］索恩-雷特尔：《脑力劳动与体力劳动——西方历史的认识论》，114—115页，南京，南京大学出版社，2015。

家"的本质，或者说是将自身拜物教化了。在此，功能社会化无非
是一种以剥削为目的而进行统治的残酷事实(factum brutum)，居
有对象(Aneigungsobjekte)(产品、生产者[奴隶]、土地、劳动工
具、牲口等)的自然形式不再有不同的价值表述。[①]

在索恩-雷特尔看来，这种国家自上而下的**同一性**统治中的功能性剥
削关系显然还是外部的强制，社会生活的齐一是由可见的暴力来实
现的。

其次，剥削关系的第二种形式是古典时代中出现的"财产的社会价
值形式的形成"(Ausbildung der gesellschaftlichen Wertform)。在此时，

先前是作为整体的国家的东西，现在则是单个的公民(cinzel-
nen Bürger)与其奴隶家政和财富生产的私人关系，古典时代的社
会是这些公民相互之间的社会。在此，最初的财富形成(Reich-
tumsbildung)被反映出来了，被生产出的财富在剥削者与城邦之间
进行交换，并由此而首次获得了恰当的社会形式，即货币的价值形
式(Wertiorm des Geldes)。[②]

---

① ［德］索恩-雷特尔：《脑力劳动与体力劳动——西方历史的认识论》，119 页，南
京，南京大学出版社，2015。中译文有改动，参见 Alfred Sohn-Rethel, *Geistige und
körperliche Arbeit：zur Epistemologie der abendländischen Geschichte*，VCH, Acta Hu-
maniora, 1989, S. 146-147。

② 同上书，119 页。

我推断，索恩-雷特尔这里所指的"古典社会"应该是对应着早期的希腊城邦，并非后来的资本主义商品社会，所以，这种西方式的早期财富形成——货币的价值形式也只发生在作为剥削者的自由人中，因为，奴隶并不是"人"，而只是会说话的工具。所以，"此时被剥削的生产者还处于奴隶的自然形式当中，被功能化了的不是他们的生产，而是对他们的使用"①。这是一种奇怪的分离，社会功能化通过货币在拥有商品的主人那里发生作用，并不直接作用于奴隶，对后者的工具化使用间接地参与到社会功能化之中。

最后，依索恩-雷特尔的观点，这一切，只有在资本主义生产方式出现之后才彻底改变了。资本主义生产方式中的社会功能化是由全新的商品形式基本特征所建构起来的。在他看来，这种资产阶级商品形式的基本特征是**同一性、定在和物性**（*Identität，Dasein und Dinglichkeit*）。这显然是索恩-雷特尔自己特设构境中的三个批判性规定。我们来看索恩-雷特尔对此所做的详尽分析：

> 一定存在者的同一性样态（Identitätsmodus des Daseienden）从最开始便是剥削关系中的统一性，它对这种关系来说是不可或缺的和建构性的（konstitutiv）；因为剥削者的居有行为将劳动者的产品"抽象化"，这样将人类产品"物化"（verdinglicht），将其中立化为物（Ding），固化（fixiert）为已完成了的、脱离了生产者双手的定在

---

① ［德］索恩-雷特尔：《脑力劳动与体力劳动——西方历史的认识论》，119页，南京，南京大学出版社，2015。

(Dasein)，这个定在现在被掌握在剥削者的手中，无视它的生产过程，作为单纯的给与性和接受性(Genommenheit)，作为在质量和数量上如此造就的特性(Beschaffenheit)，尽管强调它不是自然的产品，而是人类的产品(但恰恰是他者劳动[Arbeit anderer]的产品)。①

　　第一点是这里对**同一性**(*Identität*)的确证。同一是统治的需要，从专制下的外部同一性强制暴力到商品交换关系下的**非强制**同质性，都是为了剥削关系中的可控性。这一点上，我倒觉得是 1936 年的索恩-雷特尔影响了后来的阿多诺。阿多诺写于 1966 年的《否定的辩证法》一书的主旨就是反思同一性逻辑，特别是由资本主义商品—市场经济所构序的非强制的同一性。我们都知道，资本主义世界市场最重要的前提是人为的强制性的外在**宗法**同一性的消解，这也是法国重农学派②"自然秩序"的真正质性。然而，斯密、李嘉图的自由主义经济的内里逻辑并非真正消除了同一性的法则，而不过是将帝王看得见的高擎着刀剑的手，消隐于"交换价值"在市场中**非人为**自发实现的**客观**经济同一性背后。显而易见，**资本的世界历史逻辑**中的工具理性、经济法则和政治法理是同样心

---

　　① ［德］索恩-雷特尔：《脑力劳动与体力劳动——西方历史的认识论》，115 页，南京，南京大学出版社，2015。中译文有改动。参见 Alfred Sohn-Rethel, *Geistige und körperliche Arbeit：zur Epistemologie der abendländischen Geschichte*，VCH，Acta Humaniora，1989，S. 143-144。

　　② 重农主义(physiocracy)学派是 18 世纪 50—70 年代的法国资产阶级古典政治经济学学派。他们以自然秩序为最高信条，视农业为财富的唯一来源和社会一切收入的基础，认为保障财产权利和个人经济自由是社会繁荣的必要因素。

怀"狡计"的。阿多诺的这一观点显然受到了索恩-雷特尔上述观点的深刻启发。但是，索恩-雷特尔并没有进一步说明这里的同一性与他在文本中所使用的**齐一性**（*Einheit*）的差异，特别是没有深究同一性在**非强制**统治关系中的认同机制。这些问题其实也都是历史认识论必须要面对的问题。

第二点，Dasein，或者**一定的存在**成为坏东西，多少令我有些意外。因为，有时间维度的一定存在是马克思历史唯物主义方法论的核心属性，我们也能看到，海德格尔也是在这一构境层中用 Dasein 这一时间中的关系性存在替换那个非历史的个人主体。依我的思想复构，索恩-雷特尔此处所特设的这个**定在**（*Dasein*），是对应于传统原始共同体中那种**无时间无地点**的不可控的无用**神物**的（如树丛中的小精灵、彩虹上的天使），商品交换使一切存在都成为抽象的价值等价物，这里的一定存在是指**有用的**可交换物的确定性。我真不知道，在索恩-雷特尔的原初构境中，他的想法有没有这么深刻。总之，他对这个概念的使用多少有些牵强。

第三点，这里的**物**（*Ding*）即**物化之物**，索恩-雷特尔将其指认为在商品交换中脱离了原初劳动生产中的"产品抽象"，遮蔽了作为**他者劳动**的产物这一真相后，脱离了劳动者双手的"中立化"的抽象物。此时，他还没有形成**交换关系抽象**的深刻构境意义。在一定的意义上，这个物也是不可触碰的"自在之物"。

更有趣的是，索恩-雷特尔想从这一特殊的理论构境支点的重新设定中得出的结论是，这种商品交换中产生的同一性、定在和物性特征恰恰是看起来独立存在的中立化的**先天思维形式**的根本特征。这又是他对康德认识论命题的破境努力。的确，这是一种过去我们在研究马克思主义认识论时无法想象到的一个链接。难怪他很得意地说："这是一种认识论家，乃至庸俗马克思主义者(Vulgärmarxisten)做梦都不会想到的洞见。"[①]我承认，这的确是一个全新的认识论批判维度。这一创新点，也是索恩-雷特尔贯穿全书的构境线索。

可能也因此，索恩-雷特尔才特别交代，他这里的主要讨论必须限定在"商品生产社会已形成的形式的剥削社会"中，因为，也只有在这种由商品生产建构起来的具有特定功能的社会里，社会的结构"总是按照这种社会化的统一功能来规定自身，前者是后者的形式上的构件(Konstituens)"。然而，当我们期待索恩-雷特尔对这种形式上的构件做进一步的具体分析时，他却似乎热衷于一种抽象的空洞表征：

> 功能的社会化只是凭借剥削来贯彻，因而是作为一种居有关联，尽管它总是与生产相关，但它自身并不是生产关联。它是一种以人及其物的纯粹定在为形式(Formen des bloßen Daseins der Menschen und ihrer Dinge)，而不以这种定在的产生(Hervorbringung)为形式的关联。显然，这种关联在单方面居有的形式中是存在着的，但是，在已完成的剥削和功能社会化的形式中，居有与生产的关系就变成了完全地、不可穿透地遮蔽了物质存在的现实性

---

① ［德］索恩-雷特尔：《脑力劳动与体力劳动——西方历史的认识论》，116页，南京，南京大学出版社，2015。

（Verdeckung der Wirklichkeit des materiellen Seins）的关系（马克思一再强调这种区别）。①

可以说，这是一种哲学家和经济学家都听不懂的东西。如果将这种表述翻译成我们能懂的语言，大约就是说，功能的社会化的真实基础当然是生产，但功能社会化本身却遮蔽了自己与生产的关联，它让在商品形式中出现的一切事物都表现为特定的存在物（定在），但却割断了这种定在产生的真正来源。在早先简单的工匠生产中，产品与劳动生产的关联是一目了然的，所以，剥削者可以单向居有劳动产品，而在进入交换的相互商品居有关系时，产品与生产的关系则被彻底遮蔽起来。特别是，在作为物化对象的货币身上恰恰看不到它的真实来源。

五、剥削关系中的功能社会化与认识论

上述所有的讨论，最终都会集中回落到一个重要问题，即**功能社会化对认识论(*Erkenntnistheorie*)的规制**。这也就是索恩-雷特尔时刻牵挂的康德命题的历史唯物主义的破境。能看到，索恩-雷特尔有些得意地告诉我们："剥削按照居有对象的定在同一性（Daseinsidentität der

―――――――――

① ［德］索恩-雷特尔：《脑力劳动与体力劳动——西方历史的认识论》，116 页，南京，南京大学出版社，2015。

Aneignungsobjekte)的原则限制了'功能社会化',借助于这一洞见,认识的整个形式问题式(gesamte Formproblematik der Erkenntnis),以及在对象之上的概念联系(Beziehung der Begriffe auf Objekte),便走出了思维领域,回溯到人的社会化领域之中。"①在大的构境意向上,索恩-雷特尔肯定是对的。可令人哭笑不得的是这里出现的索恩-雷特尔自己创造的怪词——"居有对象的定在同一性",他试图将自己上述三个新的构境支点(同一性、定在和物)通过一个概念表达出来。我对这一表述的复构结果为:由剥削所生成的特殊客观的同一性建构了社会功能化,这种现实中的同一机制也是康德—黑格尔唯心主义构架中被武断地颠倒为世界本质的认识的**形式问题式**的真正现实基础。这里的 Formproblematik 是指塑形了认识形式构架的提问和思考的生产方式,从索恩-雷特尔的使用语境来看,似乎比阿尔都塞的问题式概念要更加复杂一些。可索恩-雷特尔的问题在于他从来不能真正深入拓展自己所使用的重要概念及其更深一层的构境。我觉得,这都是我们在历史认识论研究中需要认真思考的重要概念。

索恩-雷特尔是想说明,康德在认识论革命中遭遇的各种主观问题和悖论,或者集中于范畴和观念形式统摄作用中的先天问题式,只有归基到人类社会存在中特定的社会化领域才能得到最终解决。他认为,

---

① [德]索恩-雷特尔:《脑力劳动与体力劳动——西方历史的认识论》,119—120页,南京,南京大学出版社,2015。中译文有改动。参见 Alfred Sohn-Rethel, *Geistige und körperliche Arbeit：zur Epistemologie der abendländischen Geschichte*, VCH, Acta Humaniora, 1989, S. 148。

对于作为主体的人来说，"世界"的形式（Form der《Welt》）总是具有现实性，在这个世界中，存在者（Seiende）（作为纯粹的事实）按照齐一的原则生存（Prinzipien der Einheit existiert），也就是说，作为客体而存在。而这些原则总是因功能社会化的结构，以及其中主体的地位而有所不同。因为一般来说，理论上的主体—客体关系只能从剥削关系和功能社会化的原因中产生出来。①

第一段表述中，似乎有海德格尔（《存在与时间》，1927）的影子，这里的世界显然是人**给予形式**（"向自然立法"）的周围世界，作为事实的存在者的生存是**齐一**的。进而，依照马克思在《关于费尔巴哈的提纲》中使用的方法，索恩-雷特尔认为，发现了近代先天观念构架塑形和构序作用的康德—黑格尔，并没有真正意识到先验构架的逻辑塑形基于特定的资本主义剥削关系中的功能社会化，其中，商品形式所规制的定在同一性决定了看起来独立的思维形式构架中的主体与客体关系的所有功能和属性。这是历史认识论的正确破境方法。

事实上，在功能社会化过程中，客体知识的形式结构（Formkonstitution der Objekterkenntnis）由于剥削关系而不同，因为功能社会化规定了客体的结构；只要人们是"主体"，他们的思维

---

① ［德］索恩-雷特尔：《脑力劳动与体力劳动——西方历史的认识论》，122 页，南京，南京大学出版社，2015。中译文有改动。参见 Alfred Sohn-Rethel, *Geistige und körperliche Arbeit：zur Epistemologie der abendländischen Geschichte*，VCH，Acta Humaniora，1989，S. 148。

便关涉到这个客体。因而，知识的形式总是由客体规定的，但是，客体的形式又是由功能社会化过程规定的。在这一过程中，发生了知识的建构性综合(konstitutive Synthesis)(我是在先验的意义上使用综合概念的，这是一种形式上的意义，因为只有形式上的综合才是合理的，或者说，才是理论的[当时我还没有强调其作为与手工劳动相分离的精神活动的意义，至少还没有主题化的意义])，相反，质料的综合则没有发生，因为这种综合是作为社会的综合(Synthesis der Gesellschaft)而发生的，并且涉及人的定在关联。①

这一段接近大白话的表述是不难理解的：只要人是主体，就会面对客体对象，客体结构规制认识形式；在剥削关系的功能社会化过程中，会产生不同的认识构架，特别是资本主义特有的功能社会化建构了特定的客体形式，资本主义商品经济中发生的客观性的**社会综合**规制着现代性思维中看起来先验的观念形式的"建构性综合"。方括号中的文字显然是索恩-雷特尔后来标注的，他自省，在那个时候还没有意识到脑力劳动与体力劳动的分离与精神活动的独立化的关系。从索恩-雷特尔的理论构境层上来看，这里发生的构序新质是将功能社会化进一步与先天观念综合同步起来，所以，他开始使用**社会的综合**(*Synthesis der Gesell-schaft*)这个特殊的概念。应该说，这是索恩-雷特尔在历史认识论研究

① [德]索恩-雷特尔：《脑力劳动与体力劳动——西方历史的认识论》，119—120页，南京，南京大学出版社，2015。中译文有改动。参见 Alfred Sohn-Rethel, *Geistige und körperliche Arbeit: zur Epistemologie der abendländischen Geschichte*, VCH, Acta Humaniora, 1989, S. 148。

中的重要发现，这也会让他对康德先天综合判断命题伪相的破境更加紧
密和深入。更重要的，这也是历史认识论批判性构境的主要内容之一，
并且，在传统马克思主义哲学认识论讨论中已经缺失太久了。

　　在索恩-雷特尔看来，就连认识形式中的先验综合的失败也是对资
本主义现实危机的反映。索恩-雷特尔认为，虽然康德—胡塞尔等人先
验观念"综合"的哲学建构并"不涉及对资本实际控制（Kapital realiter zu
bewältigen）的物质的综合（Synthesis der Materie）"，但观念"综合的失
败表明了危机，危机理论是对唯心主义关于'综合'的所有设定的真正批
判"。① 他还专门告诉我们，阿多诺对他的这一观点有兴趣，并"希望我
将这一点'大体勾画出来'"②。应该说，这是索恩-雷特尔的深刻之处，
但可能过于简单了。不管阿多诺是否真的感兴趣，我都觉得，这个断言
有些牵强。因为，第一，观念固然反映现实生活，但实际上两者并不见
得是完全同步的。马克思也说过意识形态的改变有时是远远落后于现实
存在的，反例中也有亮丽的文学艺术和观念出现在黑暗的土地上的情
形。第二，索恩-雷特尔将康德—黑格尔的先验观念体系与一定历史条
件下出现的特定社会意识形态混同在一起了，一定历史条件下的特定社
会思潮兴盛和衰败肯定是与当时的社会生活塑形结构的建构和解构密切
关联，而先验观念构架则不一定。这也是我们历史认识论研究需要深入
思考的认知构序细节。第三，我还觉察到，索恩-雷特尔的许多观点多
少表现出一些线性的形而上学特征，话说得过于满溢过于绝对。这也严

---

　　① ［德］索恩-雷特尔：《脑力劳动与体力劳动——西方历史的认识论》，118 页，南
京，南京大学出版社，2015。

　　② 同上书，118 页。

重影响到他的论点的科学可靠性。

当然，索恩-雷特尔从不掩饰自己的马克思主义唯物论立场，这是难能可贵的理论品质。他公开声称，要将在唯心主义那里倒置的"存在与思维的关系"重新颠倒过来，将"先验唯心主义转变为辩证唯物主义"(ver-wandelt sich der transzendentale Idealismus in den dialektischen Materialismus)。① 这是他全书的理论要旨和批判唯心主义认识论的直接破境方向。恐怕，这也是全部西方马克思主义思想史上最旗帜鲜明的一个**唯物主义宣言**。在这一点上，索恩-雷特尔是值得尊敬的。他明确指出：

> 如果从唯心主义对综合问题的既定理解来看，那么马克思主义给这个未解决的问题(Problem)提供了答案；因为在这个问题提出本身的意义上，唯心主义所指的概念综合的重构(Nach konstruktion der begrifflichen Synthesis)的任务，转变成了唯物主义重构社会存在之历史(materialistische Aufgabe der Nachkonstruktion der Geschichte des gesellschaftlichen Seins)的任务(也就是由对资产阶级社会[bürgerlichen Gesellschaft]的辩护变成对它的责难)。实际上，综合在社会存在当中运行(从而是所谓"成功"的)，唯心主义在主体性中假设了这种综合，但从来不能为之提供解答。②

---

① [德]索恩-雷特尔：《脑力劳动与体力劳动——西方历史的认识论》，120 页，南京，南京大学出版社，2015。

② 同上书，120 页。中译文有改动。参见 Alfred Sohn-Rethel, *Geistige und körperliche Arbeit: zur Epistemologie der abendländischen Geschichte*, VCH, Acta Humaniora，1989，S. 149。

索恩-雷特尔的理论构境意图是明确的，他就是要解决康德唯心主义建立起来的绝对理性中先天综合统摄机制的现实基础问题，或者是康德命题的历史唯物主义破境方案。康德哲学实现的认识论革命的意义是对传统认识论对主体理性能力的神化进行了**现代性祛魅**，通过对先天综合判断统摄机制的细描，揭示理性观念系统的有限性，从而唯心主义地实现了对概念综合系统的重建。而索恩-雷特尔则认为，康德不过是在主体性观念构架中不自觉地反映了发生于社会存在中的综合，马克思主义对康德命题的彻底解决，则是将观念综合机制的重建再一次转换为社会存在本身的重建，具体地说，就是对资本主义制度的批判和重建。索恩-雷特尔在此书中，几乎一直使用着 bürgerlichen Gesellschaft（资产阶级社会）①这

----

① bürgerliche Gesellschaft 一词，也译"资产阶级社会"，此词与英文中的 Civil Society（公民社会）存在一定的区别。在中文版的马克思恩格斯文献中，bürgerliche Gesellschaft 一词根据具体的使用语境分别意译为"市民社会"和"资产阶级社会"。通常的情况是，在 1844 年以前的文献中 bürgerliche Gesellschaft 一般译为"市民社会"，而 1845 年以后，多译"资产阶级社会"，少数特定语境中保留了"市民社会"的译法。还应该说明的是，黑格尔关于市民社会的思想直接受到了弗格森《公民社会史论》（*An Essay on the History of Civil Society*）一书的影响。但弗格森所理解的政治法权意义上的"公民社会"（civil society），同黑格尔从古典经济学那里沿袭而来的经济机体和基础性社会结构意义上的"bürgerliche Gesellschaft"之间存在着关键性的差别。但思想史上一个具有反讽意味的事实是：恰恰是黑格尔阅读并借鉴了弗格森的著作，正是该书的德译本使得"bürgerliche Gesellschaft"在日耳曼学术界流行起来。当然也得承认，黑格尔"市民社会"（bürgerliche Gesellschaft）的思想另一方面也是在中世纪末期以来市民（资产者）兴起的背景下，在康德、费希特开创的德国"市民社会"分析语境中，吸收了洛克、孟德斯鸠国家和市民社会讨论基础上形成的一种学理综合。在康德那里，自为的市民社会已经被抽象地表述为一种社会历史发展的自然意图。在马克思的文献中，也出现极少量的 Bourgeoisgesellschaft 一词，词意同是"资产阶级社会"，只是此词来自于法语。比如马克思在《德意志意识形态》一书第二卷中两次使用此词，而大部分使用 bürgerliche Gesellschaft。参见 Marx/Engels, *Die deutsche Ideologie MEW* Bd. 3, Berlin: Dietz Verlag, 1969, S. 194, S. 233。

一并不科学的词组，他并不了解马克思在 1858 年之后已经开始使用资本主义的生产方式(kapitalistischen Produktionsweise)这一新的科学概括。① 所以，我们也会看到他在对商品—市场经济的批判中，总是停留在以货币为核心的财产关系(占有—所有—居有)中，而没有进入马克思对以**资本统治关系**为本质的**资本主义**生产方式的批判构境层面。

索恩-雷特尔进一步推断说，被康德—黑格尔后来美化的观念主体性缘起于最早的功能社会化——商品同一性：

> 由于功能社会化的辩证法，人类剥削者自身进入到商品同一性的定在方式(Dasinsmodus der Identität der Ware)之中，出于其社会存在的一种总体规定了的结构的强制(Zwangeiner ganz bestimmten Konstitution)，将自身统觉为(apperzipieren)同一地存在着的"主体"。这种结构与剥削财富的社会价值形式的形成(Ausbildung)最为紧密地联系在一起(在公元前 700 年的爱奥尼亚，价值的货币形式第一次被铸造出来)；的确，我认为人的主体形式的产生是与价值的被铸造出的货币形式不可分割地关联着的。②

主体性本身的出现与商品形式的同一性定在方式的发生同步，这是索恩-雷特尔一个极为大胆的观点。他甚至认为，早在公元前 700 年的爱

---

① 关于这一问题的讨论，参见张一兵、周嘉昕：《资本主义理解史》(第一卷)，南京，江苏人民出版社，2009。

② ［德］索恩-雷特尔：《脑力劳动与体力劳动——西方历史的认识论》，121 页，南京，南京大学出版社，2015。

奥尼亚，当价值的货币形式第一次被铸造出来时，观念主体性就在剥削关系的社会价值形式上被同体生产出来。对此，我持怀疑态度。因为主体性的问题是极其复杂的，关键是在什么构境层面涉入主体性的历史确立。其一，近代以来笛卡尔的"我思故我在"的理性主体观，将主体的确立归属于思的在场；其二，马克思在《德意志意识形态》一书中讨论过人类历史主体的确立，这是与劳动生产的存在构序发生联系在一起的；其三，马克思也讨论过在一定的生产关系场境中人的主体性的确立与丧失，比如黑人只是在奴隶制生产关系之中才会成为没有主体性的奴隶，以及资本家在资本主义生产方式中丧失人的主体性而成为资本的人格化和经济动物等；其四，施蒂纳、克尔凯郭尔以及福柯在新人本主义的个人本位的构境意向中，将主体生存确认为真实主体性的实现；其五，在现代主体性的构境意义上，福柯宣布"人"是一个不足 300 年的晚近发明的事件。如果要列举下去，这会是一个长长的无尽序列。

可索恩-雷特尔没想那么复杂，他简单地认为，剥削者就是主体。其实，剥削者只是主人或统治主体。

定在同一性（Daseinidentität）（我想起来了，我认为"定在"具有一种否定的重要价值）对于剥削的居有行为中的产品样态来说是原初性的，并且从积极方面来说，就是对实践的否定。但是，不仅是作为物的产品（Produkte als Dinge），而且还有人们自身，确切来说是剥削者，亦即剥削关系和功能社会化的实际的社会创作者，都出现在定在的这种同一性样态之中，并将自身识别为"主体"。这里涉及的人是在剥削社会构成史（Konstitutionsgeschichte）中的人，这其中包含着人类主体形式的产生的真理(被诅咒的真理)。主体性与实践的这一关联——但却是在与其自身之中建构起来的、对实践的遮蔽(Verdeckung der Praxis)的关系中——规定了问题(作为探寻"真理"的问题)的星丛(Konstellation)。①

如前所述,这个 Dasein 与海德格尔对个人主体性的时间切割是接近的,但它更接近黑格尔的原初语境,也是马克思历史唯物主义中那个一定的历史存在的缩写。然而,这个定在在索恩-雷特尔的构境层中却是**否定性**的现象。索恩-雷特尔将定在指认为否定性的概念,是想通过这种有时间地点的存在限定,否定传统哲学中对先验主体的非历史摆设。因为,先验主体统摄认知机制的霸权地位,恰恰是由现实土地上剥削者统治关系的霸气决定的。这是他的一个历史唯物主义的逻辑格式。由此,我们还可以看到他从剥削的居有关系—商品形式—同一性定在—真理引出的构境线索。当然,康德—胡塞尔的先验主体观念本身就是对实践的遮蔽,即对先验主体性产生的历史起源的否定性掩盖,于是,认识论的真理概念本质就是**意识形态的掩盖**。我注意到,也是在这里,索恩-雷特尔使用了后来在本雅明和阿多诺的新的反现代性理论构境中逐渐清晰起来的星丛(Konstellation)概念。但索恩-雷特尔对星丛概念的使用并不带有后二者新的理论构境中**反现代性**的构序意义。

在索恩-雷特尔看来,对于历史唯物主义地说明先验主体的现实基

①　[德]索恩-雷特尔:《脑力劳动与体力劳动——西方历史的认识论》,121页,南京,南京大学出版社,2015。

础，很重要的一个构境层面就是要说明主体性与现实社会存在是"如何分离开的（wie sie auseinanderkommen）"，并且他直接说，在这里简单的"反映论是没有立足之地的"（Abbildtheorie keinen Platz）。① 在之后的理论探索中，他逐步意识到先天观念的独立化是以脑力劳动和体力劳动的分裂为历史前提的，这是后话。我注意到，阿多诺其实接受了索恩-雷特尔在这封信中的主要观点，在他著名的《否定的辩证法》一书中，阿多诺肯定地指认，要真正破解先验主体的秘密，最关键的就是要揭露其现实社会历史基础。"超越同一性哲学（identitätsphilosophischen）的魔圈，先验主体可以被译解为自身无意识的社会（selbst unbewußte Gesellschaft）。"②也是在这一文本中，阿多诺有一段十分重要的表述："先验主体（transzendentale Subjekt）的一般性是社会的功能关联与境（Funktionszusammenhangs der Gesellschaft）的一般性，即一个整体（Ganzen）的一般性。这种总体是由个别的自发性和品质结合而成的，但又靠平均主义的交换原则（Tauschprinzip）来为这些自发性和品质定界，最终把它们当作无望地依赖于总体的东西而删除掉。交换价值（Tauschwerts）对人类的普遍统治（universale Herrschaft）先验地使主体不成为主体，并把主观性本身贬低为一种纯粹的客体（bloßen Objekt）。这种普遍统治使那种要求确立主体的预先统治的一般原则成了非真理（Un-

---

　　① ［德］索恩-雷特尔：《脑力劳动与体力劳动——西方历史的认识论》，122 页，南京，南京大学出版社，2015。

　　② ［德］阿多尔诺：《否定的辩证法》，175 页，重庆，重庆出版社，1993。参见 Theodor W. Adorno, *Negative Dialektik*, Gesammelte Schriften, Band6, Suhrkamp Verlag Frankfurt am Main, 2003, S. 179。

wahrheit）。先验主体的盈余是完全被还原的经验主体的匮乏（reduzierten empirischen Subjekts）。"①虽然阿多诺没有直接提及索恩-雷特尔的具体观点，但这一原则毕竟是后者在 1936 年的理论贡献。

① ［德］阿多尔诺：《否定的辩证法》，176 页，重庆，重庆出版社，1993。参见 Theodor W. Adorno, *Negative Dialektik*, Gesammelte Schriften, Band 6, Suhrkamp Verlag Frankfurt am Main, 2003, S. 180。

第二章 | 先天观念综合的现实历史基础
（1937）

　　第二个需要复构其思想情境的文本，是索恩-雷特尔在 1937 年 3 月至 4 月完成的一份送给本雅明的手稿，他自己给的标题是"对先验主义的批判性清算：一项唯物主义的研究"。不同于霍克海默，本雅明是法兰克福学派中另一位对索恩-雷特尔抱有同情心的学术大他者。此文本是 1989 年终版中的第二个附文。在本书中，我按历史时间线索，将其作为他的"巴黎草案"的同质思想构境物来解读。从此文本目前的样态上看，在上封信件中的思想构境提纲的基础上，索恩-雷特尔的理论构序和构式已经有所展开，虽然离上一个文本写作时间并不太远，但我们还是能察觉出索恩-雷特尔的思想构境层中的某种深化和改变，用他自己的话来说，即进入"存在批判（Seinskritik）"的更深构境层之中。① 更有趣的文本细节是，除去作为撰写者的索恩-雷特尔，我们还可以看到本雅明在阅读此文本时的全部注意聚焦点(画线)与批注，这种即时在场的拟文本的生产者竟然也是索恩-雷特尔自己。下面，我用三章的篇幅来复构一下这一文本的基本构序状况。

一、先验观念总体形式的现实物化结构基础

一上来，索恩-雷特尔就向本雅明直接挑明了自己研究的基本意图，即对康德一类唯心主义先验论的批判性清算(Zur kritischen Liquid-ierung des Apriorismus)，这也是索恩-雷特尔对这一手稿的命名。当然，索恩-雷特尔的破境方案是历史唯物主义的。在上述致阿多诺的信件中，我们已经读到过索恩-雷特尔类似的宣告。我们也将看到，这一理论任务和基本原则会贯穿他全部六十余年的努力。就像一种**学术逻辑赋格曲**一样，我们将在索恩-雷特尔不同时期的文本中反复遭遇这一不变的主题。索恩-雷特尔提出，

对先验论的批判性反驳必然是对处于先验论之论证核心的唯心主义立场的反驳。这种反驳要求指出：唯心主义主张对置于存在的先验性(Apriorität gegenüber dem Sein)，而恰恰是在这一意义上，

① 参见［德］索恩-雷特尔：《脑力劳动与体力劳动——西方历史的认识论》，118页，南京，南京大学出版社，2015。

思维应当被理解为受制于社会和历史发生的（gesellschaftlich bed-
ingt und geschichtlich entstanden）。①

他认为，对康德一类唯心主义先验观念独立存在伪相的破境批判，
关键在于将思维重新归基到社会存在中来，如果这样去理解，唯心主义
的理性拜物教就终结了，这首先是唯心主义和马克思的历史唯物主义对
理性思维的阐释方案的根本对立。同时，这也是唯物主义阐释方案进一
步"从社会存在出发证明真理概念的历史性起源（geschichtliche Entste-
hung des Wahihieitsbegriffs aus dem gesellschaftlichen Sein nachzuweis-
en）"的努力方向。阿多诺后来干脆就将历史唯物主义定义为"对历史起
源的回忆"。可是霍克海默对此是持完全的否定态度的。② 此时，同时
性在场的读者本雅明在上述这两个观点旁边都画了双线，这显然表示了
赞同性的关注。③ 说老实话，我对这种奇特的拟文本的在场方式真还有
些不适应。索恩-雷特尔说，这后一破境任务将集中表现为，"要在知识
具有客观有效性的范围内来解释知识的起源。如果证实了知识有效的条

---

① ［德］索恩-雷特尔：《脑力劳动与体力劳动——西方历史的认识论》，124 页，南
京，南京大学出版社，2015。中译文有改动。参见 Alfred Sohn-Rethel, *Geistige und
körperliche Arbeit：zur Epistemologie der abendländischen Geschichte*，VCH，Acta Hu-
maniora，1989，S. 153。
② 霍克海默 1936 年写给阿多诺的信中说："索恩-雷特尔不断重申，如下任何问题
的解决——存在的'起源（Genesen）'，历史的'起源'、正在发展的人类存在的'起源'、人
类存在于其历史之中的最深入根基的'起源'——都将等同于意识真理的问题、认知有效
性问题，或是社会的实践问题。这听起来真是无聊和无趣透顶。"参见本书附录二第三部
分。我觉得，霍克海默的态度是粗暴和简单的。
③ 由于印刷排版的问题，中译本将本雅明在原稿边上的画线均为文字下画
线。——本书作者注

件是发生学的而非先验的，那么借此将证实真理是受历史条件限制或是
受时间限制的，而非永恒的、绝对的"①。索恩-雷特尔的这一概括显然
比上述草案更加深入了。一是康德先验观念论中综合机制的有效性并非
真的**先天自在**，而是后天历史生成的，且这种发生受到一定社会历史条
件的制约。二是由此确认真理的形成也是受一定的历史时间限定的。这
都是历史认识论的重要原则。

破境爆破点一，对康德—胡塞尔一类唯心主义的"先验哲学之体系
大厦"（systematischen Gebäude der Transzendentalphilosophie）的研究，
绝不能是学院式的纯思辨，而是要走向现实的。因为，先验观念体系的
真正缘起恰恰是资产阶级现实社会系统的主观映照。这样，就根除了这一
唯心主义认识论伪相的构境支点。应该说，这是十分准确的历史定位。

> 唯心主义思想特有的强制必然性的体系化倾向（Systemati-
> sierungstendenz)，乃是对资产阶级社会（bürgerlichen Gesellschaft）
> 封闭的责任关联的表达。实际上，唯心主义的体系强制是与一种总
> 体性（Totalität）相应的，但不是源于一种自治主体或自由的先验综
> 合的总体性，恰恰相反，是源于剥削的总体性。②

请注意，这里新出现的**总体性**（*Totalität*）是值得注意的，因为在青年卢
卡奇那里，总体性被标注为马克思主义区别于资产阶级意识形态的方法

---

① ［德］索恩-雷特尔：《脑力劳动与体力劳动——西方历史的认识论》，125 页，南
京，南京大学出版社，2015。

② 同上书，125 页。

论特质，而此处，索恩-雷特尔却用此来表征资产阶级主观认识论的质性，并将其资产阶级社会的总体性结构同构起来。这是一个断裂式的转向。我认为，1937 年索恩-雷特尔这里对总体性哲学体系的批判直接影响到后来的阿多诺。因为在后者的《否定的辩证法》一书中，总体性成为资产阶级现代性的代名词，与同一性一并受到审判，阿多诺赞同地说："总体性(Totalität)就意味着体系！"①与索恩-雷特尔这里仅仅从体系化哲学与资本主义现实总体性联结的意义上批判总体性不同，阿多诺由此生发出一种对整个现代性的否定和拒斥。这是索恩-雷特尔始终没有达及的新构境意向。索恩-雷特尔认为，康德—黑格尔一类的先验唯心主义观念论所热衷的**体系化强制**和**总体性**并非为主观观念的自主表达，而是资产阶级剥削结构的总体性强制的必然表现。所以，也只有在对现实资产阶级生产方式的系统总体透视中才能找到康德唯心主义认识论伪相破境的钥匙。我们能看到，索恩-雷特尔这里仍然不能进入马克思对**资本主义**生产方式的批判，还是停留在不准确的"bürgerlichen Gesellschaft"的概念上。

破境爆破点二，我们都知道，康德—胡塞尔的先验哲学的认识论革命和现象学进展中最重要的内容便是复杂的形式主义和精密逻辑构架，过去，传统哲学研究只是将其视作先验哲学自身构境的产物，然而索恩-雷特尔则告诉我们，先验哲学中的形式构架同样也是资产阶级现实社会关系结构的反映。这是深入细节中的破境策略。所以，必须在历史

———————————

① ［德］阿多尔诺：《否定的辩证法》，23 页，重庆，重庆出版社，1993。参见 Theodor W. Adorno, *Negative Dialektik*, Gesammelte Schriften, Band 6, Suhrkamp Verlag Frankfurt am Main, 2003, S. 35。

认识论的平台上进一步对这种先验观念**形式论**进行一种"唯物主义的还原"(materialistische Reduktion)，即将其重新归基于资产阶级特有的社会**异化结构**才能破解。他认为，

> 唯心主义思想的形式主义(Formalismus)是受到异化(Entfremdung)限制的，这种异化在人们的社会关系中导致了剥削。物化(Verdinglichung)，在其服务于剥削的形式化(Formalisierung)这一意义上，是纯粹的形式规定性。将唯心主义思想的形式主义以发生学的方式回溯到剥削，这便削弱了这种形式主义。[①]

在上面已经讨论过的那封信中，我们已经看到了索恩-雷特尔将康德认识论构架的自组织状态归基为居有社会中剥削关系和异化存在的表现，这里，他又更深一步地将现实中的社会关系异化结构看作同样**异在的**先验观念形式的秘密，剥削的异化形式导致先验观念形式的统摄。在我们传统的认识论研究中，认知结构的所谓**异在**问题是缺席的。依我的理解，所谓认知结构的异在是指逻辑构架先于感性经验，先于个人主体的认知活动的**他性独立存在**状态，先验异在即是他者在场性，这是我们的历史认识论需要深入思考的方面。当然，认知结构的先验异在**并不简单地等于**异化存在，这是另一个构境层中的复杂问题。索恩-雷特尔认为："必须追踪其内在的形成过程(innere Bildung)，必须按照其自身的规则

---

① ［德］索恩-雷特尔：《脑力劳动与体力劳动——西方历史的认识论》，125 页，南京，南京大学出版社，2015。

将其连根拔起(aufspulen)。"①我以为，这一点在索恩-雷特尔此时的理论构境中恐怕是做不到的，因为当马克思的**异化**与**物化**概念在索恩-雷特尔的脑中陷入荒唐的自明性非反思状态时，他是不可能真正科学地完成这一重要理论任务的。第一，"异化导致剥削"是一个非科学的命题，在青年马克思的《1844年经济学哲学手稿》中，他曾经指认过"异化导致私有制"，但后来在历史唯物主义基础上，他放弃了这种逻辑倒置推论；二是物化概念是后来马克思科学的经济拜物教批判中的重要概念，它是指人与人的直接劳动关系颠倒和**事物化**为物与物的关系的**观念错认**。这些重要的问题，还没有进入此时索恩-雷特尔过于简单的理解构架中。

破境爆破点三，也是最重要的一个方面，是对资本主义社会的物化批判与先验哲学伪相的关联。索恩-雷特尔将物化批判问题的研究视为历史唯物主义的一个重要理论原则，这是对的。后面我们会看到，他的物化概念是有其特殊设定的，并不是马克思在历史现象学中使用的科学的物化范畴。索恩-雷特尔认为，在资本主义社会中，

> 对于每一个人来说，他本身的思维是通过他所生活于其中的社会存在、通过物化的程度和方式(der Grad und die Art der Verdinglichung)而塑形成束(Formen gebunden)的；为了能按照占统治地位的生产关系(herrschenden Produktionsverhältnissen)，在实践

---

① [德]索恩-雷特尔：《脑力劳动与体力劳动——西方历史的认识论》，125页，南京，南京大学出版社，2015。

中做出正确的行为，这些形式是不可或缺的。每一个人都生活于占
统治地位的盲目关联（Verblendungszusammenhang）中，并按照其
尺度来生活。①

依索恩-雷特尔的观点，生活在资产阶级社会中的每一个人都必然受制
于社会存在中业已发生的物化方式及其程度，用斯密的话来说，叫受制
于"看不见的手"，而马克思则指认，"他们不知，但却那样做"，这是占
统治地位的生产方式生成的盲目经济和政治关系。在这种特殊的物化生
存中，生活其中的每一个人的思维方式也只能被现实的社会存在物化方
式和程度所无意识塑形和构式。这正是康德先验观念综合中那种自发生
成的统摄作用的策源地，这是现实中"他们不知，却那样做"在观念中的
体现。我以为，索恩-雷特尔的这一判断是深刻的。他后面还会专门回
到这一问题上来。

　　索恩-雷特尔特别提醒我们注意，一定的占统治地位的生产方式必
然生成一定的维护特定社会存在黏结（Zusammenhalt）的意识形态**遮蔽
形式**（*Verdeckungsform*），这些反映剥削关系的异化意识形态形式总是
会转化成各种非历史的、消除了特定利益关系内容的普遍范畴，成为抽
象的、纯粹的思维方式和普适价值，倒过来成为我们经验感觉和理性思
考的先天前提。意识形态是黏合社会关系的水泥，是葛兰西对意识形态

---

　　①　[德]索恩-雷特尔：《脑力劳动与体力劳动——西方历史的认识论》，125—126
页，南京，南京大学出版社，2015。中译文有改动。参见 Alfred Sohn-Rethel, *Geistige
und körperliche Arbeit：zur Epistemologie der abendländischen Geschichte*，VCH，Acta
Humaniora，1989，S. 155。

作用的比喻。只是此时索恩-雷特尔未必能看到前者的这一论述。比如在唯心主义哲学的先验论思考中，现实拜物教化的社会存在形式和生产关系中产生的强制**齐一性**（*Einheit*）概念就无法以直接的方式辨识出来。这种齐一性在思辨哲学中，往往被去除了所有现实的因素，转换成普遍的先验观念构架和真理体系的无声逻辑强暴，康德的先天综合判断和黑格尔的绝对观念就是齐一经验世界的先验本质。

在康德那里，最初的真正的起源问题变得畸形了，变成了执行单纯内在地分析"我们的认识能力"这一任务；进而，黑格尔在内在性（Immanenz）这同一面旗帜下做了发展：将思维结构内部的逻辑假设关系同时看作思维在发生学上的构成性关联（Konstitutions-zusammenhang），这样一来，被抛弃的起源问题对自身以及对我们伪装成内在性的持存（Bestand），辩证法则以演绎的方式伪装成真理的绝对体系。①

显而易见，这正是索恩-雷特尔的主要争辩对象，即康德转型为"认识能力"的先验哲学和黑格尔武断地标榜的绝对真理体系的客观理念，而在索恩-雷特尔的唯物主义理论破境中，这些先验哲学中的逻辑构架不过是现实拜物教关系结构的一种主观投射。本雅明在这段文本中两次做了边注，一是在稍前的段落中，他不是十分赞同索恩-雷特尔对概念的发

---

① ［德］索恩-雷特尔：《脑力劳动与体力劳动——西方历史的认识论》，126 页，南京，南京大学出版社，2015。

生学推断，而在此处，他则肯定地表示："值得向往（macht
wünsehenswert）。"我注意到，这是本雅明第一次写下边注。在后一点上，
他显然对索恩-雷特尔的努力感兴趣。当阿多诺向本雅明推荐索恩-雷特尔
时，我想，前者一定是心存疑虑的。可能，用本雅明这样的大师的肯定来
增强自己的自信和被认可，恰恰是索恩-雷特尔让这种拟文本现身的主要
目的。① 由此，索恩-雷特尔的理论破境任务则更加清晰起来：

> 物化分析在商品形式与思维形式之间的发生学上的关联的格式
> 塔（Gestalt der genetischen Zusammenhänge）中——它在它的推论
> 性操作（rücksechließendes Verfahren）中遇到了这些关联——假设
> 了批判的提问方式（kritischen Fragestellungen）；对于唯物主义的
> 历史研究来说，必须借助这些假设来着手研究现存的经验材料。②

在这一段文字的左边，本雅明都画了双线，以表示其重要性。商品形式
是索恩-雷特尔在 1920 年前后就十分关注的重要构境焦点，在上述写给
阿多诺的信件中，我们已经看到这个商品形式的三个重要的负面规定
性，即**同一性**、**定在**和**物化**。在这里，索恩-雷特尔则指认商品形式与
思维形式在发生学意义上的**同源性**和**格式塔关联**。索恩-雷特尔这里的
"发生学上的关联的格式塔"一语是有新意的，不是物质存在与观念的一

---

① ［德］索恩-雷特尔：《脑力劳动与体力劳动——西方历史的认识论》，126 页，南
京，南京大学出版社，2015。因为排版的原因，本雅明的这些边注在中文版中都被插入
文本，用括号标出来。

② 同上书，127 页。

般决定关联，而是更复杂的发生学意义上的关联格式塔，这说明此时格式塔心理学已经对索恩-雷特尔起到了一定的影响。在 1936 年霍克海默写给阿多诺的那封信中，前者已经提及格式塔心理学。① 这也是对康德一类先验哲学物化本质批判破境的关键性反制支点。

当然，对先验哲学的物化批判有两个方面：康德和黑格尔都没有意识到，他们"一方面将我们思维的逻辑范畴默认为永恒有效的幻象，另一方面将历史经验默认为事实性的特征"②。能感觉得出，这都是青年卢卡奇在《历史与阶级意识》中提出过的历史认识论观点。当然，索恩-雷特尔承认自己的物化批判思考受到了青年卢卡奇的影响，但是，他也坦诚说明了自己与卢卡奇的异同：

> 我们与格奥尔格·卢卡奇共同的一点是，将马克思的拜物教概念应用到逻辑学与认识论（Logik und Erkenntnistheorie）上。另一方面，我们与他的不同点在于，我们从理性思维的有条件性出发，通过物化与剥削并没有推论出，这种思维只是单纯的虚假意识（falsches Bewußtsein）。在我们看来，无论是逻辑还是物化，都不会因剥削的消灭，不会因为在一个无阶级社会中而消失，即便它们会以一种我们能预期的方式发生改变。与剥削一样，物化与理性要在它们的辩证本性中得到理解。物化是剥削的结果，但是物化同时带来了人们的自我发现（Selbstentdeckung des Menschen），这一点

---

① 参见本书附录二第三部分。

② ［德］索恩-雷特尔：《脑力劳动与体力劳动——西方历史的认识论》，127 页，南京，南京大学出版社，2015。

形成了人们能够扬弃剥削的前提条件。①

　　索恩-雷特尔与青年卢卡奇一致的地方，是都将马克思的拜物教批判理论运用到对唯心主义逻辑学和认识论的反思上，这说明索恩-雷特尔在坚持历史认识论原则上的自觉。不同的地方，是索恩-雷特尔并没有完全消极地看待物化现象，因为在他看来，物化的发生，同时也带来了人的自我发现，并且，逻辑与物化也不会因为剥削的消灭而消失。本雅明在索恩-雷特尔关于**物化和逻辑的永存**的观点边上画了肯定性的双线。

　　然而，我对此的评论似乎有些消极。索恩-雷特尔自以为是的构境线索整合起来看是这样的：异化产生了剥削（他已经忘记的前述人本学观点），剥削产生了现实中的物化关系和物化意识（逻辑），但当青年卢卡奇批判资产阶级物化意识的错误本质时，索恩-雷特尔却认为，物化与逻辑不会在无阶级社会中消失，原因是物化同时带来了人的自我发现，因为它恰恰是扬弃剥削的前提条件。我不解的是，无阶级社会中已经根本不存在剥削现象，那么还要消灭剥削的前提条件做什么？异化与物化的关系是什么？物化如何让人自我发现？物化与逻辑怎样在无阶级社会中存在？这些更深的问题在索恩-雷特尔这里仍然是一笔糊涂账。这足以说明索恩-雷特尔拿来运用到历史认识论研究中的马克思的拜物教理论构境是不完整的。

―――――――――

　　①　［德］索恩-雷特尔：《脑力劳动与体力劳动——西方历史的认识论》，127页，南京，南京大学出版社，2015。

这里，至少有两个更深的理论构序质点是索恩-雷特尔没有达及的构境层：首先是马克思的事物化—物化批判观。按照我的理解，在马克思中晚期写下的《1857—1858年经济学手稿》中，马克思第一次区分了**客观发生**的人与人的社会关系（直接的劳动交换关系）**事物化**（*Versachlichung*）和**颠倒**（*Verkehrung*）为资本主义经济活动中商品经过货币与其他商品（事物与事物）的构序关系，以及这种颠倒的事物化关系本身在市场直观中所呈现出来的一种仿佛与人无关的物象（物理的自然属性）之主观错认塑形，后者，则是马克思区别于客观事物化的**物化**（*Verdinglichung*）**主观错认论**。进而，资本主义社会中人们无意识地将市场交换关系之下特定事物的社会属性错认为与人无关的自然属性的**物化**（*Verdinglichung*）**主观错认论是马克思拜物教批判的前提**。这里的真实逻辑构序关系应该是：**客观发生的事物化是主观物化错认的现实前提，而关系物化错认又是整个经济拜物教**（*Fetischismus*）**观念（商品、货币和资本三大拜物教）的基础**。这也意味着，马克思的历史现象学批判由三个异质的构境层所构形：一是客观发生的社会关系之事物化颠倒；二是将这一事物化结果误认为是与人无关的物的自然属性之主观物化误识；三是由此发生的资产阶级意识形态基础性内容——经济拜物教观念。

其次，实际上，"物化"（Verdinglichung），或者是"物象化"（Versachlichung）的概念，在马克思的整个文献群中并没有很高的使用频次。他也没有在自己的研究中直接和明确标出这两个概念与相关批判理论的内在有序关联性，所以，在相当长的一个历史时期内，人们并没有注意到马克思这一隐匿在经济学分析中的历史现象学批判构境层。这是正常的情况。青年卢卡奇在1923年的《历史与阶级意识》中首次复活了马克思的这一重要观点。他异常大胆地直接套用了马克思的事物化批判的观点，并且将马克思的物化错认**幻象**直接变成了**现实对象化**，所以，当他在韦伯的影响下，将对资本主义的全部愤怒一股脑地倾泻在劳动生产塑形过程的可计算性的量化过程之上时，他的**物化批判逻辑**实际上恰恰来自于韦伯，而不是马克思！当然，他又正好**颠倒**了韦伯的肯定逻辑。换句话说，青年卢卡奇的所谓 Verdinglichung（物化），描述的不是马克思面对的19世纪资本主义市场**交换**中社会关系的事物化颠倒状况的主观错认，而是韦伯所描述的自泰勒制以来的20世纪工业**生产对象化**技术塑形和构式进程中的合理化（量化的可计算的标准化进程）。这是一个比较复杂的交叉和颠倒的思想构境。我觉得，上述双重历史构境中的复杂构序和构境激活点远非索恩-雷特尔这里应用到历史认识论研究中的物化批判观点能够涵盖和入序的。

二、社会综合：生产先验、功能性构序与物化之物

　　索恩-雷特尔认为，康德的先验哲学正是为处在上升阶段的资产阶级的解放服务的，"随着资产阶级获得了其经济上的自主，它便也成功实现了外在的、政治的解放，康德哲学便是为这种解放提供意识形态基础的"①。他的这个说法不无道理。康德关于启蒙的阐释，可以视作资

―――――――

　　① ［德］索恩-雷特尔：《脑力劳动与体力劳动——西方历史的认识论》，128—129页，南京，南京大学出版社，2015。

产阶级意识形态自觉的理论标志。依索恩-雷特尔的看法，

　　在历史上，知识的先天论解释发生于这样一个时间点，此时资本主义生产方式的竞争机制（Konkurrcnzmechanismus）成功地形成了一个自在相关的、似乎是自动的体系（selbsttätiges System），因而不再仅仅是断断续续地发挥作用，且不再依赖于国家的帮助，而是通过在市场上形成的交易定价，以及将劳动归摄于生产场所（Produktionsstätten）中的机器之下，这种竞争机制开始完全地实现其特别的合规律性（Gesetzmäßigkeit）。①

索恩-雷特尔深刻地揭示，康德的先验论哲学其实出现在现实资本主义生产方式中市场竞争机制的形成时期，此时，传统社会中那种外部人为干预（"国家的帮助"）的经济运转方式已经被市场的自在调节取代，价值规律作为"看不见的手"贬斥了人的主观性意图。依这种解释逻辑，康德哲学中所发生的一切复杂先验范式作用的秘密，都可以通过资本主义市场机制得到进一步的解释。资产阶级商品—市场经济中以特殊的**自组织**方式建构起来的实践结构的**自发性规制作用**引领了先验范式的认知统摄。我觉得，这是索恩-雷特尔很好地挖掘出来的历史唯物主义认识论中被遗弃的正确观点。这恰恰是我们需要认真深入思考的构境意向。对于这一点，齐泽克后来给予了很高的评价："在商品形式的结构中有可

---

① ［德］索恩-雷特尔：《脑力劳动与体力劳动——西方历史的认识论》，129 页，南京，南京大学出版社，2015。

能发现先验主体(transcendental subject)：商品形式事先表达了一种对
康德的先验主体的要素的剖析，就是说，对构成'客观的'科学知识的先
天架构的先验范畴网络进行剖析。商品形式的悖论便存在于此：这种内
在于世界之中的'病理的'(在这个词的康德意义上)现象给我们提供了解
决知识论基本问题的钥匙：普遍有效的客观知识是如何可能的？"①我原
则上同意齐泽克的判断。

依索恩-雷特尔这里的说明，在早期的简单商品生产中，人们只是
作为消费者与自己的劳动产品分离，而在资本主义生产方式中，"作为
生产者的人们为了能生产出一件产品，而与工具分离"。准确地说，是
与整个生产资料相分离，比如土地和其他作为生产对象的资源。这样，
所有"生产的基本要素，包括人类劳动力、实际的劳动工具、原料与土
地，都作为商品通过市场的道路而汇集到一起"②。用今天的话来说，
叫"市场是资源的最佳配置方案"。索恩-雷特尔认为，

> 商品形式和商品的交换规律，即物化的形式和规律，在资本主
> 义社会中成为生产的先验(Apriori der Produktion)，从而成为社会
> 持存(Bestand der Gesellschaft)的决定性的根本法则——当(在危机
> 中)商品的交换关联不再发挥作用时，这个社会便瓦解为一种失去
> 形式的多样性的混乱状态(Chaos der formlosen Mannigfaltigkeit

---

① ［斯洛文尼亚］齐泽克：《意识形态的崇高客体》，22页，北京，中央编译出版
社，2002。

② ［德］索恩-雷特尔：《脑力劳动与体力劳动——西方历史的认识论》，129页，南
京，南京大学出版社，2015。

zerfällt)。但是，商品的定在依赖于生产，因此生产的可能性条件便是这样的规律，社会中商品只有依据这些规律才有可能存在。依据这些规律，商品的定在(Dasein)就成为社会的定在，并且，商品的定在表现为一个本身不再具有任何实体(die an ihr selbst keine Substanz mehr hat)的社会的整个持存。①

这是一个极为重要的观点，因为索恩-雷特尔提出了**生产先验**这一关键性的范畴。我认为，这是索恩-雷特尔的历史唯物主义破境方案最具实质内容的理论进展。仅凭生产先验这一概念，索恩-雷特尔就能获得西方马克思主义思想史中的重要地位。可惜的是，他并没有能力真正深入地研讨这个关键性概念。在后来阿多诺的《否定的辩证法》一书中，我们看到了索恩-雷特尔这一概念的影响："商品的拜物教特性(Fetischcharakter der Ware)并不归罪于主观上迷路的意识，而是客观地从社会的先验(gesellschaftlichen Apriori)即交换过程(Tauschvorgang)中演绎出来的。"②显而易见，阿多诺将索恩-雷特尔的生产先验改造成了更宽泛的"社会先验"概念。

依我自己的理解，重新梳理如下：在任何一个社会生活阶段上，总存在着相对于个体和一定群族的先在的生存构架，这种社会先验构架往往是先于个人言行和特定群族生活的。在早期原始部落生活和农耕时代中，这种社会先验构架通常由老者传递和维持，也与特定历史条件下的自然血缘

---

① ［德］索恩-雷特尔：《脑力劳动与体力劳动——西方历史的认识论》，129 页，南京，南京大学出版社，2015。

② ［德］阿多尔诺：《否定的辩证法》，188 页，重庆，重庆出版社，1993。

关系和宗法结构一致。索恩-雷特尔这里指认的生产先验，即是一切社会历史先验结构的**基础**。这一点，直接深化了马克思广义历史唯物主义中的物质生产基础论的内在运作机制。在这里，索恩-雷特尔的讨论主要关注了在资本主义生产方式中，商品交换中生成的物化关系和规律建构了一种特定的"生产先验"。在我看来，这个观点显然是不准确的，因为，真实的历史事实是特定的生产先验决定一定的经济关系，而不是相反。

依我的理解，马克思的观点应该是现代性的工业生产的历史性发展必然生成特定的生产力水平，这个功能性、非实体性的**生产力**就是被马克思指认为全部社会先验构架的基础。在马克思那里，任何个人的群族的生活，

> 在历史的每一阶段都遇到一定的物质结果，一定数量的生产力总和(Summe von Produktionskräften)，人和自然以及人与人之间在历史上形成的关系，都遇到前一代传给后一代的大量生产力、资金和环境(Umständen)，尽管一方面这些生产力、资金和环境为新的一代所改变，但另一方面，它们也预先规定新一代的生活条件，使它得到一定的发展和具有特殊的性质。①

从马克思的上述表述中，我们不难看到每一代人所遇到的**社会先验**有如下一个明确的构序结构：一是决定了整个历史性社会性质的**生产力**，这是社会先验中的第一层级；二是由生产力决定的人与自然和人与人的关

---

① 马克思、恩格斯：《费尔巴哈》，37页，北京，人民出版社，1988。

系的历史性构架，这是规定一定社会存在的先在**生产关系**质性；三是由
前二者共同塑形的广义的**生产方式**先验地决定的整个人的生活条件和物
质结果。再回到索恩-雷特尔此处的讨论情境中，显然，他的生产先验
概念只是涉及资产阶级经济社会发展中的商品交换关系和运行规律，这
明显是属于第二层级的东西，他却以此反过来规制生产（力）先验，这是
颠倒的误认。其实，在马克思的 1860 年经济学手稿和《资本论》中，他
通常都会回溯工业大生产的历史发展阶段上，资本主义商品经济结构以
特定的**资本关系为统治构序的生产方式**生成一种决定一切的"普照的
光"，它给予全部社会存在以存在形式和质性。而索恩-雷特尔这里的理
解，只是停留在商品及其交换关系中，由此造就历史性的商品—市场**定
在**（Dasein）。他深刻的地方是已经认识到，这种定在不再是**可见的**实
体，而是一个先验的**当下建构和消解的关系性功能结构**。社会先验不是
可见的实体，而是当下建构和消解的功能性构架，这是一个十分重要的
理论深入。这恰恰也是历史认识论的重要对象。索恩-雷特尔还认为，
在资本主义经济危机发生时，这种先验构架会突然失灵，一切社会定在
丧失存在形式和内在的秩序，于是，多元的混乱出现了。在原书稿上，
本雅明在生产先验的那段表述边上画了双线，以表关注。中译本漏掉了
这一重要边注。

基于上述分析，索恩-雷特尔进一步指出，

> 资本主义（Kapitalismus）生产和消费的社会构序（gesellschaftli-
> che Ordnung），既不是通过有计划的引导，不是通过直接的合作，
> 也不是通过传统的规章（traditionelle Regelung）而产生的，毋宁说

只是作为独立个人之间互不依赖的单个行为的功能(Funktion)而实
现出来的。因此，它完全是功能性构序(funktionale Ordnung)。在
此，也只有商品交换的功能性规律(funktionale Gesetz)才决定着使
用价值的客观实在性和商品价值的社会有效性(gesellschaftliche
Gültigkeit)。[①]

本雅明在这一段文字的最后一句旁边画了一条线，并打上了问号。
显然，他对索恩-雷特尔提出的交换的功能性规律决定**使用价值的客
观实在性**这一观点持怀疑态度。关于这一观点的展开，我们下面还
会再讨论。**功能性构序**，是索恩-雷特尔这里继生产先验之后提出的
第二个关键性范畴。这里值得注意的构境进展有二：一是可以看出
索恩-雷特尔特别喜欢使用的功能一词仍然在发生作用，二是在他的
思想构境出现的**构序**规定。特别是这个 Ordnung 概念表征了一种全
新的认知方向，它意在说明一种社会存在的内部的组织性有序化程
度。funktionale Ordnung 的组合则是着重强调这种 Ordnung 并非一
种**已经确定固化**的有序结构，而是总在建构—解构的功能性发生着
的构序。这一概念正是我所关心的构境质点，这也是传统历史唯物
主义研究中没有关注的构境层。索恩-雷特尔特别强调的功能性构序
十分接近我对构序概念的学术构境层规制。在索恩-雷特尔看来，资
本主义社会中的有序性并非传统社会中那种固有的惯性规制，也不

---

① ［德］索恩-雷特尔：《脑力劳动与体力劳动——西方历史的认识论》，129 页，南
京，南京大学出版社，2015。

是马克思设想的未来社会中"有计划、按比例地"自觉进行生产和实践，而是由身处商品—市场经济中相互独立的个体盲目活动自发建构起来的，这种无总体目的的活动由市场交换结构自身内部的自发性调节和自组织功能构序。也是在这一构境层中，资本主义商品—市场经济中社会存在的有序性，恰恰是由"看不见的手"支配和无意识构序的。

索恩-雷特尔在这里提出的第三个关键性范畴是**物**。这是他对马克思经济学拜物教批判中物化概念的"物"所进行的分解式解读。在上述1936年致阿多诺的信件中，我们已经遇到过这个特殊的"物"。在他看来，马克思物化概念中的物，并不是感性可见的特质对象，而是由商品而来的一种特殊社会存在的功能属性，在个意义上，物化之物恰恰是不可感知的。这恐怕也是历史认识论研究最难进入的批判性构境层。因为，历史认识论的主要对象是不可见的社会关系，而这里的物又是商品—市场经济中变形了的关系及其物化对象。这的确很难理解。依索恩-雷特尔解释，

> 一个没有销路的商品，等于一个主观的感觉印象(subjektiven Sinneseindruck)，在社会的意义上说便不再是物(Ding)。如果滞销商品再次发现了买主，那么这种感觉假象就突然之间轻易地获得了客观现实的使用价值(objektiv realer Gebrauchswert)，并且那长期被扣除的劳动也突然之间获得了现实的社会价值有效性。一个物(Ding)不是被生产出来的东西，只有它被交换，它才是物。它的物

的构成(Dingkonstitution)是功能性的(funktional)。①

显然，与马克思从**劳动**来看待商品的价值不同，索恩-雷特尔是从**交换**来规定这个物化的物。这个物，不是自然物质意义上的实存，而是由市场交换的功能关系建构起来的忽隐忽现的怪物。当商品滞销时，它会退缩为一个主观感觉印象，而当它再一次被卖出时，则突然恢复了客观实用的有效性，由此复活了被扣除的劳动。在索恩-雷特尔此处的构境中，物化之物并不存在于生产之中，而是交换功能建构起来的特定意义上的物。这个物化之物是否在场，取决于它能否在交换中被卖出。他的这种解读绝不是历史唯物主义的。

三、社会先验综合中的齐一性强暴：另一种哥白尼革命

索恩-雷特尔有些激动地说，上述他所发现的三大范畴——生产先验、功能性构序和物化之物，将会引起一场在社会历史理论中发生的重要的"哥白尼翻转"(kopernikanische Wendung)。他总是这么一惊一乍的。可能，这也是有些人讨厌他的原因之一。霍克海默就认为，索恩-雷特尔的写作充斥着"一种学术上自负和浮夸的腔调"。显然，这是针对人们称康德的先验哲学批判是认识论中的"哥白尼革命"而言的。他甚至

----

① ［德］索恩-雷特尔：《脑力劳动与体力劳动——西方历史的认识论》，129—130页，南京，南京大学出版社，2015。

说："这个革命贯穿了从简单商品生产直至资本主义生产方式的完全形成(fertige Ausbildung)的过程。"①有的时候，索恩-雷特尔总喜欢将自己的某种观点武断地普适化，其实这恰恰是旧哲学的特点。在索恩-雷特尔看来，自发形成的简单商品生产中，生产有可能独立于商品交换，而资本主义商品经济中生产和商品的定在则是由对生产资料的占有关系预先给定的。并且，他想进一步追问的是：

> 在此作为生产先验(Apriori der Produktion)的商品交换规律，商品定在的合规律性和社会的持存构序(Bestandsordung)是如何形成(ausmachen)的，是如何自身构成(in sich beschaffen)的呢？这些仅仅是在马克思已指出的那种意义上是物化的规律(Gesetze der Verdinglichung)，即这物化居于商品的等价形式(Äquivalentform)的齐一功能(Einheitsfunktion)的中心。②

这是将上述生产先验、持存构序和物这三个核心范畴的批判性构境层再加深一步的努力。商品交换规律如何成为资本主义的生产先验，这种客观的社会先验如何功能性地构序商品定在和社会生活，特别是让一切存在成为**物**的物化规律的**齐一化**功能是如何发生规制作用的。显然，这第

---

① ［德］索恩-雷特尔：《脑力劳动与体力劳动——西方历史的认识论》，130 页，南京，南京大学出版社，2015。

② 同上书，130 页。中译文有改动。参见 Alfred Sohn-Rethel, *Geistige und körperliche Arbeit：zur Epistemologie der abendländischen Geschichte*, VCH, Acta Humaniora, 1989, S. 161。

三个追问是最重要的，因为，这也是他解决康德命题的最关键性的理论破境点。依他的看法，

> 商品——其使用价值是不可通约的——在它的交换行为中获得了作为价值的可通约性，在其中，它们按照形式而被设定为同一的(identisch)，仅仅是在量上被区别开。因而，这正是康德意义上的"综合"(Synthesis)，它按照社会发展起来的商品交换的形式建构(Formkonstitution)为这种商品交换奠定基础，并且这种综合植根于最高的齐一性(Einheit)，商品在与它们共同的、社会上普遍有效的等价形式(货币)的全面的、相对的价值关涉(Wertbeziehung)中，并借助于这种关涉而拥有这种齐一性。①

不同商品的具体使用价值在交换中无法通约，所以有了**形式上同一并可以量化计算的价值**，正是商品的这种交换价值形式**齐一化了所有存在(人与物)**。同一和齐一这两个概念在同一段表述中出现了，但索恩-雷特尔并没有精细地界划二者。这里，他似乎更关注齐一性。阿多诺在1965年认同了索恩-雷特尔的这一观点："价值是杂多的齐一(Einheit)，是不同感性事物的齐一，是诸多使用价值的齐一。"②在后来的《否定的

---

① ［德］索恩-雷特尔：《脑力劳动与体力劳动——西方历史的认识论》，130 页，南京，南京大学出版社，2015。中译文有改动。参见 Alfred Sohn-Rethel, *Geistige und körperliche Arbeit：zur Epistemologie der abendländischen Geschichte*，VCH，Acta Humaniora，1989，S. 161。

② ［德］阿多诺：《阿多诺与索恩-雷特尔谈话笔记》，转引自［德］索恩-雷特尔：《脑力劳动与体力劳动——西方历史的认识论》，175 页，南京，南京大学出版社，2015。

辩证法》一书中，他进一步肯定了索恩-雷特尔的观点。他赞同说：交换原则（Tauschprinzip）把人类劳动（menschlicher Arbeit）还原为社会平均劳动时间的抽象的一般概念，因而从根本上类似于同一化原则（Identifikationsprinzip）。商品交换是这一原则的社会模式（gesellschaftliches Modell），没有这一原则就不会有任何交换。正是通过交换，不同一的个性和成果成了可通约的和同一的（kommensurabel，identisch）。这一原则的扩展使整个世界成为同一的，成为总体的（ganze Welt zum Identischen，zur Totalität）。① 显然，阿多诺将索恩-雷特尔 1937 年指认的齐一性替代成自己同一性和总体性批判。

也是在这里，索恩-雷特尔突然延伸说，这个特殊的 Einheit 正是康德认识论构境意义上的**综合**！请一定注意，这也是索恩-雷特尔全部批判性构境的焦点，即对康德命题的历史唯物主义破境的关键异质构境点。依前述观点，阿多诺说他在之前的关于爵士乐的讨论中已经使用过"伪综合"的概念。也就是说，生产先验、功能构序和物化之物这三者共同建构了康德在观念层面上实现的"认识论中的哥白尼革命"——先天综合判断的真正基础，即发生于现实资本主义商品—市场经济中的**社会综合**。其中，第三个概念——那个不可直观的物化之物转换成一种功能性范式——商品的价值形式的**物化齐一**，在整个社会综合中起着核心支配作用。这就是资本主义商品交换的基本规律，正是这个"商品交换的基本规律（在资本主义中，它构成了生产可能性的先天之物[Apriori]），按

---

① ［德］阿多尔诺：《否定的辩证法》，143 页，重庆，重庆出版社，1993。参见 Theodor W. Adorno, *Negative Dialektik*, Gesammelte Schriften, Band6, Suhrkamp Verlag Frankfurt am Main，2003，S. 149。

照商品与货币的普遍关系的同一的齐一功能(Funktionen der identischen Einheit)，从所有商品的一个原始的、在交换中才建立起来的、纯粹形式性的综合(rein formale Synthesis)产生出来"①。资本主义的商品—市场交换关系从**纯粹形式**上齐一化了全部社会存在，并给予了生产的先验构架，这是有史以来社会存在中所发生的最重要的**现实综合**。索恩-雷特尔想说，正是这个客观发生的历史性社会综合才是康德先验观念综合**在现实大地上的秘密**。

平心而论，除去一些细节上的毛病，如交换关系座架生产先验之类的颠倒，在大的方向上，索恩-雷特尔这一论断无疑是正确的理论判断。应该说，这也是索恩-雷特尔一生理论努力中获得的最大成果。如果说，他试图给康德命题一个来自于历史唯物主义的答案，他的确做到了这一点。从资本主义商品交换机制来说明先天观念综合的秘密，这是马克思主义**历史认识论**的重要进行方向。我得承认，这恐怕是索恩-雷特尔在历史认识论研究构境意向中获得的最大成果，它将是我们以后历史认识论研究深化的方向之一。当马克思在《1857—1858年经济学手稿》中第一次意识到资本主义生产方式的本质是"抽象成为统治"时，他多少意识到了黑格尔哲学的秘密，但马克思并没有机会去深入探讨其哲学构境层，特别是历史认识论的深意。一个多世纪之后，索恩-雷特尔重续马克思的历史认识论构境，这是一个了不起的理论贡献。可是，做出这样

---

① [德]索恩-雷特尔：《脑力劳动与体力劳动——西方历史的认识论》，130页，南京，南京大学出版社，2015。中译文有改动。参见 Alfred Sohn-Rethel, *Geistige und körperliche Arbeit：zur Epistemologie der abendländischen Geschichte*，VCH，Acta Humaniora，1989，S. 161。

一个重要论断之后，他的研究进展并不是十分理想的。这一点，我们在下面的讨论中会逐步地看到。

那么，接下去的问题是，这个现实资本主义生产方式中的社会综合是如何发生的呢？能看出，索恩-雷特尔试图从马克思的经济学研究成果中探寻出这种社会综合的微观形成机制。在他看来，这种综合起于**货币作为资本**发生的作用（*Geld als Kapital fungiert*）。相比之 1936 年的文本，货币作为资本的出现应该是索恩-雷特尔对马克思经济学理论认知上的进步。但是，此处他对货币作为资本的具体定位却是可疑的，因为，他并不理解马克思在《1857—1858 年经济学手稿》中已经开始区分的货币与资本的不同质性。特别是他没有认真理解**剩余价值**对从货币到资本转化中的意义以及对整个资本主义生产方式和新型剥削关系的重要意义。不难发现，在索恩-雷特尔长期的理论探索中，他始终没有能真正进入马克思在经济学研究中科学的剩余价值理论的根本性突破之境，这是他学术构境长久停留在一个肤浅水平的主要原因。所以，索恩-雷特尔会十分轻率地说，当"货币在市场上购买生产要素（或者生产的物性载体，dinglichen Träger），而且将每一要素按照其特殊本性的规律统一为生产的自动程序化的整体（selbsttätig prozessierender Ganze）"①时，这就生成了最初的**社会性综合**。其实，这绝非货币能够完成的作用，而是**资本**对资本主义生产总过程的支配作用。可是，虽然索恩-雷特尔也提及"货币作为资本发生作用"，他始终没有跳出这个**货币决定论**的陷

---

① ［德］索恩-雷特尔：《脑力劳动与体力劳动——西方历史的认识论》，130 页，南京，南京大学出版社，2015。

阱。在这一点上，他不能完全责怪霍克海默对其的理论鄙视。

然而在索恩-雷特尔的逻辑中，这个由货币流动所生成的**自动程序化**很关键，依他所见，资本主义的商品—市场经济运行的秘密就在于这种货币自动发生的客观调节和整合。索恩-雷特尔展开分析道：

> 这种综合对于生产来说就是构成性的(konstitutiv)，是商品的定在的立法者。但是，作为这样被生产出的商品的流通手段的货币的调节性(regulative)功能，立即附加到这种构成性功能之上，这调节性功能服务于已然依照商品规律而植入商品之中的价值的实现，并且通过它的调整来服务于资本运营的全面均衡化。这里发生的，似乎是综合的形式规定性(Formbestimmtheiten der Synthesis)的派生性的和单纯判断性的(校准性的)运用，但这种运用是以这种形式规定性在生产中的构成性(konstitutiv)运用为前提的，并且它本身是如下这一点的前提：资本主义生产方式能够借助于其条件，导致连续的社会再生产(Reproduktion der Gesellschaft)所必需的一致性，因而导致看似合乎理性的一致性(quasi vernunftgemäßen Übereinstimmung)。①

按照索恩-雷特尔这里的逻辑，社会综合产生于**货币**对整个商品生

---

① ［德］索恩-雷特尔：《脑力劳动与体力劳动——西方历史的认识论》，130 页，南京，南京大学出版社，2015。中译文有改动。参见 Alfred Sohn-Rethel, *Geistige und körperliche Arbeit：zur Epistemologie der abendländischen Geschichte*，VCH，Acta Humaniora，1989，S. 162。

产进程的调节与整合，这种综合反而对生产是构成性的，也是商品定在的立法者，或者说是一种给予社会存在某种特殊的**综合形式规定性**（*Formbestimmtheiten der Synthesis*）的社会先验，恰恰是这种先验的社会综合维持了商品—市场经济的社会再生产，说大一些，保证了资本主义生产方式的内部同一性。重要的是，这种来自于经济本身运行的综合一致，看上去像是一种理性的一致，或者叫似（*quasi*）合理性。总体上说，这个看似深刻的观点，在根子上是错误的，因为在资本主义生产方式中，绝不会是**货币**调节与整合商品生产过程，而是**资本统治关系**！早在《1857—1858 年经济学手稿》中，马克思就已经认识到："资本是资产阶级社会的支配一切的经济权力。它必须成为起点又成为终点。"[①]而索恩-雷特尔的理解似乎恰恰是停留在"货币章"，他不能理解马克思为什么要进一步讨论"作为资本的货币章"（这是《1857—1858 年经济学手稿》"资本章"的标题）。在马克思看来，如果真想看穿资产阶级世界的真相，就必须超越流通—交换的经济现象界，迈向社会本质的深处，步入**生产过程**，真正发现资本对雇佣劳动的剩余价值的无偿占有，以真正揭示出资本主义生产关系的剥削本质。那么，如果存在某种资本主义社会**整体的综合构序**，其起决定性作用的是生产过程中的资本统治关系而非交换领域中的货币。在承认这一点的基础上，可以再讨论货币（商品价值形式）具体的**交换齐一综合机制**，这是两个不同层面的问题。这是索恩-雷特尔始终没有头脑清醒地跨出的一步。

索恩-雷特尔特别指认说，正是这种社会综合中发生的系统形式

---

① 《马克思恩格斯全集》第 46 卷上，45 页，北京，人民出版社，1979。

(Formsystem)之中出现了**一定的构序**(*bestimmten Ordnung*)的实在性(Realität)，这个实在性并不是"单纯功能性的形式系统"，也不单纯是资本主义商品生产的物化规律(Verdinglichungsgesetz)，它是客观的"历史的现实性"(geschichtliche Wirklichkeit)，整个资本主义生产方式就是依此发挥作用并生存下去的。宏观地说，商品生产的物化规律这一表述是可以接受的，特别是这里的 bestimmten Ordnung 非常精彩，并且，这种构序的结果是生成一个客观的历史现实性，我能感觉得到离下面他将发现的**现实抽象**问题的全新构境层已经不远了。那将形成历史认识论的一个全新思考方向。

首先，这种社会综合基于资本主义物化规律的**因果关系**系统。请注意，这里索恩-雷特尔特设式地针对资本主义社会生活而使用的因果关系是否定性的，它类似于狄尔泰在历史哲学中的区分。在狄尔泰看来，所谓精神科学(Geisteswissenschaft)就是对这种由人类生命活动建构起来的历史性关联与内在体验之上的**理解**(*Verstehen*)与领悟。依他所见，通常在自然科学中，我们可以用理智中的因果关系来**说明**(*Erklären*)自然存在的结构，可是，面对由人的生命活动构成的社会历史存在时，则只有通过**体验性**来理解：我们说明自然，而我们理解精神生命。资本主义社会存在中出现了自然界才具有的**非主体性的**因果关系，恰恰说明这一社会历史生活的"非人性"。索恩-雷特尔说，"资本主义商品生产本身只有完完全全地内在于物化规律才是可能的"，

因为在商品中，劳动被描绘为对商品生产的浮华的无遮蔽的因果关系(bloßen Kausalität)而言的劳动力，也就是作为商品世界内

在的必然规律，再无其他。由于劳动在这种因果关系中只创造商品价值，它同时就生产出了资本自身，这个资本使它成为了那种因果关系。因此资本，就其起源而言，是这样一种实践的劳作（Arbeit）：这种实践只服务于它的对立面，即物化以及那种因果关系的再生产。①

我们看到，这里出现了劳动与资本的对立，可这里的讨论却是与上述笼统的**货币综合论**分离的构境层。通常，索恩-雷特尔会将马克思原来在经济学语境中说得很清楚的道理形而上学化。其大概的意思为，在资本主义的商品—市场经济中，劳动必然服从于物化规律特有的非主体性的因果关系，即它作为劳动力在这个系统形式化中只生产商品价值，进而生产出支配和奴役自己的统治关系——资本。资本关系作为一种全新的构序系统，它缘起于劳动实践，可这种实践却服务于自己的对立面，即资本主义生产方式中的物化因果关系系统的再生产。这个概述基本上是对的，也因为这是索恩-雷特尔对马克思相关论述的复述，他正确的做法应该是将其作为自己讨论货币关系的重要构境基础，然而他并没有坚持这一点。

其次，这种物化系统会造成**"智性劳动"与物化劳动的对立**。在 1937 年，索恩-雷特尔开始接触到自己日后脑力劳动与体力劳动分离的那个

---

① ［德］索恩-雷特尔：《脑力劳动与体力劳动——西方历史的认识论》，131 页，南京，南京大学出版社，2015。中译文有改动。参见 Alfred Sohn-Rethel, *Geistige und körperliche Arbeit：zur Epistemologie der abendländischen Geschichte*，VCH，Acta Humaniora，1989，S. 162。

重要构境点。索恩-雷特尔认为，在资本主义商品生产中，由于物化的因果关系系统，必然会出现——

　　　　从作为原初的、"智性"(intelligible)的劳动与作为完全物化(verdinglicht)的内在性的因果性的劳动之间的这种矛盾出发——按照物化的内在问题式(inneren Problematik der Verdinglichung)，这个矛盾对看起来绝对的、最高的主宰，也就是对资本是有效的——只能迈出一步，即将资本本身设定为其实践的现实性，并将现实世界理解为资本的辩证的自身展开，在这里，资本被拜物教化(fetis-chisierten)为"世界精神"。①

　　在索恩-雷特尔看来，这一切都是资本主义特有的物化因果关系系统凸显出来的**功能场境**，这里打引号的"智性"劳动还不是后来那个抽象出来的脑力劳动，而物化的因果关系中的劳动也并不是体力劳动，这二者都只是资本物化综合的产物。这是一个基本正确的判断。同时，索恩-雷特尔开始提醒我们，也由此，现实世界变成了资本的自我展开过程，资本被拜物教化为独立的抽象"精神世界"。他此时始终不能忘记的事情，是将马克思对资本主义的经济学批判与康德认识论伪相的破境直接链接起来，在一定的意义上说，就是要为康德的认识论中的主观"哥

————————————

　　① ［德］索恩-雷特尔：《脑力劳动与体力劳动——西方历史的认识论》，131—132页，南京，南京大学出版社，2015。中译文有改动。参见 Alfred Sohn-Rethel, *Geistige und körperliche Arbeit：zur Epistemologie der abendländischen Geschichte*, VCH, Acta Humaniora, 1989, S. 163。

白尼革命"增加一个现实大地上的社会历史观中的现实基础。

> 人们只需要为了货币的同一的齐一（identische Einheit des Geldes）这个描述添加上"自我意识的齐一"，为服务于交换社会的货币综合功能添加上"统觉的本源综合齐一（ursprünglich-synthetische Einheit der Apperzeption）"，为货币对于资本主义生产的构成意义添加上"纯粹知性（reinen Verstand）"，为资本自身添加上"理性"，为商品世界添加上"经验"，并且，为按照资本主义生产方式的规律进行的商品交换添加上"向物立法的定在（Dasein der Dinge nach Gesetzen）"，即"自然"；从对资本主义物化的分析出发，能够重构（nachkonstruieren）康德的整个知识哲学及其必然的内在矛盾，只要人们同时注意到与亚当·斯密的和谐论相适应的假设："先天综合"毫无疑问是必定要出现的。①

可以说，这是索恩-雷特尔此草案中最终的理论目的，即为康德唯心主义先验哲学的伪境批判提供一个历史唯物主义的破境答案。依他的观点，康德先验哲学中所有原创性的秘密都可以在马克思对资本主义商品—市场经济的深刻剖解之中获得现实支撑。值得肯定的是，在这一段极为重要的表述中，索恩-雷特尔似乎有了一定的**构境层区隔**的自觉：

---

① ［德］索恩-雷特尔：《脑力劳动与体力劳动——西方历史的认识论》，131 页，南京，南京大学出版社，2015。中译文有较大改动，原译者对此段文本有较大漏译和错位。参见 Alfred Sohn-Rethel, *Geistige und körperliche Arbeit：zur Epistemologie der abendländischen Geschichte*, VCH, Acta Humaniora, 1989，S. 163。

一是货币交换的齐一综合功能是康德式先验观念综合中起关键性逻辑座架作用的"先天知性形式"的现实基础。① 看起来发生在主观世界中的自我意识的"一"恰恰是由现实中货币的夷平来实现的，先天综合判断中的那种原初的齐一性之基础是由资本主义商品交换的综合功能奠定的，知性逻辑功能性运转的背后是金钱的万能。二是建构知性的"先天理性形式"背后起关键性作用的是**资本**，这里，资本是作为资本主义商品经济中货币的本质关系出现的，这无疑是正确而深刻的观点。关于这一点，索恩-雷特尔并没有在此书中深入探讨。三是康德那个著名的"向自然立法"，实际上是现代资产阶级物化规律向全部存在的宣战。这让人想起福柯在《词与物》中的相近判断。② 由此，索恩-雷特尔才会信心满满地断言，从资本主义全部物化分析入手，我们就可以重建全部康德知识哲学，在先天观念综合的逻辑构境背后我们就会发现斯密那只"看不见的手"。好吧，我得承认这个重要的结论性观点是索恩-雷特尔全部研究中所达到的最重要的理论高点。真心祝贺他。

关于这一点，索恩-雷特尔的立场是明确而坚定的，他就是要对唯心主义的知识论发动进攻，他高举着唯物主义旗帜大声问道："难道没

---

① 在康德的《纯粹理性批判》中，先天综合判断构架被一分为三：一是先天感性形式，它由时空二维的先天直观形式建构最初的经验；二是先天知性形式，它就是以先天逻辑构架进一步统摄感性现象的思维，"我思"通过十二个逻辑范畴觉整个现象世界；三是先天理性形式，理性超出知性面对经验现象的有限性，追问理念、本质和神性。索恩-雷特尔在书中面对的康德认识论，主要集中于第二种先天形式——纯粹知性。因为在他看来，康德的三大先天认知形式中，只有纯粹知性是起关键性抽象逻辑统摄作用的。

② 参见张一兵：《回到福柯——暴力性构序与生命治安的话语构境》，第一编，上海，上海人民出版社，2016。

有可能，从起源上说，自我意识的统一性和知识主体的确不过是货币统一性的一种不可避免的思想反映？难道没有可能，推论性思维是一种受到由商品所中介的社会的货币的功能所限制的意识形式，而理性的对象知识，只是在这种遵守商品交换规律的社会中，生产得以实现的方式和方法在观念上的再生？"①本雅明在后一个问句旁画了单线，同时打下了问号。唉，刚刚表扬过索恩-雷特尔的理论突破和贡献，他却又回落到货币决定论中去了。

———————————

　　① ［德］索恩-雷特尔：《脑力劳动与体力劳动——西方历史的认识论》，132 页，南京，南京大学出版社，2015。

第三章 | 不可见的在场之物：商品形式
定在与构序(1937)

如果说，在上述的讨论中，索恩-雷特尔更多地
说明了自己关于康德先天观念综合之现实基础的哲学
发现，进一步，他还觉得必须给这种哲学断言再提供
一种来自马克思经济学理论的支撑。或者说，他努力
将马克思的一些经济学术语用接近认识论的哲学话语
重新表达出来。但我发现，在这一文本写作的具体过
程中，事情远没有索恩-雷特尔所想象的那么简单。
不过，他在历史认识论构境中所讨论的非物之物、商
品定在和构序等问题，的确是我们过去在思考哲学认
识论时根本没有意识到的构境层。

一、不是物的物性

索恩-雷特尔说，如果在早期的简单商品交换中，比如一件上衣交换一块麻布，"相对价值形式和等价形式只是通过每一次在价值表述中的位置而与一件商品联系起来的，因而不能与这个商品在经验上区分开来"，这里的等价形式仍然是具体可感的物品，此时的商品在交换中发生的社会性等价特征在单个的商品上出现，它显然不能与这一商品的使用价值区别开来。这是对的。索恩-雷特尔说，马克思已经指出，只有当货币从商品交换中独立出来成为一般等价物时，一种**不同于自然存在**的独特的属人的社会存在特性才突显出来。

> 在货币中，人的特征(menschliche Charakter)得以与自然界生物区分出来，人与人之间的社会关系被标示为生产和消费之中的与自然的物质变换过程的对立面。货币只是在人与人之间有效，而非在人与自然之间有效；并且，在货币中，人与人之间的联系，已形成了同人对自然的联系的不可还原地对立的特征。在货币的支出与收入中，人们的行为不再具有自然本质(Naturwesen)。①

---

① ［德］索恩-雷特尔：《脑力劳动与体力劳动——西方历史的认识论》，133 页，南京，南京大学出版社，2015。中译文有较大改动。参见 Alfred Sohn-Rethel, *Geistige und körperliche Arbeit：zur Epistemologie der abendländischen Geschichte*，VCH，Acta Humaniora，1989，S. 165。索恩-雷特尔在此还加了如下一个来自马克思《资本论》的注释："同商品体的可感觉的粗糙的对象性正好相反，在商品体的价值对象性中连一个自然物质原子也没有。"(*Ibid.*，S. 62. 参见《马克思恩格斯全集》第 23 卷，61 页，北京，人民出版社，1972。)这是他经常在文本中援引的句子。

　　在索恩-雷特尔那里，人不同于自然存在的存在属性恰恰是通过货币的出现才得以发生的，货币在人与人之间有效，而对人与自然之间无效。这些显然都是不够准确的观点。因为在马克思的历史唯物主义逻辑中，人区别于动物界的根本存在特征是通过劳动生产获得的，而非流通领域的交换(货币)所导致的。正确的说法是，通过货币的出现得以发生的并非人的属性，而是商品价值的社会属性，而这种不同于自然本质的社会属性恰恰基于劳动二重性中的**抽象劳动**。在现代资本主义工业大生产进程中，充分劳动分工基础上的商品交换关系必然生成的抽象劳动——价值，开始异质于"人与自然物质变换"的具体劳动——使用价值，劳动二重性是商品二重性的基础。这些马克思的重要经济学常识，在索恩-雷特尔那里则是一笔糊涂账。特别是当他用半生不熟的哲学概念重新表述的时候，马克思的正确观点就严重走形了。不过，将这种不能直观的人的社会关系属性作为认识论思考的对象，这一方向是深刻的。

　　所以索恩-雷特尔才认为："概念思维或推论思维的形成和兴起，与商品的社会性等价关系从人类实践的物质生命条件中被突出(Abhe-bung)出来有关。"①认识论的关键性逻辑构件，必须从回落到人类社会实践的生命条件中来，这是对的。但概念性思维和推论式的思维，是不是必然与商品关系相对应，这是一个需要认真讨论的问题。因为，我注意到，索恩-雷特尔总是想将自己的这一理论发现泛化到有商品交换现象的所有社会历史存在中，而我则坚持马克思的观点，即一定社会历史

---

　　①　［德］索恩-雷特尔：《脑力劳动与体力劳动——西方历史的认识论》，133 页，南京，南京大学出版社，2015。

条件的支配性生产关系决定一定时代的观念结构。而西方思想史中概念思维和推论式思维是否就一定产生于商品交换的性质，这一点，我们在后续的讨论中会具体分析。依索恩-雷特尔的观点，

> 货币是一种被打上标记的商品，即它仅仅充当其他商品的等价物（Äquivalent），从而仅仅充当单纯的交换手段（Tauschmittel）。其作为货币的特征是，这种商品的材质在生产或消费上的使用都被排除在外了，因为在做这种使用的时候，其就立即不再是货币了。因而在货币中，使金变成货币的东西，是与它的材质，即金公然对立的，但也是与每一其他商品的材质或一个商品的任何材质相对立的。因此，在货币中固定的东西是，商品等价物具有单纯的**功能性特征**（*Funktionscharakter*）。①

索恩-雷特尔是想强调，在早期的商品交换中，价值等价物（货币）开始是贝壳、石头、铜、铁，后来是金、银一类贵金属，当这些物作为货币的时候，它们的物质基质恰恰是被否定的。比如，感性可见的黄金的物质基质只是一种特殊的**功能性特征**——价值等价物的替身，在这一点上，黄金作为货币是不能进入生产和消费领域使用的，比如作为饰品时，它就不再是货币。索恩-雷特尔所说的功能性特征，即是货币承担交换中介时当下建构起来的抽象换算功能。当货币退出交换过程时，这

---

① ［德］索恩-雷特尔：《脑力劳动与体力劳动——西方历史的认识论》，135 页，南京，南京大学出版社，2015。

种功能性并非存在于其物质载体中，只是在下一次交换活动发生时，它重新被激活和凸显为一种特殊的场境存在。这是一个十分重要的认识论新问题，货币关系是在交换中的当下建构起来并解构消散的，而这种特定的关系性的在场出现与在场时，与它的物质对象存在并没有直接关联。特别是在今天的电子货币中，它的在场会是一种象征性的信用关系的符码传递。

索恩-雷特尔认为，正是这种特殊的功能关系中生成的等价特征在不同的商品中生出某种**可交换的同一性**，这种同一性即一般等价关系物。索恩-雷特尔说，这种特殊的同一性就是"商品的形式规定性"，它也生成一种**不是物**的**物**。这种不是物的物性是很难理解的。这第一个"不是物"中的物，是指常识意义上的感性物质存在，这是传统认识论的对象；而后一个物，则是在通常物质存在意义上**并不直接在场**的物。这是马克思历史认识论将要面对的真正对象。虽然我们在上面已经遭遇到这个特殊的物，但索恩-雷特尔在那里并没有进一步地展开讨论。这里，索恩-雷特尔详细解释了这个特设的物的**非实体特殊构境**含义：

> 交换的正面涵义是：那个被生产出来的物（Ding），过渡到它的消费者那里，过渡到另一人的手上。同一性是生产与消费之间的物性的联结形式（dingliche Verbindungsform），并且反过来，这种联结的同一载体是商品，就此而言就是**物**（Ding）。物性是商品的形

式规定性，是"物化"（Verdinglichung）的基本形式。[①]

依我的判断，索恩-雷特尔此处使用的**物**（*Ding*）的构境背景既不是常识认识论中的感性物，也不是马克思那个社会关系的颠倒性物化，而是假手康德那个认识论框架中**不可触及**的"自在之物"的一个隐喻式构境层。康德的自在之物并不实存于感性经验世界之中，它会是一个无限后退的存在。索恩-雷特尔在历史认识论中也想设定一个并不实存于经验之中的物化**之物**。这个物有着自身不可见的特定关系存在状态。这一点后来被齐泽克发挥为所谓"崇高客体"。他说："在这里我们接触到一个马克思未解决的货币的物质特性的问题：不是指货币赖以构成的经验的物质材料，而是指它的**崇高性的**材料、它的某种另类的'不可改变且坚不可摧的'躯体，这一躯体在物质性的躯体腐朽之后仍能继续存在——货币的这种另类躯体类似于萨德笔下的受害者的尸体，虽历经折磨仍不改其美丽。这种'躯体之内的躯体（body-within-the-body）'的非物质性的实体使我们可以精确地定义这个崇高的客体（sublime object）。"[②]齐泽克由此发挥建构出一个所谓"意识形态的崇高客体"。当然，我们不难发现，索恩-雷特尔这里关于物化之物的观点无意中曲解了马克思的物化（Verdinglichung）概念。我甚至觉得，他根本没有在文献中发现马克思使用

---

① ［德］索恩-雷特尔：《脑力劳动与体力劳动——西方历史的认识论》，135 页，南京，南京大学出版社，2015。

② ［斯洛文尼亚］齐泽克：《意识形态的崇高客体》，25 页，北京，中央编译出版社，2002。

事物化与物化概念的细微差别。① 显然，在这一段表述最后一句旁画了
双线的本雅明也对索恩-雷特尔这种对物化的新解表示存疑。在索恩-雷
特尔这里，这个特殊的作为"商品的同一的物性(identischen Dinglich-
keit)"，只是"商品及其实在性在交换中的在场(Tausch Präsente der
Waren und deren Realität)"。② 显然，他此处重新构境的物和物性并非
马克思所指认的人的关系颠倒为事物之间的关系的主观错认，而就是商
品的价值关系的**他性实在和功能性在场**。我觉得，索恩-雷特尔是将马
克思在经济学中确认的商品**价值**(李嘉图的"交换价值")关系存在重新表
述为某种形而上学式的"非物之物"。对此，索恩-雷特尔很抽象地解
释说：

> 对于交换行为来说，生产和消费在其停滞(Stillstand)中，即在
> 对时间的扬弃(Aufhebung)中是真实和在场的(real und präsent)，
> 作为商品物在纯粹空间中的不可改变的质料同一性(stoffliche
> Identität)而是现实和在场的。交换行为将作为时间性事件(zeitli-
> ches Geschehen)的生产和消费以时间的方式扬弃了，也就是说，交

---

① 按照我的理解，在马克思中晚期写下的《1857—1858年经济学手稿》中，马克思
第一次区分了**客观发生**的人与人的社会关系(直接的劳动交换关系)**事物化**(*Versachli-
chung*)和**颠倒**(*Verkehrung*)为资本主义经济活动中商品经过货币与其他商品(事物与事
物)的构序关系，以及这种颠倒的事物化关系本身在市场直观中所呈现出来的一种仿佛与
人无关的物象(物理的自然属性)之主观错认塑形，后者，则是马克思区别于客观事物化
的**物化**(*Verdinglichung*)**主观错认论**。
② ［德］索恩-雷特尔：《脑力劳动与体力劳动——西方历史的认识论》，137页，南
京，南京大学出版社，2015。

换行为按照时间将不再现实的过去和尚未实现的未来"移交"给了交换行为自身唯一现实的当下。生产和消费在交换的实践性发生之中拥有的实在性，是以空间中物化了的（verdinglicht）商品物的质料实在性为形式的。①

这里索恩-雷特尔试图将马克思的经济学构境虚化为哲学认识论构序。当然，这种构境之间的转换是有意义的，但在索恩-雷特尔的思考中，真境与伪境往往是重叠混杂的。这使得我们很难从中获得有益的内容。在这里，索恩-雷特尔讲得很复杂，但有一点是清楚的，他所定义的这个特殊**物性的在场**不是自然物质实在的意义上的在场，而是一种特殊的历史性的物化存在。它区别于参与了交换过程的生产和消费意义上的同样真实在场的时空中的"物的质料性"。实际上，如果我们不刻意追究索恩-雷特尔物化概念的非科学性，即便进入到他怪异的构境层中，这里也存在着双重"物化"：一是由具体劳动对象化所塑形的功用存在，这将是商品在原来的生产中和将来的消费中遭遇的"物化"（异质性的使用价值）；二是由抽象劳动所生成的商品交换形式性存在，这是不可见的劳动交换关系"物化"（可同一的价值）。最终，它会以一般价值等价物——货币实现自身的矛盾存在。其实，在马克思那里，问题本来是十分清楚的：在商品经济的现实运作中，"作为价值，商品是等价物；商品作为

---

① ［德］索恩-雷特尔：《脑力劳动与体力劳动——西方历史的认识论》，137—138页，南京，南京大学出版社，2015。中译文有改动。参见 Alfred Sohn-Rethel, *Geistige und körperliche Arbeit：zur Epistemologie der abendländischen Geschichte*, VCH, Acta Humaniora, 1989, S.171。

等价物，它的一切自然属性都消失了；它不再和其他商品发生任何特殊的质的关系，它既是其他一切商品的一般尺度，也是其他商品的一般代表，一般交换手段。作为价值，商品是**货币**"①。这是因为，在实际的经济交换中，人们无法直面的商品价值必须同时取得一个和它的自然存在不同的存在，这就是货币的本质。与马克思的科学表述相比，索恩-雷特尔刻意制造的哲学认识论构境是混乱且思路不清的。依索恩-雷特尔的说明，

> 在交换中，人们是从物质方面与这些物打交道的，但是，这种行为又以充满矛盾的方式与如下条件紧密联系：在这些物上面没有物质性的事情(materiell nichts)发生。交换行为是一种物理的、物质的(physische und materielle)行为，并且，一旦等价是有效的，这种特征中就包含着对任何改变交换客体(Tauschobjekte)的行为，即消费或生产行为的积极的否定。②

我总觉得索恩-雷特尔的表达能力偏弱，常常无法简单明了地说清一个问题。可能他是想说，在商品交换中，人们的确是在与物打交道，可矛盾的现象是，交换虽然是人在商品市场经济中进行的物理的、物质的客观活动，但其中，并没有物质性的事情发生，而所发生的某种客观的社会关系的改变(所有权)是另一重意义上的**物化存在**。难怪霍克海默与马

---

① 《马克思恩格斯全集》第46卷上，85页，北京，人民出版社，1979。
② [德]索恩-雷特尔：《脑力劳动与体力劳动——西方历史的认识论》，139页，南京，南京大学出版社，2015。

尔库塞对他的理论总是表示非议。

索恩-雷特尔说，恰好在这一构境点上，货币与作为物的商品联系起来，

> 这些物（Dinge）在空间—物质实在性（räumlich-materielle Realität）中，按照其在时间中不可改变的同一性功能，中介于生产和消费之间。在货币中，如下这点被固定下来：时间中的交换的实在性和商品等价功能是与空间中的物质实在性结合在一起的。**物质（*Materie*）**是过去的生产实践的物化形式（Verdinglichungsform），通过它，生产便与被社会地分开的未来消费实践联系起来。①

货币是一种特殊的、不是自然物质的物，这个客观的物质存在状态恰恰是可见商品物质外形中不可见的特殊交换等价关系，它作为过去生产实践的物化形式，连接起生产与消费。如果我们回到马克思的语境中，这应该表述为：**抽象的**价值关系获得一个**事物的形态**，这就是**货币**。价值是交换中商品反射性认同的关系性手段，抽象的价值关系在现实中必须事物化为一种实体性，所以货币已成为在市场交换中接连生产与消费，并实现商品价值的**二次方的手段**。马克思已经说得十分清楚的事情让索恩-雷特尔一解释，居然变得难以理解。所以，本雅明在这一段文字的

---

① ［德］索恩-雷特尔：《脑力劳动与体力劳动——西方历史的认识论》，138 页，南京，南京大学出版社，2015。中译文有改动，参见 Alfred Sohn-Rethel, *Geistige und körperliche Arbeit：zur Epistemologie der abendländischen Geschichte*, VCH, Acta Humaniora, 1989，S. 171。

最后一句边上加了这样一个问句："这一物质概念究竟如何脱离神秘的物质概念?"显然，他老人家也看糊涂了。

不过，说一句公道话。在马克思的历史唯物主义尺度上，历史认识论的主要对象并非是常识意义上的物质对象，而恰恰是此处索恩-雷特尔不准确地表述为"不是物的物"的社会历史中人们的**关系存在**。不同于一切传统认识论，马克思的历史认识论不是建立在常识中可见的感性经验基础之上，而更多地在于透视不同社会历史时期中所构序的社会生活本质和特定社会关系存在。在这一点上，后来的海德格尔、广松涉和拉康都有正负两面的极为深入的全新构境。索恩-雷特尔这里的讨论，只是展现了1937年西方马克思主义思想史中一个被忽视的重要历史认识论维度，也是一个发育不佳的理论构境侧面。

二、特殊的商品形式定在和构序

我们不难察觉，索恩-雷特尔总是想将马克思在经济学研究中的经济术语替换成哲学认识论的概念，但是，他在这两种根本不同的思想构境之间的简单替换实在不怎么高明。在他看来，第一，上述这种特殊的物性也生成了商品本身的特殊**定在**。这仿佛是一种历史认识论中的历史限定。有如海德格尔对抽象主体的时间限定——有死者的**此在**(Dasein)。依索恩-雷特尔所见，在商品交换中，商品从生产过渡到消费，因而对于货币的等价功能来说，这些商品被视为物化构境中既定的社会存在。"这种既定性乃是商品的实在性，它是遵照交换行为之实在性尺度的，这种交换行为是与商品一道发生的。"在此，索恩-雷特尔实际上是特设使用了黑格尔的**定在**（*Dasein*）概念来表征商品作为一种**历史性发生的**社会关系存在，即马克思所指认的劳动价值关系。这与上述的那个不是物的"物"相一致。

> 商品在交换中的既定性是人们之间物的单纯**定在**（*Dasein*），它不同于生产，只是在生产中，物（*Dinge*）才为了其在交换中的定在而被生产出来，也不同于消费，物的定在是从交换进入到消费之中的。这定在是商品的形式规定性，是物化的现实性模式（*Wriklichkeitmodus des verdinglichten*）。大多数人不断参与到定在之中，这样一来，在对定在的反思中便产生了对立面。①

在上述那个不是物的物的特殊构境中，**定在**即是商品的可交换的**形式规定**。可以确定，是黑格尔首先在市民社会的原子化个人通过市场交换转换为一种"为他的存在"的意义上使用了这种定在概念②，而马克思在黑格尔之后，在早期的"巴黎笔记"中使用过这个构境域中的**定在**

---

① ［德］索恩-雷特尔：《脑力劳动与体力劳动——西方历史的认识论》，136 页，南京，南京大学出版社，2015。

② "需要和手段，作为实在的定在（reelles Dasein），就成为一种**为他人的存在**（*Sein für andere*），而他人的需要和劳动就是大家彼此满足的条件。当需要和手段的性质成为一种抽象（Abstraktion）时，抽象也就成为个人之间相互联系（Beziehung der Individuen aufeinander）的规定。"［德］黑格尔：《法哲学原理》，209 页，北京，商务印书馆，1961。

(*Dasein*)①，而在创立历史唯物主义之后，则用其表示**一定的历史条件下的社会存在状态**。可是，索恩-雷特尔这里再一次把定在概念的理解重新退回到黑格尔的语境之中，将其特设为商品交换中发生的特殊形式规定，这个定在也就是贬义的物化的现实性模式。定在也就是资本主义商品交换出现的他性自在之物和为**他之在**(*Sein für andere*)。在这一点上，霍克海默对索恩-雷特尔的评论是中肯的，在 1936 年前者写给阿多诺的信中，他这样批评索恩-雷特尔的讨论方式："他的论证表述具有普遍性：没有讨论任何特定的人或特定的年代；只讨论了物的存在形式，物的定在(Dasein)，'这样的人'，等等。"②这也就是说，当索恩-雷特尔使用"定在"这样的概念时，他恰恰缺少了特定历史条件下的具体历史特征。索恩-雷特尔的这种奇特的理论故意，也遭到了本雅明的质疑，他问："究竟赋予了'同一性'(Identität)的'定在'以何种新规定？"能看出来，作为索恩-雷特尔这一文本的读者，大师本雅明也时常感到摸不着头脑。

　　在索恩-雷特尔这里，"商品是同一地存在着的物(identisch existier-endes Ding)"，但这个作为特定存在的物却是不可见的同一的"形式规定性"，如果是在传统认识论的构境层中，它们均不能成为认知对象。并且，它由实存却不是物质的货币来担当，我们可见黄金(纸币)之物象，但却无法从中看到这个本身并不实在的形式规定性，这是一个传统"本

---

　　①　《马克思恩格斯全集》第 42 卷，21—22 页，北京，人民出版社，1979。中译文将 Dasein 译作存在，我均改为定在。参见 Karl Marx, *Historisch-politische Notizen*, *Pariser*, *Gesamtausgabe*(*MEGA2*)，Ⅳ/2，Berlin：Dietz Verlag，1981，S. 450。

　　②　参见本书附录二第三部分。

体论"和认识论构境中无法理解的现实矛盾，其实，这也正是马克思开辟的**历史认识论**的真正深一层构序方向。索恩-雷特尔认为：

> 在商品的同一的物的实存（Existenz）形式中，货币关涉的是以同一的物性实存形式存在的商品。同一性、物性以及定在，就它们的起源而言，是**商品的社会性的形式特征**（*gesellschaftliche Form-charaktere der Ware*），并且是人们的联结形式。——同一性是存在于不同人之间的、同一批商品的生产和消费的联结形式。①

在此，我们再一次遇到了同一性、物性以及定在这三个特殊的历史认识论范畴。在黑格尔那里，市民社会中的原子化的独立个人恰恰是通过交换关系（为他的存在＝定在）同一起来的，所以索恩-雷特尔指认同一性、物性以及定在的三者统一。当然，这三个东西都是历史认识论构境中才能面对的无法直观的社会性形式特征。在他看来，这种特殊的不可见的物性和定在是生产与消费在商品中的结合，作为这种定在的物的同一性是生产与消费之间的社会裂痕的黏合面。并且，这种**他性的**结合恰恰反过来表征了"人们之间的生产与消费在实践上的关联是以社会的方式被撕碎的"。这里，本雅明在边注中写道："不引入剥削概念，这种分裂是得不到规定的。"②本雅明的这个评论是对的。

---

① ［德］索恩-雷特尔：《脑力劳动与体力劳动——西方历史的认识论》，136 页，南京，南京大学出版社，2015。

② 同上书，136 页。

　　一物具有这样的定在，在这定在中，生产与消费出于其在社会中分离的原因而停止了。这种分裂的实在性是定在的实在性(Realität dieser Trennung)的尺度。它因而是在人们之间的物的定在，是社会有效的(gesellschaftlich gültige)、以社会为条件并受社会限制的物的实在性。由于生产和消费之间特定的社会分裂的原因，同一性、物性以及定在(Identität，Dinglichkeit und Dasein)才自身构成了被分裂者之间的联结形式。这种分裂——物化要回溯到它——是什么类型的分裂，这还需进一步指明。①

这是上述观点的进一步展开说明。传统认识论中不可见的物出现在生产与消费的断裂之中，特定的对商品实现的有效性，恰恰是社会分裂的形式，这种特定的商品形式就是物化。我倒觉得，同义反复比构境的深入更多一些。本雅明在此段文字的最后一句旁加了双线，似乎表示同意。

　　第二，这个特殊的物性定在也生成了不同于生产和消费时空的特定时空**构序**。构序(Ordnung)是我感兴趣的一个新观点，也是历史唯物主义和历史认识论思想构境中极为重要的概念。在索恩-雷特尔看来，由于这种特殊的定在物的出现，也就建构了一种不同于正常生产和消费时空秩序的特殊构序。他认为，

---

　　① ［德］索恩-雷特尔：《脑力劳动与体力劳动——西方历史的认识论》，137 页，南京，南京大学出版社，2015。

同一地存在着的商品物处于交换行为的时空构序（räumliche und zeitliche Ordnung）之中，而非生产和消费行为的时空构序之中，在这个范围内（pro tanto①）说，借助生产和消费的行为，商品的等价关系恰恰是不能发生的。这是与"人的感性活动，即实践"的时空构序相对立的**现实性的时空构序**（*Raum-Zeit-Ordnung der Faktizität*）。②

这里索恩-雷特尔所使用的 Ordnung 一词，并非指一种现成的秩序结构，而是指马克思的实践活动建立起来的**功能性**构序关系，当活动消失时，这种关系性有序即刻解构。我们看到索恩-雷特尔在此专门使用了马克思《关于费尔巴哈的提纲》中"人的感性活动，即实践"这一话语，以标识不同于传统认识论的对象性实体物。所以，Ordnung 一词必须译作建构性的**构序**，而非常识认知构境中的固化的现成**秩序**。有趣的是，索恩-雷特尔认为，商品交换活动的构序恰恰不同于一般实践活动的时空构序，因为等价关系的当下建构与解构并不发生在生产（具体劳动）和消费（使用价值的功用）的感性存在的构序中，而是一种与之对立的特殊现实性时空构序。遗憾的是，索恩-雷特尔并没有深化这个构序概念，而只是将其简单地视作一种中介性关联。为此索恩-雷特尔解释说，从时间上

---

① 拉丁语：至此，到如此程度，到这个范围。

② ［德］索恩-雷特尔：《脑力劳动与体力劳动——西方历史的认识论》，137 页，南京，南京大学出版社，2015。中译文有改动。参见 Alfred Sohn-Rethel, *Geistige und körperliche Arbeit：zur Epistemologie der abendländischen Geschichte*，VCH，Acta Humaniora，1989，S. 170。

看，"生产总是在商品中完成了的过去，而消费则总是还未在商品中开始的未来"，在过去和未来之间，交换中的商品则是一种连接，它通过建构出"同一的物性在场(Dingliche Präsenz)"的特殊构序，以商品的同一性存在在交换中的出场作为前后秩序(Folge)的连接点，"生产和消费在交换行为之中就作为过去和未来被联结起来，因而就是作为不再存在的东西和尚未实现的东西被联结起来"①。相对于生产中产品的具体劳动塑形和消费中物品的具体使用，商品的物性定在，则是作为**在场的不在场物**而存在，但恰恰是这种传统认识论中不可见的特殊构序联结了生产与消费。

不过，索恩-雷特尔还对上述观点进行了一种历史性的边界划定，即他指认的所谓物化现象只是与**发达形式的**商品生产相关联：

> 必须在如下两种交换之间做出一种基本的区分：一是发达的商品交换，亦即以商品生产为基础的，因而是以"价值"交换为基础的交换，二是一种使用对象的交换流通意义上的原始交换，特别是在原始共同体之间的交换。② 发达的商品交换的决定性特征是被交换客体的等价，并且，这是以生产和消费之间的一种特定的社会分离为前提的，这种分离的起源及现实内容应该到剥削之中去寻找。只有发达的商品交换是与物化——其以同一性、物的形式和定在为特

---

① ［德］索恩-雷特尔：《脑力劳动与体力劳动——西方历史的认识论》，137 页，南京，南京大学出版社，2015。

② Marx, *Das Kapital* Bd. I, *MEW* 23, 102. 参见马克思：《资本论》(第一卷)，见《马克思恩格斯全集》第 23 卷，106 页，北京，人民出版社，1972。

征——相关的。①

这段表述倒像是经济学的观点。也就是说，在原始共同体中发生的简单商品交换中，并没有发生上述那种特定的物化，"以同一性、物的形式和定在为特征"的商品物化现象只是出现在发生了"特定社会分离"的发达商品生产和交换之中。这个论断基本上是正确的。对此，本雅明提出："至少必须证明：在原始交换中不存在任何等价。"而索恩-雷特尔则在 1978 年回应道："这一点已经由马塞尔·莫斯与列维-施特劳斯证明了。"②这一争论，显然索恩-雷特尔是对的。

---

① ［德］索恩-雷特尔：《脑力劳动与体力劳动——西方历史的认识论》，140 页，南京，南京大学出版社，2015。两种交换类型之间的区分，是当时分析的本质特征之一，并且也被保留下来了。但是对我而言，这区分的根据才逐渐显露出来，而那时我对之还并不清楚。这一根据在于，商品交换是否是内在于社会的综合的手段；这一根据不存在于商品交换的诸形式特征的某种差异性中，这些形式特征在社会发展的不同阶段上都保持不变。当然，当交换就其本质而言还是单纯外在于经济的流通形式时，这些形式特征，主要是等价形式还没有显现出来；在这一阶段上，这一根据尚未产生价值的货币形式。货币形式的产生是交换的内在于社会的综合功能的转折点。并且，只是从这时起，商品交换的形式特征才在货币上显现出来，它也才能被意识所中介。因而，只有从这一转折点开始，"商品形式"的现实抽象才能转化为概念形式的思维抽象。——虽然当时我尝试在这条正确的道路上推进，但是我却不能驳倒本雅明和阿多诺提出的那些反对意见。当然，我也没有因这些批评而偏离我的道路(在这个文本的末尾，我将尝试对问题做出更为准确的澄清)。——索恩-雷特尔在 1970 年专门加入的注释

② ［德］索恩-雷特尔：《脑力劳动与体力劳动——西方历史的认识论》，140—141 页，南京，南京大学出版社，2015。

三、商品交换与剥削的关系

索恩-雷特尔的哲学研究从来都讲政治，或者说坚持"党性"原则。我们已经看到过，在1936年致阿多诺的信中，他一开始就提出了文化与剥削的历史关联，而在这里，他又具体讨论了上述商品交换中发生的物化现象也是与剥削现象相关联的。这一点，往往是我们在马克思主义哲学研究中容易忽略的方面。可遗憾的是，索恩-雷特尔对剥削问题的思考却往往是有偏差的。

依索恩-雷特尔的观点，

> 由商品交换①所预设的生产与消费的分离是以如下事实为基础的：社会分裂为两部分，一部分只消费而不生产，而另一部分则只生产而不消费。换言之，在将生活资料作为价值来交换，即商品交换能够成为社会交往形式之前，剥削必然已经产生了。商品交换是从剥削中发展出来的，而不是相反。②

这是一个重要的断言，即剥削的历史发生是商品交换的基础，剥削是一种社会分裂，更准确地说，是一部分不劳而获的人无偿占有了另一部分劳动者的劳动成果。索恩-雷特尔这段表述存在着一定的问题，因为从

---

①　在此以及在下文中，"商品交换"这一表述都是在内在于社会的流通形式这一特定意义上来理解的，即将之理解为社会综合的承担者。——索恩-雷特尔的注释

②　[德]索恩-雷特尔：《脑力劳动与体力劳动——西方历史的认识论》，141—142页，南京，南京大学出版社，2015。

他的这个结论中似乎会得出政治（剥削关系）决定经济（商品交换）的错觉。其实按照马克思的历史唯物主义，应该是社会历史中的物质生产力的发展导致了一定的生产关系的改变，现代工业基础上的特定商品—市场经济活动结构特别是发达商品—市场经济不过是资本主义生产方式的实现形式。对此，本雅明也提出了质疑："商品交换是由这种分裂标示出来的，这一点只能通过其与原始交换的比较来证明。"①

为此，索恩-雷特尔在1937年就专门在文本中作了特设说明，他明确指认出自己和马克思恩格斯的三点不同：一是他反对马克思"原始共同体中个体间的合作关系与资本主义社会中完全由商品交换所中介的关系之间，只有通过私有制的缺乏或存在而区分开来"。因为，索恩-雷特尔认为原始共同体中已经存在着剥削。我觉得，这种观点是缺乏历史史实支撑的。二是批评马克思认为"商品交换过程最初不是在原始公社内部出现的，而是在它的尽头"，剥削，即"共同体的瓦解"，也是被阐述为"商品的交换过程"的结果。而索恩-雷特尔则认为，马克思是因为没有区分"先于剥削的交换流通（！）与出于剥削的交换流通"才得出了上述错误的结论。此处的感叹号为本雅明所加。三是批评恩格斯晚年在《家庭、私有制和国家的起源》中的相近观点，即对古代私有制形成的说明仍然是以马克思商品交换等于剥削的观点为基础的。②

其实我们不难发现，索恩-雷特尔对马克思历史唯物主义的理解是不够准确的，这导致他根本无法真正把握马克思广义历史唯物主义的基

---

① ［德］索恩-雷特尔：《脑力劳动与体力劳动——西方历史的认识论》，142页，南京，南京大学出版社，2015。

② 同上书，142—144页。

本原则，即人们直接生活的物质生产与再生产是全部社会存在和发展的基础，剥削关系与商品生产都是人类社会物质生产发展到一定阶段的历史产物。首先，如果剥削是无偿地占有剩余产品，那剥削现象发生的前提就一定是有多余的剩余产品被生产出来，即便是外族入侵导致的奴役，也会因为粮食不足而产生杀戮。非制度性的奴役并不等于剥削性的生产关系，并且，奴隶制与封建专制中已经存在的剥削也并不一定就与商品交换直接相关，而更多地与血缘关系和宗法结构相连接。其次，索恩-雷特尔根本不能理解发生在原始共同体中的直接劳动产品的物物交换并不一定就是商品交换，商品交换的前提是商品生产，也就是生产**目的**由直接消费转变为交换(剩余价值)。并且，简单商品生产是与奴隶制和封建专制的直接盘剥长期共存的。马克思的主要思考点是资本主义生产方式中出现的表面上没有强迫性奴役和直接盘剥、形式上公平交换而背后对剩余价值的无偿占有和剥削的秘密。索恩-雷特尔将这样一种复杂的历史过程变成商品交换与剥削关系谁先谁后的简单关系的争论，这是极其无聊的。所以，我们可以跳过他这种没有真实历史根据的大量讨论。

在索恩-雷特尔看来，商品交换是剥削的反思形式，并且，剥削是商品物化的起源。我已经说过，这种观点是错误的，这让人想起青年马克思在《1844 年经济学哲学手稿》中那个私有制是异化的起源的非科学的早期看法。

> 物化(Verdinglichung)的历史起源是剥削。劳动产品不是作为商品，而是作为直接的、单方面居有(einseitiger Aneignung)的对

象，才是原始的物（Ding）。历史上首次同一地存在的物——这个例子基本上得到理解了——指的是贮藏于法老国库之中的埃及臣民的产品。居有对象（Aneignungsobjekt）的物性的同一性不是这样的：被占有的、由被剥削者所生产的产品，同时就是由剥削者所消费的使用客体。它作为物，通过居有，被同一地从生产者让渡到消费者那里。①

索恩-雷特尔这里的新观点是强化了马克思文本中那不被人细心区分和关注的 Aneignung（居有）概念。如前所述，日本的望月清司将 Aneign-ung 日译为**领有**，这显然是不准确的。不同于直接的**占有**（Besitz）和财产归属权的**所有**（Eigentum），这个 Aneignung 是指将别人的东西侵占为己有，在索恩-雷特尔这里的具体构境层中，它实际的意思就是**剥削**。前面我已经说明过，在马克思的文本中，Aneignung 一词并非只是贬义的剥削性占有，而也是中性的指认。所以，居有社会也是剥削社会。后面我们会看到，索恩-雷特尔将居有社会看成是与无阶级的生产社会不同的剥削社会。依索恩-雷特尔此处的构境，开始出现的剥削是单方面的居有，即专制社会中贵族王孙对奴隶的直接掠取，但有意思的是，索恩-雷特尔将这种发生在专制体制下的直接强权也指认为**物化**，这就将原先已经发生的对马克思物化概念的误认进一步无边界地扩大了。索恩-雷特尔说："物化（Verdinglichung）是人的生产权与消费权之间同一

---

① ［德］索恩-雷特尔：《脑力劳动与体力劳动——西方历史的认识论》，155页，南京，南京大学出版社，2015。

性分裂的结果，这种分裂是由于剥削而发生的。"①原先在原始共同体中由"氏族的分配实践来执行"生产与消费的同一性，现在却由"剥削的居有实践来实现"，这就是物化的最初形式。这样，"**同一性的关系是剥削的居有联系**(*Die Relationen der Identität sind die Aneignungsrelationen der Ausbeutung*)"②。能看得出来，索恩-雷特尔一根筋式地纠缠于生产与消费的分离问题，由此将物化概念引入一种低等级学术幻想中的理论争执。

> 剥削的居有关系是剥削的消费者与被剥削的生产者之间阶级性的社会化关系。由于剥削的居有关系只是同一性的关系，因为它们是生产与消费这对分裂的属人的两极之间的物性联结关系(dingli-che Verbindung)，这意味着，**同一性的联系是剥削阶级的先天的社会性联结关系**(*priori Relationen der gesellschaftlichen Verbind-ung*)，这种联结遵守着生活所必需的生产与消费的关联之规律。③

显然，这里的同一性和物性联结概念都是索恩-雷特尔前面特设规定过的商品交换中发生的"定在"，现在，它们都以看起来**先天的**剥削关系出现了。这是一个政治学的定性。他认为，在这种先天联系中，先前

---

① [德]索恩-雷特尔：《脑力劳动与体力劳动——西方历史的认识论》，156 页，南京，南京大学出版社，2015。

② 同上书，156 页。

③ 同上书，156—157 页。中译文有改动。参见 Alfred Sohn-Rethel, *Geistige und körperliche Arbeit：zur Epistemologie der abendländischen Geschichte*，VCH, Acta Humaniora，1989，S. 197-198。

原始共同体中的直接实践关联转变为"一种人所陌生的、外在于人的、作为'第二自然'（Zweite Natur）统治着人的定在的因果性（Kausalität），即价值规律的因果性"①。请注意，这个**第二自然**的概念显然来自于阿多诺。最早，是黑格尔将主体有意识的劳动结果（市民社会的社会存在），指认为观念更高级物化形式的"第二自然，以区别于原生的完全物性化的第一自然。而阿多诺在青年卢卡奇和本雅明的启发下，指认出在现实的资本主义社会生活中，发生的总体客观事实仍然是社会冷酷无情地把人当作客体（Objekten），并把他们的状况（Zustand）转化为'第二自然'（zweiten Natur）"②。这是索恩-雷特尔此处"第二自然"观念的直接背景。应该指出，这里索恩-雷特尔使用的**因果性**概念本身就是否定性的，在他的构境中，因果性通常存在于无人的外部自然界，而剥削关系中发生的商品经济中的价值规律则像自然界中盲目发生作用的因果关系，因而造成了社会生活中发生的"第二自然"现象。这个作为悖论出现的"第二自然"现象，显然也是历史认识论的重要问题域，它是传统认识论无法进入的构境层。

索恩-雷特尔进一步界定道："如果将有劳动分工的血缘群体中人们的无剥削的关联称作'自然生成的'社会（'naturwüchsige'Gesellschaft），那么，从剥削中产生的、按阶级方式交织在一起的联系就叫做'综合的'

---

① ［德］索恩-雷特尔：《脑力劳动与体力劳动——西方历史的认识论》，157页，南京，南京大学出版社，2015。

② Theodor W. Adorno, *Soziologie und empirische Forschung*, Gesammelte Schriften, Band 8, Suhrkamp Verlag Frankfurt am Main, 2003, Zur Neuausgabe, S. 202.

社会（'synthetischen'Gesellschaft)。"①这个所谓综合社会，之前我们已经遇到过。不过在这里，索恩-雷特尔对综合社会又进行了阶级质性重构。同时，索恩-雷特尔将这个"综合"类比为合成橡胶，一种与"自然的"材质具有相同物质特性的人造材质。然而，这个人造物却是与天然的"第一自然"不同的"第二自然"。这是一个很复杂的构境迷雾。自然是非人为的物质存在，有如天然橡胶，第二自然是人造的综合物，但这个**综合却不是人为构序和塑形**的。这个综合是康德构境中的背反概念，这又是历史认识论才能破解的悖论性社会现象。索恩-雷特尔认为，

> 物性的(dingliche)社会化在如下方面类似于化学上的综合：不同于"尚未脱离自然物种关联之脐带"的原始共同体，它完完全全是人的作品(Menschenwerk)。它纯粹是剥削的结果，即人类行为的结果，这种行为不像劳动和消耗那样涉及物理的生命必然性，而是涉及一种人与人之间的关系，即便考虑到人的劳动和消耗也是如此。②

这就是说，指认这种社会综合为"第二自然"的原因是商品交换活动虽然是人的作品，是人的行为的结果，但却"作为盲目自然因果性（blinde

① ［德］索恩-雷特尔：《脑力劳动与体力劳动——西方历史的认识论》，158—159页，南京，南京大学出版社，2015。
② 同上书，159页。

Naturkausalität)的生产和消费掌握了其人的存在(Menschsein)"①。因此，这种人所造就的社会综合恰恰是在个人之外无意识发生的，是无计划的、**盲目的**(blind)因果性。这里，索恩-雷特尔无意间挪用了康德的先天综合的概念，他试图揭露现实社会存在中的先验性综合，以造成康德唯心主义认识论的破境。

> 人的阶级性的定在关联则是由剥削者无计划、无意识地引发的(ungewollt und unbewußt geschieht)。因而，真正的人类事物(Menschliche)，它是自行构形的(sich ausformt)，恰恰是人所不能控制的(unbeherrschbar)，是人的异化了的存在。剥削者所计划的，按计划来进行的(在最初的时候，即在直接的统治关系和奴役关系中)，是居有异己的产品(fremden Produkts)；但是，这所导致的结果，即遵守一种经济的自然因果性(Gesetzen einer ökonomischen Naturkausalität)规律的物化与社会化，绝对是其行为无意中造成的后果。②

异化的存在与"异己的产品"一类非科学的概念又出现了，索恩-雷特尔也来不及讨论异化与物化、自行构形与自然因果性的关系，不过，他看到了直接剥削关系中，人们有计划地行事，而在物化的商品交换中，同样是人的行为构成的"第二自然"中的构序却是无计划的"自行构

---

① ［德］索恩-雷特尔：《脑力劳动与体力劳动——西方历史的认识论》，159页，南京，南京大学出版社，2015。

② 同上书，159页。

形"，或者叫**行为无意**中造成的后果的经济的自然因果性。虽然，索恩-
雷特尔关于剥削与商品交换关系的认识是错误的，但他对商品交换之下
的社会综合的**盲目性**研究确实还是有意义的。他深刻地扩展了马克思在
对资本主义生产方式中出现的经济生产的盲目状态的批判，这种批判与
马克思从《德意志意识形态》一书开始的关于**物役性**和**似自然性**的研究直
接相关，只是这种思考显得有些零乱和无章法而已。关于马克思的物役
性和似自然性概念的研究可参见我在《马克思历史辩证法的主体向度》一
书中的相关讨论。①

四、综合的知识先天论与现实物化同一性的综合

到了这里，索恩-雷特尔终于想起来，自己的主要讨论对象并非马
克思经济学研究或者一般的社会批判理论，而是要为康德的先天统合判
断的破境提供一个历史唯物主义的新答案，即要说明唯心主义的认识论
的现实基础。用他前面说过的观点来表达，就是"对于我们这个主题来
说，核心点是如下论断：**同一性**是商品的历史地规定了的形式特征，是
人的一种社会联结形式。如果这一论断得到证明，认识先天论（Aprior-
ismus der Erkenntnis）便被驱赶出局了"②。或者说，"对于理性的认识

---

① 参见张一兵：《马克思历史辩证法的主体向度》，第三章，武汉，武汉大学出版
社，2010。

② ［德］索恩-雷特尔：《脑力劳动与体力劳动——西方历史的认识论》，138 页，南
京，南京大学出版社，2015。

方式①及其逻辑构成来说，商品同一性是决定性的同一性形式"②。这是一个康德唯心主义认识论破境的大前提，现在索恩-雷特尔需要做的事情则是具体地完成对这一论断的证明。

索恩-雷特尔提出，他对康德式的先天知识论的研究是为了"能够解释由主体自律所承担的这种现象，解释自然科学的实验方法，解释一种先验综合的唯心主义基础"，这三个破境的逻辑是层层递进的，其核心是先验**综合**的发生。因为在他看来，人的认识中"如果要说有'综合'，那么只有一种实际可证实的综合，它只能是出于人类的创造，是使得所有概念知识和科学成为可能的综合，——它就是人通过剥削而进行的阶级性的社会化"③。显然，这还是那个将康德的主观认识构架归基到现实社会存在中来的破境路径，也是历史认识论的理论构式前提。经过上述的讨论，说康德的先天观念构架的基础是社会历史现实中发生的综合，现在我们已经能够理解，可是为什么综合一定与**剥削性的社会化**相关联呢？这里是不是有什么新的构境层面呢？我们再看他的分析。

索恩-雷特尔认为，观念性先天知识的综合之基础是一种"同一性关系的联结（Verbindung nach Realtionen der Identität）"，依我的判断，这里的同一性即观念逻辑的总体化机制，如果还原到康德的先天综合去，则是指先验构架对经验现象的自动化座架，从时空定点刻度到概念—范

---

① 这里所谓的"理性的认识方式"，是指脑力劳动的一部分，它只出现在货币占有者那里，并且与手工劳动相互割裂，不可弥合。——索恩-雷特尔在1970年专门加入的注释

② ［德］索恩-雷特尔：《脑力劳动与体力劳动——西方历史的认识论》，139页，南京，南京大学出版社，2015。

③ 同上书，160页。

式的系统统摄入序。在索恩-雷特尔这里的历史认识论构境平台上，这种观念逻辑构架中发生的同一性机制只能来源于现实中**物化的存在**。这里的物化之特殊的构境意义，我们前面已经进行了专门的讨论：那种脱离了生产和消费现场的非物的物性存在。请一定记住这一点。

在历史上，作为定在与物的形式特征的同一性最初是从剥削关系中产生出来的。所有理论知识无论从**逻辑的意义上还是从发生的意义上都要回溯到建构性的综合**（*konstitutive Synthesis*），这种综合是**由剥削造成的物化和物性的社会化**（*Verdinglichung und dingliche Vergesellschaftung*）。在对这一原理的证明中，对唯心主义的批判性清算可以总结为对二律背反的清算，在这个二律背反中人自身的理性与物化的拜物教（Fetischismus der Verdinglichung）纠缠在一起。①

这是一种很笃定的说法。索恩-雷特尔总是那么自信。在他看来，有史以来所有理论知识的本质都是**建构性的综合**，这似乎是说从早期爱利亚学派的从"多"到一的本质存在论、柏拉图的理念论，到经验论中的归纳综合说，再到康德—黑格尔的先验图式和逻辑本质优先，理论的本质都是本质对现象的抽象统摄和综合。这个说法基本成立。然而，索恩-雷特尔想进一步破境的是，一切知识和观念综合看起来独立发生和

____

① ［德］索恩-雷特尔：《脑力劳动与体力劳动——西方历史的认识论》，160 页，南京，南京大学出版社，2015。

逻辑自洽运转，无例外地都是作为**定在和物的形式特征**的同一性，这种同一性只能从由剥削造成的物化和同一性的无意识社会化中才能建构起来。仔细去想，索恩-雷特尔试图说明的观点似乎是逻各斯存在的本质是**物化同一性**的思维形式，就理性逻各斯（"一"）盘剥感性现象（"多"）的暴力性强制来看，这至少可以挖掘出一种新的历史认识论的可能性思考空间。并且，更深刻的历史认识论的构境层是，索恩-雷特尔意识到，人跪倒在自己的创造物面前（人自身的理性逻各斯与经济物化的拜物教）正是康德命题中二律背反的现实矛盾基础。本雅明在这一段文字的大部分旁边都重重加上了双线，以表示需要关注。我还是得提醒一句，对于现代性意义上的经济拜物教与先天观念综合的链接，这无疑是深刻的透视，但将这种特定的同构关系投射到整个"剥削社会"的历史发展全程中去，仍然是需要沉思的。

当然，索恩-雷特尔也想避免一种简单化的做法，他说："在发生学上将一种思维方式解释为出于社会存在的，并以此剥夺其有效性价值，将真理概念说成是阶级统治的多余的偶像，这是一种庸俗唯物主义（Vulgärmaterialismus）的错误。"①这也就是说，索恩-雷特尔还是承认知识构架自身相对独立的**能动性**和**功效性**的，他的观点并不是针对思维的"有效性特征"与理性的真理概念，而只针对这二者的拜物教化，即只反对将二者变成永恒的有效性和绝对真理的"独断化"和庸俗化。所以，

---

① ［德］索恩-雷特尔：《脑力劳动与体力劳动——西方历史的认识论》，160页，南京，南京大学出版社，2015。

思维的合理立场，既不是将有效性绝对化以反对起源，也不是将起源绝对化以反对有效性，而是克服它们的二律背反。这种克服发生在这样一种方法论立场中，由此立场出发，理性思维被解释为**必然受到社会限制的**思维，以至于其社会条件被证明为**其有效性的根据**。因为这样一来，起源就被证明为有效性的尺度，思维的全部有效性和真理被证明为历史地有限的。①

对此，本雅明的评论是："如果这一立场是正确的，那是很伟大的。"②我能觉得，本雅明对索恩-雷特尔的这些观点，不像阿多诺那般受触动，而只是一种旁观的评论。通常，这种评论是无关痛痒和不入境的。索恩-雷特尔这里受到本雅明肯定的观点，是要解决康德命题中的二律背反问题。如果真的可以为其提供一个基于历史唯物主义的正确解决办法，这当然会是一个了不起的贡献。

索恩-雷特尔认为，先天知识论中的综合概念是由康德提出来的，后者"为的是探明知识何以成为有效的知识，当然，出于唯心主义的意图，他是为了将形成知识的综合说成是内在于精神的先天综合，或者换个说法，证明其按照单纯概念(不是作为时空问题)的可演绎性"③。在这一点上，康德与黑格尔是接近的，他们的共同特征都是将先天综合看作"'知识'的自我分析"，这当然是唯心主义的做法。而高举历史唯物主

---

① ［德］索恩-雷特尔：《脑力劳动与体力劳动——西方历史的认识论》，160—161页，南京，南京大学出版社，2015。

② 同上书，161页。

③ 同上书，161页。

义旗帜的索恩-雷特尔，则要将综合概念的发生和逻辑重新归基为现实社会的物化结构的分析，这是我们已经十分熟悉的索恩-雷特尔的历史认识论破境策略。为此，他还明确了这种破境的具体任务：

> 对物化的分析重新发现了如下任务：阐明知识的历史起源，阐明知识的批判性尺度。因为，只有当物化自身被回溯到它历史的、属人的和实践的（geschichtliche，menschliche und praktische）根源时，它才可以被理解为有效知识的历史起源根据。知识形式（Erkenntnisformen）在起源方面的不可解释性意味着没有充分地穿透物化。知识的先天假象总是与被物化的存在的事实假象相应的。先天唯心主义只有与庸俗唯物主义一道才能被清算，反之亦然。①

索恩-雷特尔认为，给予康德命题一个历史唯物主义的答案，关键在于以现实中发生的物化关系透视原先被假定为**独立自存的**认识构架的真实历史起源，以及这种认识构架的有效运转机制与物化实践功能的关联。在他看来，庸俗唯物主义至多只能看到一般认识论的现实基础，但它并不能真正透视康德—黑格尔那种复杂的先天认知构架"事实假象"背后的物化本质，特别是不能理解历史认识论构境中的"物化出自剥削这一根源"。

---

① ［德］索恩-雷特尔：《脑力劳动与体力劳动——西方历史的认识论》，161 页，南京，南京大学出版社，2015。

在这根源中，同一性、物的形式和定在（Identität，Dingform und Dasein）有其历史的、属人的和实践的起源。同时，它们是这一起源的否定形式：同一性是对物化的实践起源（praktische Ursprung）的否定，物性是对物化的属人起源（menschliche Ursprung）的否定，定在是对物化的历史起源（geschichtliche Ursprung）的否定。(!)①

我们已经了解索恩-雷特尔特设的这种全新的物化批判理论构境，在他看来，认知构架的历史起源之所以被遮蔽起来，首先是物化的同一性、物的形式和定在这些东西都不是传统认识论中直观可见的现象，而是历史认识论更深构境层中非直观的商品交换所生成的社会综合和隐性先验机制。其次，也因为它们的连环自我否定，它们发生制约作用的历史起源则被多重遮蔽起来，尤其是"在对它们起源的这种否定特征中，它们是人们——他们处于从事剥削的消费者与被剥削的生产者的关系之中——的阶级性的社会化联结形式"被悄悄地隐匿起来。在这段文字的旁边，本雅明打下了一个感叹号，以表示吃惊。我注意到，阿多诺对索恩-雷特尔的这一观点也表示了肯定。他说："一切活动的最高抽象——先验的功能——不应具有先于实际起源的优先地位。"②可正是这些被多重迷雾遮蔽起来的"联结形式（Verbindungsformen）或通过其物化的中介，阶级性的社会化拥有了综合的形式特征"。这也就是说，社会综合

---

① ［德］索恩-雷特尔：《脑力劳动与体力劳动——西方历史的认识论》，161页，南京，南京大学出版社，2015。
② ［德］阿多尔诺：《否定的辩证法》，199页，重庆，重庆出版社，1993。

本身是不可见的，它也造成了观念综合起源的彻底遮蔽。所以，从更深一层看，"据此，对理性知识的历史起源的解释面对这样一个问题：社会化综合在逻辑上的反思，或者说主体性的产生是如何发生的"①。答案是，主体性和先天观念综合则会更深地遮蔽自己的历史起源以及它们与现实物化结构的同构性。所以，主体性本身的历史形成必然会成为索恩-雷特尔下一个急需解决的问题。

---

① ［德］索恩-雷特尔：《脑力劳动与体力劳动——西方历史的认识论》，161—162页，南京，南京大学出版社，2015。

第四章 | 货币与理性主体的历史形成

　　到这里，1937 年索恩-雷特尔的思想构境中逐渐萌生了一个新的逻辑设想：如果先天认知构架的基础是剥削性的商品社会综合形式，那么，思维的主体与这种社会形式又会发生怎样的关联呢？他的推断是大胆的：主体的确立是与货币的历史发生一致的，理论主体的产生是经由货币的同一性所塑形的。显然，这种推断已经内含了一个非历史的逻辑僭越，它使得索恩-雷特尔的批判性破境增添了更多的非科学因素。下面，我们来看他的具体观点。

一、货币是财富居有的剥削工具吗

索恩-雷特尔说，我们通常所说的主体性概念是在认识主体的意义上确立的，按照笛卡尔的定义"我思故我在"，这个能思的主体（"我"）即是**理论主体**（*theoretisches Subjekt*）。在笛卡尔和所有唯心主义哲学家那里，这种作为哲学认识论前提的能思的理论主体是先天存在的，没有人会想到应该追问理论主体本身的历史发生。对此，索恩-雷特尔反讽地解释说，

> 认识主体观念的前提是这样一种自我反思，在这种反思中，个体将"自身"理解为思维着的本质（denkendes Wesen），是与其肉体以及在时空中的所有质料性的东西（Stofflichen）分离开来的，是独立于物理—空间的变化、独立于其身体和其他事物的变化的，是与自身同一的东西。①

主体不是肉身，而是正在思维着的一种**不可见的本质性存在**，"我思故我在"，它以一种特殊的思的自我同一区别于具体时空中实物意义上的其他一切存在。能看出来，索恩-雷特尔这是在复述笛卡尔—康德式的唯心主义主体概念。当然，与上述的破境策略一致，他同样想要给主体理论一种历史唯物主义的回答：

---

① ［德］索恩-雷特尔：《脑力劳动与体力劳动——西方历史的认识论》，162 页，南京，南京大学出版社，2015，引文略有改动。

先对我们的主体性做一个解释，需要注意的是，这与货币材质（Geldmaterial）的货币功能在经济上的可替换性（ökonomischen Ablösbarkeit）相关。从术语学上说，这种被当作思维着的存在物而与肉体相分离的"我"被命名为"理论主体"。我们关于其历史起源的解释是，理论主体是从人借助货币而进行的同一化中产生出来的。理论主体是货币的占有者（Geldbesitzer）。[①]

把"我"命名为特设的理论主体，这可以接受，但指认理论主体就是货币占有者，这真的很奇怪。索恩-雷特尔的推论很有意思，思的主体为不同于可见物质肉身的同一性本质存在，这种不可见的同一性并非天生或神授，只能来源于商品交换中发生的超出货币物质载体的可替换性——**经济功能同一性**存在。他的推断是，如果思之主体是一种在物性实体意义上不可见的存在，那它正好与不可见的商品交换的他性存在一致，即作为同一性、物化之物和定在的货币相一致。我觉得，这是索恩-雷特尔硬将主体性往货币身上拉，这是否是一种过于简单化的做法？我们来看索恩-雷特尔的说明。

索恩-雷特尔让我们一同回到马克思关于货币问题的研究构境域，他说，货币是一般商品，这个"一般"即是将不同物品在商品交换中统合起来的同一性。抽象地说，这是对的。准确地说，货币是商品劳动价值交换的一般等价物。可是，索恩-雷特尔认为，这个同一性最早是在"直

---

① ［德］索恩-雷特尔：《脑力劳动与体力劳动——西方历史的认识论》，162 页，南京，南京大学出版社，2015。

接剥削关系(也就是说，通过单方面居有而实现的直接的统治与从属关系)中被居有的产品"中发生，通俗些说，即是在奴隶制和封建专制的直接盘剥中进行的同一性关系。其实，这里出现的两种同一性的性质是完全不一样的。前者是专制式的外部强制，而后者则是资产阶级法权**形式上平等**的交换同一性。索恩-雷特尔并没有意识到后者的重要性，倒是阿多诺在 1965 年与索恩-雷特尔的谈话中说道："平等最初是所有个人在货币面前的平等。货币使得物(Dinge)与人之间质的、人格性的差别消失了。由此，所有参与到市场中的个体都有兴趣看到，社会不是按照传统的原则，而是按照商品生产的需求组织起来的。——交换抽象包含着不是范畴的要素。交换的相互性隐含着个人之间的形式平等。平等的政治观念是政治相互性的理念。人们之间的相互性与交换中对象的相互性是相应的。对象的相互性，即相互之间的可替代性，是自然规律的基础形式，它必须将具体的使用价值从自身中清除出去。"[①]在这一点上，阿多诺的告诫是极为深刻和准确的。然而，索恩-雷特尔看起来并不能理解阿多诺这些评论的真实用意。

索恩-雷特尔说，"同一性形式独立为货币，是在对原初剥削关系(Ausbeutungsverhältnisses)的更多反思的阶段上发展起来的"，当然，这是在最初的商品交换中发生的。这里的"反思阶段"显然是黑格尔式的唯心主义观念残余。

---

① [德]阿多诺：《阿多诺与索恩-雷特尔谈话笔记》，转引自[德]索恩-雷特尔：《脑力劳动与体力劳动——西方历史的认识论》，177—178 页，南京，南京大学出版社，2015。

　　　　与最初的商品交换同时发生的是，受剥削的生产者第一次从其
原初所从属的生产集体构序(Kollektivordnung der Produktion)的不
可分的整体中摆脱出来，也就是奴隶作为这一构序中的人的组成部
分摆脱出来，这一部分是与构序中的事物性的(sachlich)、非人的
(nicht-menschlichen)、可分别占有的要素相对立的。[1]

他的意思是说，在原来的专制社会直接暴力的同一性("集体构序")中，
奴隶不是作为人出现的，只是会说话的事物性的工具，而在最初的商品
交换中，奴隶已经是区别于一般物品的交换对象。这是对的。索恩-雷
特尔具体指认道，"在埃及和古代东方的国家贸易阶段，奴隶已经变成
不同于物态商品(后者是已贮藏起来的、受剥削的生产者的产品)的交换
客体"[2]。这里的"国家贸易阶段"，实在难以明确其具体所指。

　　要命的是，索恩-雷特尔在不加任何说明的情况下，突然将自己的
这种无历史根据的推论再拉扯到马克思关于货币问题的具体讨论之中。
他说，按照马克思的说法，"货币是作为居有客体(Aneignungsobjekts)
的物的同一性和价值有效性的具体化"。这一句话显然是错的，因为假
如索恩-雷特尔的居有的本质就是侵占，这就并非马克思的原意。这句
话也许在**简单**商品生产中是可以成立的，但是在资本主义生产方式中的

----

　　① ［德］索恩-雷特尔：《脑力劳动与体力劳动——西方历史的认识论》，163 页，南
京，南京大学出版社，2015。中译文有改动。参见 Alfred Sohn-Rethel, *Geistige und
körperliche Arbeit：zur Epistemologie der abendländischen Geschichte*，VCH，Acta Hu-
maniora，1989，S. 206。
　　② ［德］索恩-雷特尔：《脑力劳动与体力劳动——西方历史的认识论》，163 页，南
京，南京大学出版社，2015。

货币流通领域，恰恰不存在传统意义上的**直接侵占**。我发现，索恩-雷特尔经常是不加分辨地将完全不同的历史时段绞在一起，所以他会无法细致而科学地区分那些看起来相似的社会现象。不断的逻辑跳跃，时常会使索恩-雷特尔的学术构境显现出一种可笑的构境层之间的非法僭越，但他自己却浑然不知。索恩-雷特尔又说："劳动——货币是其价值的对象化——是被剥削的劳动者的劳动。价值抽象将商品抽象为一般化的、适用于所有商品的同一的等价形式。"①这是索恩-雷特尔第一次触碰到价值**抽象**问题，以后由此会生长出一个重要的理论判断，但这里他并没有意识到其中全新的构境可能。显然，索恩-雷特尔并不能科学地认识到，马克思这里的讨论已经在专指**资本主义**商品生产中的货币本质。资本主义商品生产中作为劳动价值一般等价物的货币完全异质于前资本主义生产计划中简单商品生产和交换中的货币。索恩-雷特尔这种理论混乱必然让他胡想出一堆糊涂观念。于是他开始大讲什么"被剥削的劳动者的抽象化，即将它等同于抽象的人类身体"，这种抽象的劳动者本身被认为是可与其他任何被剥削的劳动者相交换的。

当然，这里索恩-雷特尔还是想要引出与理论主体性的问题关联更加密切的货币属性，即"在货币的形态中，源自居有的物的形式（Ding-form）本身成功地成了实存的形式（Existenzform）、中介的手段"②。这里的居有即是剥削，"物的形式"要在索恩-雷特尔的特殊构境层中读作不是物的物化形式。

---

① ［德］索恩-雷特尔：《脑力劳动与体力劳动——西方历史的认识论》，164 页，南京，南京大学出版社，2015。

② 同上书，164 页。

作为货币，金或者其他的货币材质无非只有一个目的：为其占有者购买、获取商品。在货币中，剥削者的居有行为获得了功能性特征（Funktionscharakter）。在发生学的意义上，我们将**功能**定义为剥削者物化了的居有行为。对其内容的定义则依赖于居有的诸反思阶段（是货币功能、因果功能还是数学功能，等等），但是最终，对内容的定义必须始终被规定为关系的转化，在这关系中，剥削者的居有行为处于原初剥削关系的状态，它一边是被剥削者的生产，另一边则是剥削者的消费。①

我们能体会到索恩-雷特尔的良苦用心，他将一切理论思考都与反对剥削和压迫关系联系起来，这是一种值得肯定的政治理论立场，可是，好的目的并不等于科学的方法和正确的认识结果。以我的看法，把货币直接与剥削关系简单联系在一起，并不是马克思在《资本论》中的主要理论任务。从《1857—1858年经济学手稿》开始，马克思总是历史地将前资本主义生产方式中发生的经济活动与资本主义商品生产区别开来，在一定的意义上，他正是要揭露出资本主义生产方式中那种超越了专制制度的外部压迫和剥削，资本主义生产方式中的商品、货币与资本关系恰恰是建立在表面没有剥削（侵占式"居有"）的基础之上的。资本家对工人劳动剩余价值的无偿占有，并不发生在形式上平等的可见交换的

---

① ［德］索恩-雷特尔：《脑力劳动与体力劳动——西方历史的认识论》，164页，南京，南京大学出版社，2015。

流通领域，而发生在生产过程之中。所以，在这双重历史情境中，货币本身都不是直接的剥削和居有，而是剥削阶段过渡到剥削目的的手段。在此，索恩-雷特尔却大谈什么货币功能是剥削者的物化居有行为，这种功能实现了关系转化，这种关系的两端分别是被剥削者的生产和剥削者的消费。这显然是过于简单的逻辑设定。并且，这些讨论离他想走进的理论主体的分析并非越来越近，而是相反。由此看来，索恩-雷特尔的以下结论同样也是可疑的：

> 货币是"一般商品"，因为它是所有商品的在社会上有效的居有中介（gültige Aneignungsmittel）。货币与其所购买的某一件商品之比，等于直接的剥削关系中居有者的行为与居有客体之比。在剥削财富形式双重化（Formverdoppelung）为商品形式和货币形式的过程中，剥削关系的两极性（Polarität）被物化（verdinglicht）为商品之间的相互关系，其方式是：商品中的一员，即黄金，变成价值的唯一代表；这价值是被剥削的生产者的所有产品中所包含的，然而它只能由居有行为来实现，通过居有行为，剥削者获取了该价值。①

为了强化自己的政治态度，索恩-雷特尔干脆将货币直接指认为"所有商品的在社会上有效的居有中介"，通俗地说，居有是剥削，货币即是剥削的实现，剥削者通过货币占有被剥削者的劳动产品。我以为，这

---

① ［德］索恩-雷特尔：《脑力劳动与体力劳动——西方历史的认识论》，165 页，南京，南京大学出版社，2015。

是方向性构境错误，货币在索恩-雷特尔所说的古典时期实际上只起着辅助的作用，因为在资本主义之前的专制制度下，劳动者都是奴隶关系和封建宗法下的附属，强制性的剥削和压迫直接发生，根本用不着通过货币的中介。而在资本主义生产方式中，流通领域也并不存在表面上的剥削，剩余价值的无偿占有恰恰发生在看似平等的资本家与劳动者的雇佣关系之后的生产领域。在《1857—1858 年经济学手稿》中，马克思专门批判了李嘉图式的英国社会主义者格雷、布雷、汤普逊和霍吉斯金等人，以及法国的蒲鲁东及其追随者，他们试图提出所谓"劳动货币"理论，以消除资产阶级在流通领域进行的"侵占"，可是马克思却科学地说明，资本主义生产方式中的侵占(剩余价值)根本不存在于货币关系中，恰恰发生在生产过程之中。① 索恩-雷特尔在这里对货币的认识基本上是不靠谱的，与马克思在经济学上的伟大发现——剩余价值理论相比，明显处于一种向非科学倒退的状态中。

二、理论主体＝占有货币的剥削者

接下去，索恩-雷特尔终于想起这里的主要工作是要进一步证明货币与理论主体的必然关联，他指认的途径是通过说明货币的有效同一性功能来确认其与理论主体的同构性。在他看来，

———————

① 参见张一兵：《回到马克思——经济学语境中的哲学话语》，第九章第一节，南京，江苏人民出版社，2014。

> 货币是居有的辩证反思形式（dialektische Reflexionsform），是抽象的一般性意义上的物性功能载体（dinglicher Funktionsträger）。对货币来说，我们不能看出，它作为居有手段是服务于谁的，是什么东西借助于它而被居有了。正如货币能购买所有商品那样，它能够在所有人中间易手，而且这恰恰证实了它的同一性（Identität）。所有商品都可以交换为货币，而所有货币的占有者都是可变换的。①

"货币是居有的辩证反思形式"这种表述，是典型的黑格尔式的话语。货币不是观念主体，所以它不可能"辩证反思"，其实，索恩-雷特尔是想指认货币不是简单剥削关系，而是通过不可见的物性功能实现的剥削关系。当索恩-雷特尔说货币是"居有的手段"时，他是正确的，但这里，索恩-雷特尔特别想引出的观点是货币在商品交换中生成的一种同一性——**可交换性**。可是，他的推论却是向着一个特定的理论逻辑构境意向行进的：

> 由于货币占有者与其货币的功能相同一，从而成功地与所有其他可能的货币占有者相同一。货币占有者同一化为货币的物化的、功能化的居有行为的简单的、共同的和一般的主体，这一同一化关涉到在所有通货和所有人的货币中的货币功能的同一性，并且只要

---

① ［德］索恩-雷特尔：《脑力劳动与体力劳动——西方历史的认识论》，166 页，南京，南京大学出版社，2015。

作为货币的黄金的有效性与一般的货币功能的同一的统一性结合在一起，它便也涉及货币。①

当索恩-雷特尔非历史地面对货币时，他就会产生种种幻觉。其实，在不同的历史时期，货币占有者是根本不同的，货币发生作用的机制也是异质的，他没有意识到，在资本主义商品经济发展起来之后，货币所发动的伟大政治解放的历史作用恰恰是夷平封建等级，因此，索恩-雷特尔此处所指认的由货币同一性生成的**一般主体**是根本不成立的。在货币的流通中，**货币在谁的手中都是一样的**，不分三六九等。在货币的天平上，平等甚至在物质上也表现出来了，因为在交换中，商品的自然差别弥合了，货币拥有者的差别也消失了。对卖者来说，一个用十元钱买东西的工人与一个用十元钱买东西的王子，"两者职能相同，地位平等。他们之间的一切差别都消失了"②。正是货币，夷平了封建性的等级差别。这是资产阶级**政治解放**的根本依据。马克思在历史唯物主义的方法指导下对资本主义生产方式的历史分析，是进一步透过资产阶级已经达到的形式上的平等背后的不可见的剩余价值剥削。可哲学家索恩-雷特尔并不管这些马克思已有的重要经济学成果，他仍然十分固执地让我们关注货币中那个所谓非物质性的同一功能：

　　在所有主体的单一形式的、一般的主体性中的同一性中，涉及

---

① ［德］索恩-雷特尔：《脑力劳动与体力劳动——西方历史的认识论》，166 页，南京，南京大学出版社，2015。
② 《马克思恩格斯全集》第 46 卷上，198—199 页，北京，人民出版社，1979。

的是货币功能的**单纯有效性**(*bloße Geltung*)，这种有效性不是黄金的特性，而是作为货币的黄金(或一张纸片)的**功能性**特性，因而是某种完全非物质的东西(etwas ganz Immaterielles)。[①]

在这里，索恩-雷特尔提出了两个站不住脚的理论推论：第一个推论是货币占有者将同质于货币本身的那种同一性功能，即从物性质料中超拔出来的可替换性的非物质的同一功能，这种功能将使货币占有者成为**主体**。做一个必要的补充：这个非物质的同一性是指前述已经讨论过的观点，即在商品交换中，商品可见的物理属性(使用价值)没有改变，而在另一种他性时空中却出现了非物质性的有效(价值)统一。需要说明的是，括号内的特设规定是我帮他加上的。"货币占有者在(同一性的)单一形式的、一般的货币功能方面被识别为有效性的非物质主体。"依他所见，如果"我思故我在"，主体是一种非物质的观念存在，那么这种非物质性存在(主体)恰恰是从货币的非物质有效同一性产生的，在这一点上，谁占有了货币，谁就居有了这种非物质有效同一，谁就成为主体。其实，这也是不准确的，按照马克思1845年《关于费尔巴哈的提纲》的观点，主体首先是实践的物质活动，非物质的观念主体不过是这种历史性物质活动的主观投射而已。货币在商品交换中的功能只是实践活动中极为细小的一个功能层面。把主体性的确立硬嵌入货币功能，这显然是非历史、非科学的做法，也必然是历史

[①] ［德］索恩-雷特尔：《脑力劳动与体力劳动——西方历史的认识论》，166页，南京，南京大学出版社，2015。

认识论构境中走不通的逻辑死胡同。与此相对应，索恩-雷特尔还认为："商品的材质及其等价物，即黄金，是肉体劳动者的劳动的'化身'，是奴隶的肉体性，这种肉体性通过劳动而转移到商品之上，并在商品中被物化了。"① 由此，被剥削的劳动者是客体，而货币占有者则是主体。这真是一个让人笑不出来的学术笑话。由此，我已经开始同情和倒向贬斥索恩-雷特尔的霍克海默了。

索恩-雷特尔第二个推论似乎同样是无法确认的，基于上面的武断推论，他还认为只有货币占有者们所结成的剥削者阶级共同体才能成为**理论主体**。这显然还是一种逻辑臆断。

当涉及作为货币的黄金的有效性时，所有这些剥削者就形成了同一个剥削者共同体（Ausbeuterschaft）。（？）剥削者共同体具有阶级的塑形（Formation der Klasse），但是，在古典时期，这共同体完全是人的等级（Menschenklasse），因为只有剥削者才是"人"，只有他才有权占有货币，并且只有他才是自我反思的主体；相反，被剥削者丧失了人的存在（Menschseins），是纯粹物理意义上的人形之物（Menschending），是"主体"的"客体"。②

---

① ［德］索恩-雷特尔：《脑力劳动与体力劳动——西方历史的认识论》，166 页，南京，南京大学出版社，2015。

② 同上书，167 页。中译文有改动。参见 Alfred Sohn-Rethel, *Geistige und körperliche Arbeit：zur Epistemologie der abendländischen Geschichte*，VCH, Acta Humaniora, 1989, S. 212。

本雅明对索恩-雷特尔这种武断的推论显然持怀疑态度，他在这段表述的第一个句子旁边加了竖线，并打上了问号。索恩-雷特尔在讨论哲学问题时，时刻不忘记自己的政治立场，我已经说过，这是值得肯定的。但是我以为，学术研究的科学方法绝不应该因此受到影响。在索恩-雷特尔此处的推论中，相对于丧失了人的存在的被剥削者的"人形之物"，货币占有者依据货币的有效功能形成了一个剥削者共同体，或者说**可以进行自我反思的主体阶级**——人的等级。所以，理论主体首先是一个**阶级塑形**（*Formation der Klasse*）！Formation 这个概念倒很重要，因为它指认了一种功能性的活动结构的建构。它应该是我们历史认识论研究中极为重要的核心范畴。同样令人遗憾的是，索恩-雷特尔也没有对此进行深入的分析。这种观点有一定的道理，但仍然过于简单，过于政治化了。

索恩-雷特尔认为，正是由于这种特定的历史分化，"作为主体的货币占有者所拥有的只是劳动的理论，而奴隶所拥有的则只是劳动的实践。劳动的理论与劳动的实践分别被分配给剥削关系中的两个对立的阶级"[①]。其实，关于这种理论与实践的分离，索恩-雷特尔在之后提出了脑力劳动与体力劳动相分离的替代方案。还好，索恩-雷特尔还没有忘记劳动。但是，当索恩-雷特尔在他的理论幻境中确认剥削阶级是理论主体，被剥削的奴隶阶级只是实践客体的时候，他无意犯下的错误却是低于黑格尔的"主奴辩证法"的。因为在黑格尔那里，处在直接变革世界

---

① ［德］索恩-雷特尔：《脑力劳动与体力劳动——西方历史的认识论》，167 页，南京，南京大学出版社，2015。

的劳动实践中的奴隶，恰恰以创造塑形获得了真正的**主体性**，反而成为真正意义上的"主人"。所以，看起来十分激进的索恩-雷特尔的这种"货币占有者＝理论主体"论，内里构序逻辑上却是自我消解的。他甚至无法辨识在历史辩证法中**实践主体**与**观念主体**的历史性关系，更不要说，真正理解马克思所指认的**实践唯物主义**的全新构境本质了。

索恩-雷特尔并没有察觉这一切，他自认为已经完美地用历史唯物主义的观点完成了理论主体历史发生的重新认证。所以他有些得意地说：

> 这种理论是"一般主体"(Subjektes überhaupt)的理论，这种主体在其知识领域内遇不到其他主体，因为它自身就是所有可能主体的有效同一性(Geltungsidentitaet)。但是相反，从它的感觉的组成部分和思维的行为实在性方面来说，这种理论是孤立个体的理论，因为他的身体成了他与所有其他个体相疏远的根据。①

显然，这段话是索恩-雷特尔不加说明地突然从带有偏激政治色彩的阶级主体论回到了哲学认识论构境域中。这真让人有些摸不着头脑。这里索恩-雷特尔的大意为，这种一般主体(货币占有者)是从货币的**非物质性的**同一功效中生成的，所以，他的物性身体倒是原子化自我孤立的根据了。在这里，剥削阶级的理论主体则**逻辑跳跃地**过渡到个人

---

① ［德］索恩-雷特尔：《脑力劳动与体力劳动——西方历史的认识论》，167 页，南京，南京大学出版社，2015。

主体。很显然，索恩-雷特尔的理论构境时常是在自己特设的思境之中，他并不能意识到自己的逻辑混乱所造成的非法越境和交叉斜视。如下的看法同样如此：

> 主体理论单纯是劳动的理论，而劳动的实践则被陈述为以理论的方式建构起来的技术(konstruierte Technik)；但是，这种理论的思考对象不是劳动，而是劳动在商品中物化而成的物质(Materie)，以及由这种物质所规定的物的定在(Dasin der Dinge)。只要剥削者是主体，劳动就将他异化为与"人"相对立的"自然"，因为剥削者与商品生产的联系只能为商品的社会交换过程及其功能构序(funktionale Ordnung)所中介。①

这些论述基本上都是一些抽象的形而上学逻辑推论。主体理论是劳动的观念，但作为剥削者的主体(货币占有者)实际上孤立于被剥削者所操持的劳动实践技术。我们可以假设索恩-雷特尔这里进入了黑格尔主奴辩证法的构境层中：奴隶比主人更接近劳动变革和把握世界。具体说，首先，主体理论思考的对象恰恰不是被剥削者才能贴近的劳动实践和技术，而是劳动在商品交换过程中特定的功能构序建构起来的**不是物**的定在。这是说，主体理论总是停留在货币一类物化存在中。其次，为了将劳动组织为商品价值的生产，那么剥削者就必须将"按照货币的统一功

---

① ［德］索恩-雷特尔：《脑力劳动与体力劳动——西方历史的认识论》，167—168页，南京，南京大学出版社，2015。

能而是物化的一种综合的、自身封闭的关联"再生产出来，在这里，主体必然是以不是人的"第二自然"的异化方式出现。所以，如果剥削者是主体，这个主体也是被异化的主体。我觉得，索恩-雷特尔这里的劳动理论与一般主体论的讨论基本上是非科学的，其中有两点是有一定参考价值的：一是异化主体的问题，这一问题不会出现在传统认识论构境中，而是历史认识论需要面对的思考点，准确地说，是马克思所指认的**处于拜物教视位的伪认知主体以及这种主体观察到的被颠倒的物象迷障**。二是这里索恩-雷特尔指认的"商品的社会交换过程及其功能构序"的观点是有意义的，funktionale Ordnung 的概念是极为深刻的。它有可能成为穿透以实体对象为中心的传统认识论的历史认识论的**关系性社会存在的认知构件**。可遗憾的是，他并没有在这一主题中深入下去。在1970 年，索恩-雷特尔曾经再一次回到上述他自己的剥削主体论上来，我们可以看到，他对自己的错误有了深一层的自省。他发现，上述关于剥削主体论的建构方式（Konstruktionsweise）是错误的，因为它"没有避免社会学上的唯心主义危险"。这是对的。更深的失误有二：一是这种理论还没有建立在一种"透彻的商品分析或交换抽象分析"之上，二是这种建构只"按照欧洲模式来理解古典时期的思维方式"①。这种内省是有一定深度的。

　　行文至此，索恩-雷特尔还是想回到他试图提供的认识论研究的马克思主义破境答案上来。于是，关于货币功能与主体关系的讨论又再一

---

　　① ［德］索恩-雷特尔：《脑力劳动与体力劳动——西方历史的认识论》，168 页，南京，南京大学出版社，2015。

次向康德的先天知识论靠近。索恩-雷特尔看似很复杂、很精细地分析道：

> 这种剥削的自我封闭的物化关联（Zusammenhang der Verdingli-chung）在思维上的再生产，以剥削者与货币功能的同一化为依据，因而遵循思维齐一性（Einheit des Denkens）原则；这种再生产与生产相关，或者说，就其按照这种物化关联的内在根据，即理性地将其作为物的物质性定在关联（materiellen Daseinszusammenhang der Dinge）再生产出来而论，它是有效的"知识"。据此，理性的自然知识就应该是生产的自我封闭的物化关联的再生产，它遵守着社会的、通过货币而得到功能化的居有法则（Gesetzen der Aneignung）。①

依索恩-雷特尔这里的观点，西方认识论中的**思维齐一性**原则并非是先天主观理论逻辑使然，而是现实剥削社会中商品物化关联同一性的结果，知识的有效性源自货币的功能效用。这是一个极大胆但无法证实的论断。我以为，这种说法过于独断，也将知识的结构和运行机制的本质思考线性化和单一化了。索恩-雷特尔一门心思地就想将康德式的先天观念综合论宣判为货币同一性造就的物化结构，观念主体和逻辑结构本身就是异化存在在观念世界中的主观异在，应该承认，在整个以私有

---

① ［德］索恩-雷特尔：《脑力劳动与体力劳动——西方历史的认识论》，168 页，南京，南京大学出版社，2015。中译文有改动。参见 Alfred Sohn-Rethel, *Geistige und körperliche Arbeit：zur Epistemologie der abendländischen Geschichte*，VCH, Acta Humaniora，1989，S. 214。

制为基础的社会历史发展中，人的主观意识活动都必然受制于一定的统治阶级的意识形态，可是，人的认知活动和功能结构的真正基础并非在于社会关系，人的观念质性和认知机制的发生更多是依存于一定社会历史发展的物质生产力的水平和**功能构序**样态。物质实践和科学的生产方式规制认知结构，而非一定的生产方式中的特定社会**经济关系**规制认知，这实际上会是一个需要系统研究的复杂历史认识论问题。其实，在不同的社会历史发展阶段上，社会生活对观念质性和认知模式的规制是完全不同的，人们在现实生活中的活动构序结构和构式机制是逐渐复杂和深层拓展起来的，从历史认识论的构境层来看，社会存在塑形和构序对认知结构的规制也是一个逐渐复杂起来的过程。索恩-雷特尔的破境，却总是这般简单、线性和绝对。

三、伪主体、Isis 女神和异化的理性

从上面的讨论中，其实我们已经熟悉了索恩-雷特尔在认识论构境层中批判性研究上的一贯做派。这里，他要进一步更微观地讨论知识架构的内里结构和现实基础，我特别想知道，他是否真的获得了一些理论构境上的深入。索恩-雷特尔认为：

> 知识在逻辑上的形式规定性，即其"范畴结构"，是社会的综合性商品交换关联（synthetische Warentauschzusammenhang），这种关联被转译为"逻辑"，只要这一关联按照其功能，即居有功能触发

了商品生产。凭借剥削者与货币功能的同一化，在主体性本身的起源之中，生产的社会性的中介关联（Vermittlungszusammenhang）被成功"转译"为逻辑。理论的自然知识的逻辑范畴，通过对商品生产的每一社会功能性关联的足够准确的经济学分析推演出来了。①

这里有这样几个理论质点：一是康德那种先天的综合范畴结构，作为知识在逻辑上的形式规定，其真正的现实基础是"社会的综合性商品交换关联"，这种特殊的关联结构（形式）被主观概念化为**逻辑**。这一点可能也适用于黑格尔的唯心主义"逻辑学"。二是逻辑发生作用的基础是商品生产中的居有功能：剥削者与货币功能的同一，主体性的本质是中介式的**居有**。由此，逻辑观念**向存在立法**的暴力本质就是从现实商品居有关系缘起的。在索恩-雷特尔唯物主义破境努力中，康德命题的主观伪相完全可由商品生产和交换的经济学分析推演出来。这个大的方向无疑是对的。

正是在这一批判性破境尺度上，索恩-雷特尔将自己的这种做法指认为"唯物主义通过物化分析（Verdinglichunganalyse）来反驳唯心主义的认识论"的努力，因为，他通过证明康德的先天"范畴"完全可以从社会存在的商品交换综合机制推导出来这一点来驳斥关于先天观念综合的唯心主义主张。其实，阿多诺对这一点是持怀疑态度的，他的观点是："范畴是实用的——功能性的（pragmatisch-funktionell），它们产生于人对自然——作为一种特别地被以社会的方式中介了的自然（Natur als einer

---

① ［德］索恩-雷特尔：《脑力劳动与体力劳动——西方历史的认识论》，169页，南京，南京大学出版社，2015。

spezifisch gesellschaftlich vermittelten)——的'争辩'；并且，范畴的社会功能是这种争辩中的一种功能，它们必然服务于社会的实存；范畴的根本对象是自然，它们是社会与自然相联系的形式；它们将自然理解为统一性，它们是综合的社会性的条件，是综合的社会性的范畴。"① 显然，阿多诺同意范畴的功能缘起于"以社会的方式中介了的自然"和社会综合，但这种综合并不一定就仅仅是商品交换的综合。对这一争执，我会选择站在阿多诺一边。

首先，先天观念综合的基础是**物化社会结构的关联体系**。一般而言，这个判断是对的。对此，索恩-雷特尔明确提出，

建构性的综合（konstitutive Synthesis）是剥削的历史性物化过程（Verdinglichungsprozeß），这个过程采取了通过剥削所引起的人类物性的社会化（dinglichen Vergesellschaftungsprozesses）过程这一形态。只要物化的被反思的体系性关联（Systemzusammenhang），凭借商品价值的货币形式的产生，变成了商品生产的自我封闭的中介关联，也就是成了单纯通过交换的剥削的封闭的中介关联，那么理性思维的体系关联就是这种物化的反思过的体系关联。②

这又是过于形而上学的表述。其实我们已经知道，索恩-雷特尔关于先

① ［德］阿多诺：《阿多诺与索恩-雷特尔谈话笔记》，转引自［德］索恩-雷特尔：《脑力劳动与体力劳动——西方历史的认识论》，176 页，南京，南京大学出版社，2015。
② ［德］索恩-雷特尔：《脑力劳动与体力劳动——西方历史的认识论》，169—170页，南京，南京大学出版社，2015。

天知识构架的历史唯物主义破境战术中，最令人吃惊的观点就是这种**剥削关系的结构化引入**。这可能是所有传统认识论研究都没有遇到过的事情。据我知道的情况，在马克思和恩格斯那里，观念与认知机制中内嵌剥削关系也从来没有被正面讨论过。当然，索恩-雷特尔的意思并不是简单指认一切先天观念的综合本身是一种**主观剥削**，而是指认这种先天综合的逻辑作用系统恰恰是剥削关系中商品交换产生的物化关联的一种观念异在。这完全可以成为历史认识论深一层构境中探讨的问题。然而，关于剥削性的物化关联中如何发生具体的建构性的综合，这种综合如何对应先天观念综合对经验现象的统摄运作机制，索恩-雷特尔并没有给出清晰的说明，倒像只是用形而上学的空话打发了一下。这是极其令人失望的。

其次，作为**物化之物再人化**出现的伪主体。这是一个很有意思的历史认识论的观点。在索恩-雷特尔看来，

> 在主体性中，发生了剥削者与剥削的始作俑者的身份的同一化。但是，这种同一化是作为这种始作俑者的身份已完成的物化结果而发生的。作为主体的人的自我同一化，即人的发现，乃是作为被物化之物的人化（Vermenschlichung des Verdinglichten）而发生的。（!!!）包含着物化的环节（Glied）导致了人与这一环节的同一化，并导致它将自身规定为人类主体。①

————————

① ［德］索恩-雷特尔：《脑力劳动与体力劳动——西方历史的认识论》，170页，南京，南京大学出版社，2015。

本雅明在这段表述的主要文字旁边加上了双线，并打上了三个感叹号，可见他的吃惊程度。索恩-雷特尔认为，只有剥削者才有可能在占有货币功能的同时成为能够思考的理论主体，并且，这种主体性只是作为物化结果出现的，或者说，人的发现，不过是物化之物（交换关系）的再人化。所以，我们可以看出，索恩-雷特尔此处讨论的主体性实际上是**伪主体**。并且，这真是很难进入的理论构境层。我们如果用马克思在《资本论》中的话来重新表述则是，资本已经是人的社会关系颠倒为事物与事物的关系的结果，而资本家则是这种物化关系的再人格化。但索恩-雷特尔这里的表述，则是将马克思在特定语境中对资本人格化的说明泛化到整个认识论主体的判定上。这显然是一种不必要的理论僭越。如果作为历史认识论的构境，其复杂的场境还表现在："这种主体存在对人来说具有物化的形式特征（Formcharakteren），具有作为在思想中自身统一的齐一性（Einheit）的形式特征，具有其身体的物形式（Dingform），以及其作为独立个体人格的定在的形式特征（尽管存在着劳动分工，在这当中，个人丧失了其全部的独立性）。"[①]这种伪主体的四个特征是一个矛盾体：一方面，主体有着自己的肉身形式，但他却存在于非物质的物化形式之中。主体的这个非物质的物化形式是诡秘的，它是不可见的社会关系属性。这似乎是索恩-雷特尔把商品的使用价值和价值的二重性套用到了人的肉身存在和物化存在上。另一方面，看起来主体具有独立的个体人格，但却像在现实劳动分工中丧失独立性一样，主观活动也

---

① ［德］索恩-雷特尔：《脑力劳动与体力劳动——西方历史的认识论》，170 页，南京，南京大学出版社，2015。

不自觉地实现着思想的齐一性。这是说先天观念综合的运作中也存在着"看不见的手"，人的感性经验和知性都无意识地受制于这种物化逻辑齐一。其实，这倒十分接近黑格尔的精神现象学。我们需要深入思考的是，历史认识论构境中这种观念无意识运作机制是否真的受现实社会关系构序的影响。

这里，索恩-雷特尔又得出两个重要的认识论结论：一是**真理就是遮蔽**。这倒很像海德格尔的观点，但其内里语义却是不同的。索恩-雷特尔认为，由于上述那种伪主体的生成不过是物化关联的再人化，这就"使得人自身的起源及社会存在被遮蔽了，变得愈益难以透视"，并且，"这建构性的遮蔽关系的印记，就是主体性的真理概念"。[①] 如果我们每天遭遇的主体不过是物化结构的重新人格化，那么，人自身的社会存在就会变得无法透视，而唯心主义认识论中那种关于真理学说的正确与真实，则会是这种遮蔽结构的一种隐晦表达。这一观点是深刻的。这也是历史认识论中认知主体的一种特殊历史定位，即特定商品—市场经济活动中的伪主体问题。

　　将真理问题建构为对人——作为理论主体——的遮蔽结构（Verdeckungskonstitution）的表达，这在伊西斯女神（Isis）的被遮蔽的形象这一比喻[②]中获得了其神话表述。通过这样的解读可以获

---

① ［德］索恩-雷特尔：《脑力劳动与体力劳动——西方历史的认识论》，170 页，南京，南京大学出版社，2015。

② 这个比喻流行于古希腊和早期启蒙运动时期，它源于古埃及神话中的女神伊西斯（Isis）。她被理解为自然的化身，其面纱不能被有限的人所揭开。

得这个比喻的意义，即不是对真理的揭露扼杀了人，毋宁说，人从他的世界出发，借助于真理问题而来到女神面前，这个世界乃是人的死亡世界。①

在索恩-雷特尔的文本中，很难遇到诗性的句子，这是一个例外。不是真理不真，而是因为这是一个商品交换建构起来的死人世界，从死人堆（物化关系再人化的伪主体）中爬出来的真理解蔽者其实是盖住真相的黑手。在索恩-雷特尔的隐喻故事中，伊西斯女神脸上的面纱之所以无法揭开，是因为遮蔽就是"揭开"本身的功能。还原到认识论构境中，则是说，从伪主体出发所进行的认知活动，揭示真理恰恰是意识形态的遮蔽。在我看来，索恩-雷特尔对真理的否定性批判过于绝对。在这一点上，海德格尔与拉康极为深刻的真理观批判都存在这种简单性。其实，黑格尔很早就正确地指认过，真理永远是一个历史过程。马克思的历史认识论的真理观在总体上是正面的，因为随着社会实践功能的深化，人对外部世界与自己的理解一定是越来越深刻的，这包括对真理本身的历史限定。

二是理性本身就是**异化的社会关系**的特定产物。这一观点与上述的思路是接近的。因为，真理是理性的本质构境层，真理如果是遮蔽，那么这种遮蔽的基础就会在更大的认识论尺度上遭到否定，索恩-雷特尔于是就将全部理性宣判为异化的社会存在的主观映射。在索恩-雷特尔

---

① ［德］索恩-雷特尔：《脑力劳动与体力劳动——西方历史的认识论》，170 页，南京，南京大学出版社，2015。

看来，

> 理性之光冉冉升起的同时伴随着人自身存在的被遮蔽。理性之产生，是作为按照完全异化的条件（vollendeten Entfremdung）来组织生产所不可或缺的社会手段。当生产为使自身成为可能而需要理论理性时，人们之间生活所必需的社会关系就变得不可控制了，它是价值规律的经济因果性的盲目结果（blindes Resultat der ökonomischen Kausalität des Wertgesetzes）。由其起源的诸条件出发，理论理性的辩证本性就得到了解释。①

在索恩-雷特尔的诗性话语构境中，难以理解的内容往往是表达过于简单的结果。上面这段话大意是讲，理性总是遮蔽人的现实存在，因为它的发生就是异化生产的条件，当人的生活中的社会关系变得不可控制，辩证理性中的二律背反就直接象征了人所创造的经济活动中的不以人的意志为转移的看不见的手（"价值规律的经济因果性的盲目结果"）的魔力。实际上，如果索恩-雷特尔明确给予一个历史性的限定，比如资产阶级现代性世界中的理性，那么上述观点就有可能是一个有意义的讨论，可是他总是非历史地进入批判话语，这就会让他的思想深刻性打下大大的折扣。

之所以这样说，索恩-雷特尔给出了两个理由：一方面，理性作为

---

① ［德］索恩-雷特尔：《脑力劳动与体力劳动——西方历史的认识论》，170—171页，南京，南京大学出版社，2015。

人的存在的遮蔽和异化，是"使异己的东西成为属人的事物（Fremde zur Sache des Menschen）"的手段。明明是物化的异己之物，却将其伪饰成人的存在。这其实是资产阶级拜物教的本质。另一方面，这种理性作为遮蔽真相的手段，也使现实中的剥削更为顺利。于是，"主体性就是异己之物的人化（Vermenschlichung des Fremden），理性是暗淡之中的眼力；与此同样重要的是，理论上的人是作为主体的物的形式（Ding-form），他的知识是剥削的不可辨识的伪装"①。主体是异己之物人格化后生成的伪主体，理性是遮蔽真实存在的魔鬼手段，在这种基础上生成的知识则是剥削关系的伪装，没有一样好东西。我觉得，索恩-雷特尔这些过于激进的论断所构筑起来的观念情境显然是简单粗暴的。因为，人类的理性知识体系在不同的社会历史发展阶段上都具有重要的积极作用，特别是在反对封建专制制度和宗教神学统治的过程中起到了不可否认的解放和促进作用。我认为，离开具体的历史情境，**将意识形态批判理论与历史认识论相混淆**，将知识的本质定性为剥削，将理性贬斥为对真理的遮蔽，这些都是非历史的看法，绝不是历史唯物主义的观点。本雅明在索恩-雷特尔的这段表述旁边加上了双线，以表示值得关注。

索恩-雷特尔最后的结论是：康德唯心主义的先天综合的理论理性是现实中社会综合"在逻辑上的反映"，这是他始终坚持的破境原则。并且，"这种综合是剥削的综合，是遵照居有同一性关系的综合"。在历史

① ［德］索恩-雷特尔：《脑力劳动与体力劳动——西方历史的认识论》，171页，南京，南京大学出版社，2015。

认识论的原则上，索恩-雷特尔的观点是有可取之处的，然而这种综合的具体同构性到底是什么呢？他的回答是："与功能性综合（funktionale Synthesis）转化为理论理性，物性的社会关联转化为自然表象（Natur-vorstellung）不可避免地相连的是，剥削被绝对化为自然必然性，甚至绝对化为存在的真理规范。"①我觉得，这更像是一个政治宣判，而非历史认识论的学术深入。剥削被假定为永恒的自然天性（"自然法"），伪饰为真理（"普世价值"），这的确是资产阶级意识形态的本质，但它是否发生在康德的先天综合判断的认识论中，这是令人怀疑的。依索恩-雷特尔自己的界划，"唯心主义的主题是将剥削拜物教化，而唯物主义的理性主题则是批判剥削"。在他看来，通过对物化的分析，唯物主义方法的应用使得上述对资产阶级的、囿于异化之中的理性的批判成为必需。同时，从这种分析中，唯物主义历史认识论获得了经验的历史研究的批判性前提。

---

① ［德］索恩-雷特尔：《脑力劳动与体力劳动——西方历史的认识论》，171页，南京，南京大学出版社，2015。

第五章

历史唯物主义的认识论
（1970—1972）

1970年，索恩-雷特尔终于出版了《脑力劳动与体力劳动》一书，这是近半个世纪以来他不同思想构境草案的第一次完整公开呈现。[①] 对他来讲，这当然是一件大事。在这本新书的初版序言和导言中，他非常高调地提出一个观点：通过对唯心主义哲学认识论的彻底批判，马克思的历史认识论问题将由此系统地被确立。我们也可以看到，他在序言中确立了一系列大的历史认识论原则。应该特别注意，相比于前述20世纪30年代的讨论情境，此时索恩-雷特尔思考的背景有了一定的变化，即增加了对苏东教条主义的马克

[①] 据索恩-雷特尔自己说，1951年，他在英国伯明翰完成了分量很大的"脑力劳动与体力劳动(Intellectual and Manual Labour)"的英文手稿。此稿后来没有公开出版。

思主义解释传统的批评。这使得他的批判性学术构境多了一重否定性的边界。固然，这一序言和导言在 1989 年此书的修订版中被删除了，但作为一种完整历史构境的重要痕迹，我还是将其中的主要构境质点一一剖解如下。

一、社会存在规制认识论

序言开篇，索恩-雷特尔就把自己的学术构境性质明确指认为"马克思主义的(marxistisch)"，并且，声称在他的手中握有"本真的马克思"。到了 20 世纪 70 年代，索恩-雷特尔这里的**本真性**当然有了新的针对目标，即苏东的教条主义的马克思主义解释传统的非本真性。所以，他也才会挑明自己的研究在语言以及一部分概念上，"都偏离了我们所熟悉的马克思主义的风格和术语"①。准确地说，是偏离了苏东教条式的教科书解释构架中那种对马克思文献的解读。其实，摆脱教条式的苏东解释构架，回到本真的马克思，这正是西方马克思主义的总体学术特征。有趣的是，我却发现，苏式教科书对索恩-雷特尔的具体理论构序还真的产生了一些他性影响。在一定的意义上，这种概念体系倒生成了某种构式参照系。

首先，索恩-雷特尔坚定地认为，今天的"马克思主义理论需要一个

---

① Alfred Sohn-Rethel, *Geistige und körperliche Arbeit：Zur Theorie der gesell-schaftlichen Synthesis*, Suhrkamp Verlag Frankfurt am Main, 1972, S. 9. 中译文参见李乾坤译稿。此文本参见本书附录一。

更为广阔的开端。这种广阔不是离开马克思主义向前走，而是在其中更
为深入。为何我们时代的本质问题会导致这些困难，是因为我们的思想
还不够马克思主义，在很多重要领域没有搞透"①。不是离开马克思，
而是在其中更加深入，这是一个了不起的努力方向。并且，针对有一
些人因为时代的变迁而责难马克思，索恩-雷特尔回答说，这是因为
我们在许多重要的思想学术领域根本没有真正深透地理解马克思，
"不够马克思主义"。我原则上同意索恩-雷特尔在 20 世纪 70 年代的这
个判断。这个判断与列宁在 20 世纪初所说的"没有一个马克思主义者
是理解马克思的"这一断言是一致的。这也是我提出"回到马克思"的
重要构境背景。

其次，这一研究的主题是关于"基础与上层建筑之间的关系"
(Verhältnis zwischen Basis und Überbau)，

马克思和恩格斯已经将历史建造(Geschichtsbaus klargelegt)的
一般建筑学清楚地阐述了：由生产力和生产关系构成，以及物质基
础构成了意识的上层建筑(materielle Basis für den Überbau des
Bewußtseins bilden)。然而他们却没有给我们留下从低层建筑(Un-
terbau)走向上层建筑的梯子的图纸。这一梯子就是我们在这里所
做的，或者最少是一个光秃秃的，但在形式上已经清晰可见的混凝

① Alfred Sohn-Rethel, *Geistige und körperliche Arbeit：Zur Theorie der gesell-schaftlichen Synthesis*, Suhrkamp Verlag Frankfurt am Main, 1972, S. 14. 中译文参见李乾坤译稿。

土装置。①

我们不难看到，这就是苏式教科书此时对索恩-雷特尔的隐性影响，因为这一概括在他 30 年代的讨论中是不存在的。这一理论构境的复述似乎是说，马克思和恩格斯说明了一般社会历史结构中的生产力与生产关系构成，以及这种生产结构的物质性基础与整个意识性的上层建筑的关系。精准地说，是马克思和恩格斯在**狭义**历史唯物主义中阐明了特定社会历史结构中出现的生产力与生产关系特定构序方式中生成的物质基础之上意识性的上层建筑。因为在原始部族生活中，是根本不存在现代意义上的上层建筑的。但这一观点被苏东哲学教科书严重误释了，这一特设理论构序被扩展至全部社会历史，被认作"社会基本矛盾"之一。对于这一点，索恩-雷特尔并没有察觉。可是，索恩-雷特尔责备马克思和恩格斯并没有具体地给出如何从底层基础走向上层建筑的梯子的图纸，依索恩-雷特尔自己信心满满的断言，是他发现了这一图纸，并找到了一个可以伸手触到上层建筑的光秃秃的"混凝土装置"，这就是从"在商品的形式分析"中发现走向全部上层建筑的路径。这倒是一个新的思想史定位。

在索恩-雷特尔看来，今天的时代是"资本主义向社会主义过渡"的时代，"资本主义向社会主义的过渡按照马克思的指涉就意味着人类前史的终结，也就是从自发形成的人类向自觉的人类（naturwüchsigen zur

---

① Alfred Sohn-Rethel, *Geistige und körperliche Arbeit：Zur Theorie der gesell-schaftlichen Synthesis*, Suhrkamp Verlag Frankfurt am Main, 1972, S. 9. 中译文参见李乾坤译稿。

bewußten Menschheitsentwicklung)的发展过渡"①。我们能看到，索恩-雷特尔此时的话语运作已经通过教科书语言规制化了，他已经开始使用"资本主义制度"这样的科学概念，而不是"资产阶级社会"。这是一个进步。资本主义制度就是马克思所说的"自然形成的社会形式"的最后阶段，对此，马克思认真探究了资本主义生产方式中"物质生产力的发展和社会生产关系的构造之间因果性和相互影响"，这在《资本论》中"有数不尽的线索"。这里"自然形成的社会形式"是马克思恩格斯在《德意志意识形态》中的说法，索恩-雷特尔这里的"因果性"是特指资本主义社会中出现的盲目性物化现象。但索恩-雷特尔声称，上述从基础到上层建筑中的核心线索之一，即"意识塑形的问题"(Bewußtseinsformation)并不位于马克思理论构境和思考的核心，甚至"没有构成马克思主要著作的首要部分"②。索恩-雷特尔是想指认这一巨大的理论空白，这也就形成了他要我们关注的理论原创的可能性空间。这里的**意识塑形**(*Bewußtseinsformation*)概念是重要的，其实这也是20世纪初胡塞尔现象学精心开启的重要哲学前沿，只是索恩-雷特尔立志对此提供一个历史认识论的方案。

在开始自己的独立反思之前，索恩-雷特尔还想具体指认出在这一研究领域中存在的缺陷性理论盲区：第一，他特别强调说，对于一个真

① Alfred Sohn-Rethel, *Geistige und körperliche Arbeit：Zur Theorie der gesellschaftlichen Synthesis*, Suhrkamp Verlag Frankfurt am Main, 1972, S. 14. 中译文参见李乾坤译稿。

② Alfred Sohn-Rethel, *Geistige und körperliche Arbeit：Zur Theorie der gesellschaftlichen Synthesis*, Suhrkamp Verlag Frankfurt am Main, 1972, S. 14. 中译文参见李乾坤译稿。

正自觉的人类社会来说，"对现代技术的本质及其自然科学中的理论基础的一种历史的唯物主义的认识"尤为重要。在索恩-雷特尔新的话语构境中，我们能感到新时代的气息。然而，在很长一个历史时期中，在关于科学与技术的传统马克思主义分析中，存在着一种二元论式的观点："一种时间本质地参与（Zeit wesentlich teilhat）的辩证的真理概念和一种关于非时间性（zeitloser）习惯的非辩证的真理概念。"①前者是马克思关于科学的**历史性的**认识，这是历史认识论的内容。而后者是非历史地观察自然、非历史地假设自然科学和技术的**抽象**观念。这就是一个有些复杂的内嵌攻击的隐喻性构境层了。虽然，索恩-雷特尔并没有直接展开对这种二元论的具体分析，但他狡猾地援引施米特的《马克思的自然概念》一书，隐晦地指认后一种观念缘起于恩格斯的《自然辩证法》一类文献，并部分因之于马克思文献中所缺乏的必要解释。能看得出来，他在将恩格斯开启的"自然辩证法"观念贬斥为与马克思的历史认识论不同的非历史性的科学技术观和自然观。我们都知道，这种贬斥源自青年卢卡奇的《历史与阶级意识》。

第二，索恩-雷特尔认为马克思关于脑力劳动与体力劳动的理论分析，也存在着某种"历史性的分离（Scheidung）和它们可能性结合的条件的欠缺"②。请注意，脑力劳动与体力劳动的关系问题，是索恩-雷特尔

---

① Alfred Sohn-Rethel, *Geistige und körperliche Arbeit：Zur Theorie der gesell-schaftlichen Synthesis*, Suhrkamp Verlag Frankfurt am Main, 1972, S. 16. 中译文参见李乾坤译稿。

② Alfred Sohn-Rethel, *Geistige und körperliche Arbeit：Zur Theorie der gesell-schaftlichen Synthesis*, Suhrkamp Verlag Frankfurt am Main, 1972, S. 17. 中译文参见李乾坤译稿。

自 50 年代后新提炼出来的基础性观点，或者说，是他的**剥削**认识论的新的理论前提。从他将自己的书名确定为《脑力劳动与体力劳动》来看，就可以知道这一理论构序在其全部学术构境中的地位。因为，虽然马克思在《哥达纲领批判》中论及共产主义实现的前提条件时，已经指认"迫使人们奴隶般地服从分工的情形已经消失，从而脑力劳动和体力劳动的对立也随之消失"，可是他并没有说明后一种对立的"历史的成因(Ursachen)"。

那么，这个在马克思恩格斯那里缺失的历史成因是什么呢？索恩-雷特尔认为，脑力劳动与体力劳动的分离存在于阶级社会和经济剥削的整个历史之中，这是一种**异化现象**(*Entfremdungserscheinungen*)。将体力劳动和脑力劳动的分离重新说成是异化，这实在不算什么新鲜事情，也不会是历史成因的科学说明。但索恩-雷特尔的具体分析还是有些意思的。

> 脑力劳动的客观认识特征(objektive Erkenntnischarakter)，也即真理概念(Wahrheitsbegriff)自身，随着脑和手的分离进程而出现在历史中，这在它那一方面是社会阶级分离的构成部分。对智力方式(intellektuellen Art)认识的客观性与阶级功能因此在本质上联系在一起，也只有在它们的联系之中才能够被认识清楚。①

---

① Alfred Sohn-Rethel，*Geistige und körperliche Arbeit：Zur Theorie der gesellschaftlichen Synthesis*，Suhrkamp Verlag Frankfurt am Main，1972，S. 18. 中译文参见李乾坤译稿。

索恩-雷特尔的这一分析是有一定道理的，马克思的确没有专门讨论脑力劳动与体力劳动分离的具体历史成因，特别是看起来抽象和超脱的智力方式与现实社会中存在的阶级统治功能的关系，这是我们上面已经看到的索恩-雷特尔思考哲学认识论中十分独特的地方。

二、社会综合规制先天观念结构

也是在这里，索恩-雷特尔重新确认了一个极为重要的问题，即作为智力方式（康德的先天观念综合构架）真正现实基础的**社会综合**（die *gesellschaftliche Synthesis*）的概念。他认为，正是这个社会综合才"中介了人和一个可延续的社会的定在关联（Daseinszusammenhang）的功能。社会形式（Gesellschaftsformen）是如何发展和转换的，以及综合是如何将人之间劳动参与的依赖性之中的多样性整合为可延续的整体"①。我以为，这是索恩-雷特尔对**狭义**历史唯物主义中**社会存在**问题的非常深刻的认识。由于索恩-雷特尔无法区分广义历史唯物主义与狭义历史唯物主义的边界，所以他会将人的劳动关系与特定社会形式**中介了的依赖性**泛化到整个历史中去。在以下的讨论中，我们还会看到这一失误所造成的逻辑混乱。但是，这一失误并不影响我们由此延伸出一个全新的马克思主义的历史认识论研究视域。

---

① Alfred Sohn-Rethel，*Geistige und körperliche Arbeit：Zur Theorie der gesellschaftlichen Synthesis*，Suhrkamp Verlag Frankfurt am Main，1972，S. 17. 中译文参见李乾坤译稿。

　　那么再进一步说，究竟什么是索恩-雷特尔 20 世纪 70 年代所重新确认的社会综合呢？其中新的构境层进展是什么？依我的理解，他是想指认发生于社会生活和社会存在中的人与人、人与自然之间的行为互动和特定**实践功能结构的生成**。其实，这都是历史认识论的重要内容。然而，当他具体描述这种功能结构的时候，我们却会发现其中的问题：

　　　　每一个社会都是众多人之间在其活动之中建构起来的一种定在关联（Daseinszusammenhang）。对于他们的社会关联（Gesellschaftszusammenhang）来说，人们的实干（tun）是更为首要的，而思想则是次要的。他们的活动必须相互产生联系，从而构成（zu bilden）社会的一个部分，而这种联系必须一定揭示出同一性的一种最低限度，在此之上社会才能够表述一种功能作用（funktionsfähigen）的定在关联。行为相互之间的联系可以是一种自觉的或者不自觉的，但是它是不可或缺的，在社会没有变得有功能作用，人与人之间的依赖关系没有瓦解的情况下。①

显然，此时索恩-雷特尔已经对新发现的马克思的《1857—1858 年经济学手稿》(1939 年第一次公开出版)有所关注，所以他会使用"人与人之间

---

　　①　Alfred Sohn-Rethel，*Geistige und körperliche Arbeit：Zur Theorie der gesellschaftlichen Synthesis*，Suhrkamp Verlag Frankfurt am Main，1972，S. 19. 中译文参见李乾坤译稿。

的依赖关系"这一重要表述①，意思大约是，在第一大社会形态中，人与人的关系是自觉的，没有经过社会**功能化**中介的，而当人与人之间的依赖关系瓦解之后，人与人的活动关系则功能化为一种特定的同一性"定在关联"，正是这种特定的**功能性关联同一**构成了社会综合。由此来看，社会综合倒是**特定社会**才具有的，而非他所说的"每一个社会"。在上面的讨论中，我们已经看到索恩-雷特尔对功能概念的突出使用，此处，他仍然强调这一特征。索恩-雷特尔这里的思考构境层让人想起日本学者望月清司对于马克思历史理论的一个观点，他将经过社会关系中介的**社会**概念区别于没有中介的**共同体**概念。②

　　依索恩-雷特尔的说法，社会综合概念是对马克思"社会塑形"（Gesellschaftsformation）观念的一种"特殊结构化要素"（spezifisch struktureller Bestandteil）。③ 其实，索恩-雷特尔是比照康德在认识论中使用的先天综合判断，在现实社会层面也重构了一个相近范式。社会塑形概念的确是历史认识论中一个非常重要的关键性范畴，但依我的理解，马克思固然十分强调社会结构和系统，但却很少使用 Gesellschaftsforma-

---

　　①　在《1857—1858 年经济学手稿》中，马克思指出："人的依赖关系（persönliche Abhängigkeitsverhältnisse）（起初完全是自然发生的），是最初的社会形式（die Gesellschaftsform），在这种形式下，人的生产能力只是在狭窄的范围内和孤立的地点上发展着。"参见《马克思恩格斯全集》第 46 卷上，104 页，北京，人民出版社，1979。中译文将此处的 form 译成"形态"，我改译为"形式"。参见 Karl Marx, *Grundrissen*, *Gesamtausgabe*(*MEGA*2)II/1, Berlin: Dietz Verlag，1976，S. 90-91。

　　②　参见［日］望月清司：《马克思历史理论的研究》，第四章，北京，北京师范大学出版社，2009。

　　③　Alfred Sohn-Rethel, *Geistige und körperliche Arbeit*：*Zur Theorie der gesellschaftlichen Synthesis*，Suhrkamp Verlag Frankfurt am Main，1972，S. 20. 中译文参见李乾坤译稿。

tion 这个概念。索恩-雷特尔想要得出的一个重要结论是："一个时代的社会必要的思想结构（notwendigen Denkstrukturen），与这一时代社会综合的形式（Formen der gesellschaftlichen Synthesis）有着最紧密的形式上的联系。"①他明确将社会综合与康德的**先天综合判断**联系起来，这是别有深意的破境策略。一定社会历史条件下的社会综合形式规制了一定时代的思想结构，当社会综合的形式发生改变时，思想综合的结构也必然随之改变。这的确是马克思历史唯物主义的重要逻辑构序。不过，索恩-雷特尔还有自己独特的想法：

> 当行为的方式改变了，行为的方式相互联结（Bezug zuein-ander）承载了人们的定在联系，例如，这是否是生产性的或消费性的活动，在其中人们与自然处于交换关系，或者在人与人之间的相互居有（zwischenmenschlicher Aneignung）行为上，这在那些自然交换（Naturaustausches）的背后进行，并拥有剥削的特征，即便它采取了商品交换的相互形式（wechselseitige Form des Warenaus-tauschs）。②

这就是索恩-雷特尔想引导我们进入的特定社会综合情境，即**商品交换**

---

① Alfred Sohn-Rethel，*Geistige und körperliche Arbeit：Zur Theorie der gesell-schaftlichen Synthesis*，Suhrkamp Verlag Frankfurt am Main，1972，S. 20. 中译文参见李乾坤译稿。

② Alfred Sohn-Rethel，*Geistige und körperliche Arbeit：Zur Theorie der gesell-schaftlichen Synthesis*，Suhrkamp Verlag Frankfurt am Main，1972，S. 20. 中译文参见李乾坤译稿。

的形式。这是我们已经非常熟悉的套路。依他的看法，在通常的社会关系中，人与人的生产或消费交往中，总会表现出可以直观到的客观的物质关系（"自然交换"），可一旦进入到商品交换中，剥削性的**相互居有**关系则产生出一种新的不可见的定在关联，即商品交换的物化形式。从以上的讨论我们已经得知，在资本主义社会中，原来专制社会中的单方面的居有剥削已经转变为商品交换中的"相互居有"，这种新的居有方式则建构起在生产与消费之外的特定的物化关联域。我在前面已经说过，这个商品交换中的相互居有观点是错误的。对此，索恩-雷特尔进一步分析道：

> 在商品生产社会中货币构成了社会综合的承载者（Träger），并且为了这一特定形式特征（gewisser Formeigenschaften）的功能而需要最高的抽象程度（höchster Abstraktionsstufe），这一抽象程度必须符合所有在这些社会之中事实上的或者可能性的正在发生的商品和服务。这种从使用价值中抽象出来的形式特征，其为了社会功能的需要（zum Behufe seiner gesellschaftlichen Funktion）而必然附属于货币，然而在货币之上却不会有表现（Erscheinung），的确，它能够作为纯粹的形式抽象而根本不能"表现"出来。在货币之上表现出来的，是其物质（Material），其版式以及印在上面的符号，也就是那些使其成为一个物（Ding）的东西，从而可以使人放在口袋里，支付和收取。但是使得一个物成为货币的，在价值以及"价值抽象"的关联与境（Zusammenhang）之中，则并不是那些它看起来、摸起来和清点起来如何的东西，而是本质上不同的东西，也就是那些按

照其本质是纯粹形式的，并且是最高程度上普遍性的，即达到抽象阶段的。①

之所以大段援引索恩-雷特尔的这一表述，是因为我觉得这里恰恰反映了他的新手稿中重大的理论突破，即对商品形式**抽象**问题的认知。虽然能看出，此处索恩-雷特尔的表述还不够精准。这可能也是后来他将这个序言删除的原因之一。索恩-雷特尔这里新的构境线索大概有这样几层：一是商品生产社会中，社会综合的承载者为货币，这并不是他的新观点，可是，货币以自身的**抽象程度**对应于现实商品生产中的综合功能。这个"抽象程度"是全新的激活点，它将对应于新手稿中关于"现实抽象"的重大理论突破的直接构境点。此处，这一论点并没有展开。二是货币所承载的这些社会综合功能关系并不会在自身中显现出来，货币在可见的物质层面(贵金属和纸币)恰恰不是功能和关系性的，当抽象的货币(关系)实体化为对象性的物时，它彻底遮盖了社会综合的真实缘起。货币的**物化存在**正是居有被遮蔽起来的伪相。这是一个不可见对象的颠倒的镜像。三是货币的本质是价值抽象形成的关联域，它恰恰是不能直观的纯粹形式。应该说，索恩-雷特尔在此生成的新构境点，恰恰是历史认识论超越传统抽象哲学认识论的重要分界线，也是我们未来需要认真深入思考的构境方向。

索恩-雷特尔想说，正是这种被物化存在的"有与无"的乱象遮蔽起

---

① Alfred Sohn-Rethel, *Geistige und körperliche Arbeit：Zur Theorie der gesell-schaftlichen Synthesis*，Suhrkamp Verlag Frankfurt am Main，1972，S. 20-21. 中译文参见李乾坤译稿。

来的"货币的社会的—综合的功能的抽象形式"——社会综合构成了一定时代中思想综合的基础。至此，在索恩-雷特尔关于康德认识论革命的历史唯物主义破境方案中，功能（1936）、综合（1937）就与商品交换—货币的**抽象形式**整合为一个新的社会综合式。这是他全部批判性学术构境的最高逻辑起点。他进一步指认道：

> 作为在商品生产之中的，或者说货币中介的社会中变得必要的思想认识功能（Erkenntnisfunktionen des Denkens），作为最后的组织原则（Organisationsprinzipien）被证明出来。它是构成了古代哲学以及现代自然科学的概念基础的认识原则，也是我们可以因其简单性而用自康德以来变得流行的"先天范畴"（Kategorien a priori）的标签来标注的。[1]

这就是一个极为重要的断言了，也是马克思在经济学分析中没有直接涉及过的一个思想构境层，即商品生产中由货币的**中介功能**所生成的社会组织原则同时**具有**思想认识功能，或者说，商品交换出现以来一切哲学与科学的概念基础都缘起于这种**客观的抽象和组织**，最直接的例证就是康德发现的"先天综合判断"的神秘先验统摄机制。依索恩-雷特尔的推断，只不过是康德命题让这一问题成为流行的认识论观念。请注意，索恩-雷特尔所揭示的从货币功能生成的社会塑形—先验观念综合机制，

----

[1] Alfred Sohn-Rethel, *Geistige und körperliche Arbeit：Zur Theorie der gesell-schaftlichen Synthesis*, Suhrkamp Verlag Frankfurt am Main, 1972, S. 21. 中译文参见李乾坤译稿。

不同于旧唯物主义所坚持的**物象**反映论，它新建构的构序关系将过去在认识论中由理念、观念独立实现的复杂认知塑形机制祛魅了，康德—黑格尔观念逻辑构架幻象的秘密在社会现实中的实践关系和功能中被破境了。可以说，这是对马克思在《关于费尔巴哈的提纲》中已经意识到的**实践**认识论的一次重大深入。在这一点上，索恩-雷特尔是自觉的。但是，古代哲学的理念构架、逻各斯和科学发展在何种程度上基于商品交换的形式，这是一个需要讨论的问题。

索恩-雷特尔发现，有趣的现象是，在现实生活中，当每一个人主体在文化教化中获得这些"先验"观念后，却都自以为拥有了"独立地为社会思考的智力和理智"。康德将其指认为启蒙的前提。索恩-雷特尔说："特别是就现代的个体来说，他社会化的思想相反表现为他的成就，按照起源却是神秘的(神赋予的也是由神来否定的)，按照其逻辑却是自主的，来自于他们自身的'我思'(ego cogitans)。"[①]在现代性的个人主体那里，先天观念是自明神授，逻辑的自主性来自生来具有的"我思"，这样，明明是被社会现实所根本制约的思想颠倒地表现为主体的自由创造的伪境。索恩-雷特尔就是要揭穿这种唯心主义颠倒的假象，以造成康德—黑格尔观念唯心主义的真正破境。因为，

这些范畴是社会地预先塑形的，因而正如它们以一种完成了的(但也正因此长期没有直接被确定化)形式给予个体，因此事实上

[①]　Alfred Sohn-Rethel, *Geistige und körperliche Arbeit: Zur Theorie der gesellschaftlichen Synthesis*, Suhrkamp Verlag Frankfurt am Main, 1972, S. 21. 中译文参见李乾坤译稿。

"先天"(a priori)范畴对于这个社会的所有个体来说当然也是同一的。康德知道，这些范畴是被预先塑形的(vorgeformt)，但是它将预先塑形的过程(Vorformungsprozeß)错置进意识之中，成为一个在时间上和空间上都无法被定位的，幻觉一般的"先天综合"。事实上，抽象范畴的这种预先塑形的综合是一个历史的过程，只有特定的、明确定义的社会塑形(Gesellschaftsformationen)才能表达。①

依索恩-雷特尔的观点，康德的"认识论革命"的确披露了这些先天性观念对经验的预先构架和"向自然立法"的塑形—构序机制，但是他并没有透视到这种先验统摄已经是"第二性"的，这也就是说，康德自以为得意的先天综合判断实际上失却了真实现实历史基础，因为所有观念上的先天性预先塑形都是特定历史时空中发生的现实结果，观念的抽象塑形和统摄机制在现实社会关系中的生成是一个历史过程，**先验的社会塑形是先验的观念塑形的基础**。请一定注意，索恩-雷特尔的这一判断也是历史认识论的重要原则之一。正是在这个意义上，索恩-雷特尔指认，"康德的哲学以戏剧化的方式(dramatischer Weise)变成了必然错误的意识，尽管无损于他科学的自然认识论的有效性"②。总体说，索恩-雷特尔的这个破境判断是正确的。

① Alfred Sohn-Rethel, *Geistige und körperliche Arbeit：Zur Theorie der gesellschaftlichen Synthesis*, Suhrkamp Verlag Frankfurt am Main, 1972, S. 21-22. 中译文参见李乾坤译稿。

② Alfred Sohn-Rethel, *Geistige und körperliche Arbeit：Zur Theorie der gesellschaftlichen Synthesis*, Suhrkamp Verlag Frankfurt am Main, 1972, S. 22. 中译文参见李乾坤译稿。

　　然而，人们为什么会无视先天综合观念的现实社会塑形基础呢？索恩-雷特尔给我们的答案就是他自认为在新书稿中最重要的发现：**脑力劳动与体力劳动的分离和分立**。应该说，这是索恩-雷特尔自20世纪50年代以来研究中的一个新认识，在这里他只是强化了这一观点，并给予了这一新构境支点以新的理论定位。他认为，由于在社会历史进程中，脑力劳动逐渐从体力劳动中脱离出来并分立起来，并且，"脑和手指尖的分离与社会的阶级分离紧密地联系在一起"。这恐怕是先天观念综合渐渐脱离现实社会塑形的根本原因。索恩-雷特尔告诉我们，按照历史唯物主义的观点：

　　首先，在没有认真分析人的意识与体力劳动的关系的情况下，"认识"将无从谈起，从根本上看，意识从根基上依存于最直接的体力劳动，这显然是马克思的实践意识观。在《德意志意识形态》一书中，马克思明确指出意识"没有历史，没有发展"①。所谓的无历史和无发展，并不意味着意识真的没有自己发展过程，而意味着它是"无本体"的！**没有历史等于非基始性**。这也可以算是马克思对哲学基本问题的科学解决。进而，索恩-雷特尔认为，也只有作为一种与体力劳动相区别的特殊观念活动(脑力劳动)出现时，人的思想才能够激起抽象的哲学思考的兴趣。甚至，"理论哲学恰恰产生自这种分离"。这是说，形而上的抽象哲学的产生就是以脑力劳动独立化为前提的。受索恩-雷特尔的影响，阿多诺也认为，"抽象反映着同体力劳动的分离"②。这一点基本上是对的。

---

　　① 马克思、恩格斯：《费尔巴哈》，16页，北京，人民出版社，1988。
　　② ［德］阿多尔诺：《否定的辩证法》，175页，重庆，重庆出版社，1993。

其次，"知识分子（以伽利略为代表）在方法论上被构形为客观认识的器官（Organ der Objekterkenntnis ausformt），在自然问题上，知识分子必须将社会掌握为自然的历史进程，但知识分子却忽略了社会"①。这是对脑力劳动主体的批评，由于主要从事抽象的观念活动，知识分子作为**认识的器官**远离了社会现实。这可能是历代知识分子无法避免的职业病。

最后，资本主义生产方式之所以可能，恰恰由于它的生产技术的源头已经不在于工人的体力劳动之中，而是在于某种看起来先验的科学知识对象化到生产中去。这是马克思在《资本论》以及手稿中已经开始关注的问题。自现代工业发展以来，生产过程越来越成为创造性科学技术（独立化的脑力劳动）的对象化过程，而体力劳动则成为这一过程的辅助功能。这样，以科学技术为基础的现代观念构架就在看似独立的脑力劳动中获得了先天统摄的假象，而根本遮蔽了这种先验性的真实社会历史基础。而索恩-雷特尔认为，恰恰在这个意义上，他的历史唯物主义破境方案就是重新揭示唯心主义认识论的现实基础，于是，"康德的追问（Kantsche Frage）就与马克思的研究（Marxschen Erforschung）相并列了"②。

———————————

① Alfred Sohn-Rethel，*Geistige und körperliche Arbeit：Zur Theorie der gesell-schaftlichen Synthesis*，Suhrkamp Verlag Frankfurt am Main，1972，S. 22. 中译文参见李乾坤译稿。

② Alfred Sohn-Rethel，*Geistige und körperliche Arbeit：Zur Theorie der gesell-schaftlichen Synthesis*，Suhrkamp Verlag Frankfurt am Main，1972，S. 24. 中译文参见李乾坤译稿。

三、康德命题的历史唯物主义破境策略

索恩-雷特尔认为，他这里所提出的"'纯粹理性'的历史本源来自于社会的预先塑形"的观点，是用马克思的历史唯物主义解决了康德先天综合判断中的难题。因为，"借助于这些充实了马克思的论断，这一论断比在其他任何地方都更准确地表达了历史唯物主义的原则，即'不是人的意识决定他的存在，而是相反他们的社会存在(gesellschaftliches Sein)决定他的意识'，这是更具精确性的表达"①。在这一点上，我完全同意索恩-雷特尔的判断。历史认识论的前提，不是**抽象的物质**决定意识，而是社会存在，即一定的社会历史生活质性和方式决定一定的人们的意识。由此，历史认识论的对象也不是抽象的物质，而是人们的社会存在以及在这种历史性存在中出现的自然。

当然，回落到这里的讨论语境，索恩-雷特尔就是要指认，康德先天综合判断的秘密就在马克思的商品生产和价值交换的**抽象**中。在他看来，马克思是在《政治经济学批判》(1859 年)以及《资本论》第一卷开篇第一章中，从经济学的视角发现了货币的自我分离(Abzweigung)现象，确切地讲，即货币作为"商品形式的交换的相互居有关系(reziproken Aneignungsverhältnis des Austausches)"，却表象为一种"物的自我独立

---

① Alfred Sohn-Rethel, *Geistige und körperliche Arbeit: Zur Theorie der gesell-schaftlichen Synthesis*, Suhrkamp Verlag Frankfurt am Main, 1972, S. 23. 中译文参见李乾坤译稿。

(dingliche Verselbständigung)"。① 这里有两层构境意向：一是货币是商品形式交换的相互居有关系。我已经指出过，这个**相互居有(剥削)**关系在资本主义生产方式中的挪用是错误的，因为在资本家与劳动者之间并不存在相互剥削关系，真实发生的事情是资本家对劳动者的剥削，而如果涉及资本家之间的关系，也不是相互剥削(居有)，而是争夺剩余价值的关系。二是货币的这种物质载体与交换关系他性存在的自我分离，交换关系存在异在为物象的"自我独立"，以生成拜物教现象。其实我们知道，马克思的政治经济学研究的根本性进展和狭义历史唯物主义深化的思想实验室是《1857—1858 年经济学手稿》(即 1939 年出版的《大纲》)，索恩-雷特尔显然没有注意到这一重要的文献。并且，索恩-雷特尔的整个理论构境总是立足于流通领域中的货币关系，迟迟无法进入马克思关于资本关系的更深一层本质批判中。索恩-雷特尔特别指认说，马克思在全身心投入经济学研究中去时，有时却忽略了他所揭示的资本主义生产方式中这种特殊历史现象的哲学构境层面的意义，特别是**认识论**的深刻含义。这种批评明显是武断的，无论是马克思的《1857—1858 年经济学手稿》，还是《资本论》，都蕴含着极为丰富和深刻的哲学思考，只是索恩-雷特尔并不能达及马克思的哲学构境层面而已。不过，哲学认识论的确并不是马克思思考的主要方向，这一点，索恩-雷特尔有一定的道理。索恩-雷特尔有些得意地写道：

---

① Alfred Sohn-Rethel, *Geistige und körperliche Arbeit：Zur Theorie der gesell-schaftlichen Synthesis*, Suhrkamp Verlag Frankfurt am Main, 1972, S. 23. 中译文参见李乾坤译稿。

　　马克思第一个发现了商品抽象的现象(Phänomen der Warenab-
straktion)，并认识到了和描述了它的基础意义，但是马克思却没
有对在商品分析之中包含的形式特征具体地加以分析。马克思将他
的发现，也正符合于他政治经济学批判的目的，按照其经济学内涵
的方面加以剖析了，但主要也就是在这一方面了。马克思没有探究
商品分析的认识论内涵(erkenntnistheoretischen Implikationen)。①

　　在这一点上，我原则上同意索恩-雷特尔的分析。当然，马克思不是第
一个发现"商品抽象的现象"的人，因为，斯密和李嘉图都已经在讨论商
品的价值抽象，只是马克思已经跳出了资产阶级意识形态，科学地透视
了商品的价值抽象问题。但马克思确实没有认真地进一步思考商品的价
值抽象所产生的认识论意义。在这一点上，索恩-雷特尔表示赞成哈贝
马斯对马克思的批评，即认为马克思忽视了认识论的研究。其实，这是
一句废话，马克思在《资本论》及其手稿中的主要理论任务是经济学，特
别是资本主义生产方式中平等交换背后的剩余价值生产的秘密，他不是
忽略认识论，而是根本没有涉及哲学问题，然而，马克思的经济拜物教
批判理论却是最好的历史认识论基础。

　　远一些说，索恩-雷特尔认为黑格尔意识到了康德命题中的二元论，
他试图用辩证法的方式来实现统一，然而这种辩证法采取了"纯粹精神
内部的解决方式"，所以它"只是在精神的幻觉(Einbildung des Geistes)

---

　　① Alfred Sohn-Rethel, *Geistige und körperliche Arbeit*: *Zur Theorie der gesell-
schaftlichen Synthesis*, Suhrkamp Verlag Frankfurt am Main, 1972, S. 23. 中译文参见李
乾坤译稿。

中完成的，甚至在这种幻觉中实在最终仅仅对于不变的资产阶级世界及其国家才是有效的"①。索恩-雷特尔的分析基本上是对的。为此，他还特意援引阿多诺的话说，"如果黑格尔的综合正确，那么它恰恰是伪造的（Wenn die Hegeische Synthesis stimmte，so wäre sie die falsche）"②。这当然针对的是黑格尔的唯心主义暴力逻辑。然而我觉得，索恩-雷特尔此处的构境是落入浅显层级的，因为他没有真正看到黑格尔绕过了康德认识论构架中存在的矛盾，在更深的构境层中，当黑格尔用"现象只能通过本质显现出来"来否定自在之物的时候，他在认识论构境中恰恰是肤浅的。

在索恩-雷特尔看来，在今天的马克思主义的观点中，不能再像马克思那样在政治经济学批判中忽略认识论问题。他口气真是有些过大。

> 对政治经济学的批判必须与对认识论的批判结合在一起。这两者是并行的，而非谁在谁之上的关系。对政治经济学的历史的形式解释（geschichtliche Formerklärung），也就是说对它的"批判"，以及对认识形式的历史解释（geschichtliche Erklärung der Erkenntnis-form），也就是对内在虚假解释（immanenten Pseudoerklärung）的批判，是两个彼此独立的系统任务，两者相互之间不能够替代。尽管

---

① Alfred Sohn-Rethel，*Geistige und körperliche Arbeit：Zur Theorie der gesell-schaftlichen Synthesis*，Suhrkamp Verlag Frankfurt am Main，1972，S. 25. 中译文参见李乾坤译稿。

② Alfred Sohn-Rethel，*Geistige und körperliche Arbeit：Zur Theorie der gesell-schaftlichen Synthesis*，Suhrkamp Verlag Frankfurt am Main，1972，S. 25. 中译文参见李乾坤译稿。

产生于同样的历史生成基础(Entstehungsgrund)之上，经济学和自然认识论彼此是完全无视的，并因为它们各自特殊的逻辑和自身的必然性而互不依赖。①

这就是索恩-雷特尔自己的认识论构境了。对资产阶级政治经济学的批判应该同时对认识论进行批判，这是对的。马克思在批判资本主义生产方式的时候，并没有忘记批判资产阶级的意识形态，可是马克思的确没有再刻意回到哲学尺度上拷问其认识论，更没有直接思考康德的先天综合判断的现实基础，在这一点上，索恩-雷特尔的评论是有道理的。当然，他也承认资产阶级的政治经济的形式分析与认识形式的分析是完全分离的两个理论系统，这也是马克思容易忽略认识论形式分析的客观因素。其实还有一个思想渊源方面的问题，是马克思的哲学观念更多地受到黑格尔—费尔巴哈的社会历史哲学构境的影响，而远离康德的纯粹认识论哲学话语。

依索恩-雷特尔的分析，资本主义生产方式的发展在其开端上，就呈现出一个经济过程与**智识过程**(*intellektueller Prozeß*)的分立状况。这个分立于经济过程的智识过程即是依存于脱离了体力劳动的脑力劳动活动，更多地表现为科学技术的发展。

作为商业革命的结果，封建主义走向终结，并为资本主义

---

① Alfred Sohn-Rethel, *Geistige und körperliche Arbeit：Zur Theorie der gesellschaftlichen Synthesis*, Suhrkamp Verlag Frankfurt am Main, 1972, S. 25. 中译文参见李乾坤译稿。

（Kapitalismus）创造了开端，生产所面临的任务，只有通过社会化的程度（gesellschaftlichen Ausmaßes）才能够解决。生产对于中世纪的手工工匠来说，不仅要超越他的经济资源，在文字的意义上还要超越头脑。对于火器、更发达的采矿术、冶金、筑城、港口装置、远洋航行等技术来说，个人手和脑的统一的辅助，目测的辅助，和个体单独的劳动一样作用有限。个人手和脑的统一被打碎了，从而为他们社会的分离创造了空间。手工劳动变得需要合作，并在更大程度上社会化，但更片面的手工劳动也更要求"资本的集聚"（Subsumtion unter das Kapital）。脑力劳动经受了向精确科学的计量化方法（quantifizierenden Methode der exakten Wissenschaften）的转变，也就是说，向一个社会化头脑（vergesellschafteten Kopfes）的转变。[①]

我们可以看到，70年代的索恩-雷特尔已经开始非常熟练地使用"封建主义"、"资本主义"、"资本的积聚"这样一些比较规范的概念，讨论问题的方式也更加学术化了。这也就是说，在中世纪的手工业生产中，个体工匠师傅的劳动是**手脑并用**的，或者说，体力劳动与脑力劳动尚没有分化，而在新生的资本主义工业生产中，劳动分工使合作和社会化成为必须，工艺技术和协作本身的专门化导致脑力劳动开始独立，并向精密科学建构起来的**社会化大脑**转变。由此，体力劳动与脑力劳动在资本主义

---

① Alfred Sohn-Rethel, *Geistige und körperliche Arbeit：Zur Theorie der gesellschaftlichen Synthesis*, Suhrkamp Verlag Frankfurt am Main, 1972, S. 26. 中译文参见李乾坤译稿。

的工业生产中彻底分离。与此同时，智识活动缘起于体力劳动—社会活动的机制也被悄悄遮蔽起来。用索恩-雷特尔的话来描述，即"社会化劳动的资本主义生产过程，以及社会化的然而片面智识思想的科学以同样的比例发展，凭借一种本质的联系，其秘密隐藏在作为基础的社会综合的形式和功能(Formen und Funktionen)之中"①。他的这一判断是深刻的。回到历史认识论的构境层面看，他也是在揭露康德先天观念独存伪镜的现实历史成因。

　　索恩-雷特尔认为，马克思在《资本论》中已经对资本主义生产方式在欧洲的早期发展状况进行了描述，总体上说，那是"一个还完全由单纯自然形成的因果性(naturwüchsiger Kausalität)的辩证法统治的时代"②。依此构境，索恩-雷特尔关于资本主义商品交换的讨论也只是停留在那个"单纯自然形成的因果性"的阶段上的思考。但是，自19世纪80年代马克思去世以来，资本主义社会的发展出现了全新的情况，特别是社会综合的机制发生了整体性的根本改变，所以，索恩-雷特尔表示，自己的研究工作将是对这个新时期中资本主义社会综合与思维综合关系进行新的探索的努力。这也是一个断代意义上的理论探索新阶段。索恩-雷特尔提出，要将资本主义作为一个更为发达的发展阶段，也就是将其作为一个正在超越自身的过渡阶段，"其结构和社会存在建构

① Alfred Sohn-Rethel, *Geistige und körperliche Arbeit：Zur Theorie der gesellschaftlichen Synthesis*, Suhrkamp Verlag Frankfurt am Main, 1972, S. 26. 中译文参见李乾坤译稿。

② Alfred Sohn-Rethel, *Geistige und körperliche Arbeit：Zur Theorie der gesellschaftlichen Synthesis*, Suhrkamp Verlag Frankfurt am Main, 1972, S. 27. 中译文参见李乾坤译稿。

(Struktur und der gesellschaftlichen Seinskonstitution)的特定角度是全新的"。正因如此，对资本主义社会综合的新变化"在深入的关联的特定序列(bestimmte Züge der tiefgelegenen Zusammenhänge)之上运用更具确切性的分析是必要的，这些序列在马克思那里还是相对边缘的和形式主义的"①。索恩-雷特尔总免不了标榜自己的恶俗之气。

  那些所有和认识现象联系在一起，但也有经济基础的特定方面，如劳动的可计算性，及其深刻的改变的一般意义，或者最终的生产力和生产关系之间的确切联系，如果这是在变化之中被把握的，以及思想塑形和认识塑形(Denk-und Erkenntnisformation)在我们技术的科学化的时代里，对生产力发展的反作用，所有这一切都是我们这一时代所特有的现象，也是在对马克思的理解中必须要被弥补的。还要提及的可能性是，当人们不再紧盯着文本中马克思的公式(Text de Marxschen Formulierungen)，而是试图将马克思思想的原则化作己用时，马克思的设想就从其自身的流动的形式安置到生产的运动中，在一个自觉的社会控制的内在必然性的方向之上，遵照历史自身的发展。②

---

① Alfred Sohn-Rethel，*Geistige und körperliche Arbeit：Zur Theorie der gesell- schaftlichen Synthesis*，Suhrkamp Verlag Frankfurt am Main，1972，S. 28-29. 中译文参见李乾坤译稿。

② Alfred Sohn-Rethel，*Geistige und körperliche Arbeit：Zur Theorie der gesell- schaftlichen Synthesis*，Suhrkamp Verlag Frankfurt am Main，1972，S. 29. 中译文参见李乾坤译稿。

我觉得，索恩-雷特尔此处对马克思主义的态度是真诚的。这里的构境层有二：一是说今天的资本主义已经发展到技术的科学化时代，所以，经济活动特别是劳动的可计算性方面发生了深刻的改变，他自己的研究将讨论这种变化对思想和认识塑形的影响，以及认识塑形的新变化对生产力的反作用；二是也因为时代的变化，我们不能停留在马克思文本中的固定公式，而应该坚持马克思的方法和原则，以面对资本主义新的历史发展。我以为，索恩-雷特尔的这种思想自觉是清醒的。也由此，他明确意识到自己的研究"将会越过马克思的论述而扩展为对于马克思理论的一个生产性进展的起始点和开端"，当然，这"不是因为马克思的生产能力不够，而是因为历史已经走出了他所面临的局面。在今天不能将马克思的著作当作经文的集合一样内在于他的原文来解释，而不多关注历史的进展。如果马克思主义者不再推动历史唯物主义的话，那他们也就不再是马克思主义者了"①。这倒真是雄心大志。索恩-雷特尔能不能在自己新的理论工程中实现这一宏愿，我们拭目以待。

---

① Alfred Sohn-Rethel, *Geistige und körperliche Arbeit*：*Zur Theorie der gesell-schaftlichen Synthesis*，Suhrkamp Verlag Frankfurt am Main，1972，S. 28. 中译文参见李乾坤译稿。

第六章 ｜ 发现先天综合与现实抽象的关联
（1989）

　　好了，现在我们终于可以进入对索恩-雷特尔最
终的理论成果——1989 年《脑力劳动与体力劳动》一
书修订版文本——的解读复构之中了。在这里，我将
用五章的篇幅讨论这一文本的主体部分。依去世前一
年(1989)已 90 岁高龄的索恩-雷特尔自己的描述，他
的思考起于 1921 年在海德堡大学做一个本科学生时，
第一次意识到了"商品形式(Warenform)中的先验主
体(Transzendentalsubjekt)，发现了历史唯物主义的
原理(Leitsatzes des Geschichtsmaterialismus)"①。这
是他一生反复炫耀的东西，可在我看来，这倒是他信

　　① ［德］索恩-雷特尔：《脑力劳动与体力劳动——西方历史的认识论》，前言，1
页，南京，南京大学出版社，2015。

心不足的表现。因为，虽然马克思在《资本论》中讨论了经济学语境中的商品，但并没有将其与康德的先验观念论中的难题和西方认识论史直接联系起来，于是就有了索恩-雷特尔的"发现"，并且，这一发现还更深地从哲学认识论中证明了历史唯物主义的根本原理。然而我们已经知道的残酷历史事实为，索恩-雷特尔的这一"发现"，当时就不被霍克海默所承认，一直到前者去世，他和自己的"发现"也始终没有得到西方和东方马克思主义学术界的广泛认同。

一、方法前提：历史唯物主义与历史辩证法

那么，到了20世纪80年代末，索恩-雷特尔又是如何解决康德先验观念论"难题"的呢？他告诉我们，破题的路径是从资本主义社会中**脑力劳动与体力劳动的分离和相互关系**入手，真正摆脱专业哲学家们那种从概念到概念的空洞思辨游戏。索恩-雷特尔的这种方法很像马克思恩格斯在《德意志意识形态》中的做法，去发现德国哲学家恰恰不关注的意识形态与现实的关系。这是我们已经熟悉的破境路径。不过，新的基础是从脑力劳动与体力劳动的分离开始的。在索恩-雷特尔看来，康德所制造的现象界之外的"自在之物"之所以是假象和伪境，恰恰因为他关于先天综合判断座架感性经验的思考只是基于"纯粹数学"与"纯粹自然科学"中的脑力劳动的概念形式，而不像一个生活在日常劳作中的普通人那样知道这样一个常识：

手工劳动塑造了物（Handarbeit schafft die Dinge），而理论理性只能考察物的"现象"（Erscheinung），并且手工劳动具有另一种不同的实在性特征（Realitätscharakter），这种特征绝不能归于知识客体（Erkenntnisobjekt）。我们将在研究过程中表明：劳动自身，且仅仅是劳动自身，摆脱了商品生产社会的所有概念，并且"超验"（transzendent）于这些概念，因为这些概念统统都源自社会所形成（bilden）的居有性关联（Aneignungszusammenhang）。①

我们发现，现在**劳动**概念突然成为索恩-雷特尔此处理论运作的关键词，并且，他用以打击康德的利器仍然还是升级版的黑格尔的"主奴辩证法"。因为，脱离了奴隶（体力劳动）创造世界的主人（康德）仅仅停留在脑力劳动过程中，所以他必然失去理解劳动构序世界**直接性**的可能。索恩-雷特尔是想说，不同于康德停留在脑力劳动的概念生产中，因为在概念生产出来的先验理念的背后，实存着真实的体力劳动塑形的商品生产过程，只是体力劳动与脑力劳动的分离，才使得我们看不见体力劳动的客观实在性，并且，这种遮蔽了劳动创造性关系的**商品生产的私人居有关系结构**生成了一种**构序社会存在的客观的社会先验性**，这种社会先验才是**先验观念**的真正根据。我以为，这是深刻的诊断。能看出来，相比于前述不同的草案，索恩-雷特尔在这里获得的进步，一是抓

---

① ［德］索恩-雷特尔：《脑力劳动与体力劳动——西方历史的认识论》，1—2 页，南京，南京大学出版社，2015。中译文有改动。参见 Alfred Sohn-Rethel, *Geistige und körperliche Arbeit：zur Epistemologie der abendländischen Geschichte*, VCH, Acta Humaniora, 1989, S. 1-2。

住了脑力劳动与体力劳动的历史性分离，二是从劳动关系的物化结构来看先天概念生产的虚假独立性。当然，回到马克思的理论构境中，更准确地说，第一，手工劳动并不塑造物（Ding），而是**塑形于事物**（*Sache*）的存在方式。在《1857—1858 年经济学手稿》中，马克思说："劳动是活的、造形的（gestaltende）火；是物的易逝性，物的暂时性，这种易逝性和暂时性表现为这些物通过活的时间而被赋予形式（Formung）。"①**人的劳动在生产中并不创造物质本身，而是使自然物获得某种为我性（一定的社会历史需要）的社会存在形式**。第二，康德的自在之物的"物"，并非是他不懂与事物共生的现象之源，而是有意识地反对将**历史地呈现的物象等同于物**，所以在这个构境意义上，那种与人无关联的"物"将是无穷后退的。这是康德自在之物的本义，他可能没有索恩-雷特尔假定的那么肤浅。当然，索恩-雷特尔是要我们注意唯心主义哲学家没有关注的现实资本主义生产过程中真实发生的劳动生产，在哲学立场和原则上，这是完全正确的。

在阿多诺的《否定的辩证法》一书中，我发现了一段重要的表述。在那里阿多诺极为深刻地分析，自从脑力劳动和体力劳动在精神**统治**的招牌下分离之后，也就出现了一种为这种统治辩护的观念：精神是第一性的和基始性的（Erste und Ursprüngliche）。可是，这种唯心主义的观念却又力图忘记这种统治的要求（Herrschaftsanspruch）从何而来。他说，精神的统治（马克思所说的"抽象成为统治"或阿多诺所说的"幻象成为统治"）之根基根本不是脑力劳动自身的观念统治，而是在于**抽象**对体力劳

---

① 《马克思恩格斯全集》第 46 卷上，331 页，北京，人民出版社，1979。

动的现实支配。"没有抽象（Abstraktion），主体就不会成为根本性的构成力量（Subjekt zum Konstituens überhaupt erst macht）。"[①]可是，这种抽象并非是由主体在主观境遇中完成的，它首先是一种基于社会事实的**客观关系抽象**，即抽象是从社会运转（经济交换和社会交往）**一般性功能**中发生的。阿多诺并没有直接谈到这一思想的出处，但我们不难看出这是因为索恩-雷特尔的影响。

索恩-雷特尔这里新的破境批判拓展，是从康德推进到黑格尔哲学的证伪。他认为，康德之后，残留于二元论中的物的实在性幻象被费希特等人彻底抛弃，特别是"法国大革命之后，整个社会被资本吞噬了"，所以黑格尔的极端唯心主义做法则是将资产阶级的自由精神内化为一种绝对主体，在这里，"思维与存在已不再是相互对立的矛盾双方，它们已成为一个东西"，即绝对观念。其实，在黑格尔之前，强调同一哲学的还有谢林。法国大革命之后整个社会被资本吃掉，这种说法有些夸张，但指认黑格尔哲学是对法国大革命（应该还有英国工业革命和古典经济学）的资产阶级意识形态的理性透视，显然是深刻的。然而，在黑格尔的唯心主义逻辑学构境中，

> 与思维相统一的存在（Sein），并不是物（Ding）在时空中的存在，不是实际历史（tatsächliche Geschichte）与历史事实（geschich-tliche Tatsachen）的关系，而是这样一种存在，它是黑格尔在逻辑

---

① ［德］阿多尔诺：《否定的辩证法》，175 页，重庆，重庆出版社，1993。中译文有改动。参见 Theodor W. Adorno, *Negative Dialektik*, Gesammelte Schriften, Band6, Suhrkamp Verlag Frankfurt am Main，2003，S. 179.

学奠基之处从"我**是**我"(Ich *bin* Ich)的系词中抽取出来的，因而它不过是思维自身的*存在*，即思维以思维的方式与之相混淆了的那种存在；并且，从唯物主义角度来说，这一存在就是实现了的资产阶级统治的自我反映。①

这里，索恩-雷特尔显然是站在唯物主义的立场上批判黑格尔作为世界本质的绝对观念，在这一破境尺度上他是正确的。黑格尔用以统一存在的东西，不是物，不是现实历史事实的真实事件发生，而是缘起于主体性概念之间的那个**构序的系动词**——Sein，关系性存在再建构形式和逻辑结构。唯心主义大师海德格尔也是从这一点进入他的存在论分析的。遗憾的是，索恩-雷特尔并没有深究这个**关系存在论**意义上的系动词。而唯物主义哲学家索恩-雷特尔则发现，这个从系动词生发起来的绝对观念的逻辑构架恰恰是资产阶级现实统治关系的一种不自觉的主观映射。为什么？

索恩-雷特尔指出，黑格尔"把**存在变化的形式**（Form der Seinsveräderung)"的深刻思考和对辩证法逻辑结构的精心制作浪费在了"理念"上，而马克思之所以将其唯物主义地整体颠倒过来，是充分意识到辩证法逻辑的真正基础为"社会存在(gesellschaftliche Sein)"，是资本主义社会中围绕着改变现实而进行的阶级斗争。索恩-雷特尔真是念念不忘阶级斗争。索恩-雷特尔在此承认黑格尔在存在形式上的深刻思考

---

① ［德］索恩-雷特尔：《脑力劳动与体力劳动——西方历史的认识论》，3页，南京，南京大学出版社，2015。

以及相关的辩证法逻辑结构的精心制作，并且，他正确地认识到，马克思将黑格尔的唯心主义辩证法颠倒过来时，不是将其还原至抽象的物质实体，而是归基于**社会存在**。依他之见，

> 因为马克思主义的目标是使社会存在成为这样一种现实性，在其中实在性（Realität）具有了意义，并且这个意义成为真实的；从而，人类社会从其"史前史"（Vorgeschichte）走出来，在"史前史"，人类任由自然形成的必然性（naturwüchsiger Notwendigkeiten）摆布。①

依索恩-雷特尔进一步的构境，马克思对黑格尔唯心主义的颠倒性批判，并非仅仅停留在将先天客观理念归基于社会存在这一现实基础，而在于**改变**这个不合理的现实！这是有道理的。过去我们对马克思唯物主义立场的判断，通常只是满足于马克思对唯物主义哲学立场的确认，却忽略了马克思的新唯物主义哲学世界观从一开始就是与**改变世界**的政治意向同构的。索恩-雷特尔这里的意思是说，马克思所指认的史前史，包括了资本主义在内的一切史前生产方式，先是纯粹天然的自然必然性，然后是在商品—市场经济中出现的由人的经济活动创造的自然形成的外部必然性，**超出必然性的无意识制约**是马克思的历史辩证法的革命

---

① ［德］索恩-雷特尔：《脑力劳动与体力劳动——西方历史的认识论》，3—4页，南京，南京大学出版社，2015。中译文有改动。参见 Alfred Sohn-Rethel, *Geistige und körperliche Arbeit：zur Epistemologie der abendländischen Geschichte*，VCH，Acta Humaniora，1989，S. 4-5.

目的。应该承认，与第二国际将马克思的历史唯物主义解释成经济决定论相比，索恩-雷特尔这里的理解是深刻的分析。在索恩-雷特尔的眼中，

> "历史唯物主义"(historischer Materialismus)这一表述意味着，人类历史是自然历史(Naturgeschichte)的一部分，即归根到底(in letzter Instanz)是被物质必然性所制约的。这些物质必然性变为属人的，也就是说，在劳动开始的地方，自然以人类历史的形式(Form)得以持续。人类的自然基础与人类历史的"唯物主义"在于，人们并不是生活在极乐世界中，即不是无偿地实存着，但也不是像动物那样盲目地(blindlings)由自然来喂养，而是按照其劳动的尺度来生活，因而是凭借由他们自己进行的、自己开始并实施的生产来生活。①

请一定注意，这里是索恩-雷特尔明确标注自己用以解决康德命题的理论基础，即他所理解的**历史唯物主义方法**。显然，此时他已经熟悉了《德意志意识形态》的文本。依我重新精准地复构其思想情境，这里有两个构境层面：一是历史唯物主义并非背叛哲学唯物主义的前提，它恰恰以承认最终客观物质性的基元为前提，即马克思所说的"外部自然界

---

① ［德］索恩-雷特尔：《脑力劳动与体力劳动——西方历史的认识论》，4 页，南京，南京大学出版社，2015。中译文有改动。参见 Alfred Sohn-Rethel, *Geistige und körperliche Arbeit：zur Epistemologie der abendländischen Geschichte*，VCH，Acta Humaniora，1989，S. 4。

的优先地位（die Priorität der äußeren Natur）"①，但人类历史的发生，让人**所接触的**自然物质通过劳动生产所塑形的存在方式有所为地存在；二是人摆脱了动物的盲目自然喂养方式，人类主体的确立和自身历史的开端都始于**直接生活资料的物质生产与再生产**，用索恩-雷特尔这里的表述，即社会存在缘起于劳动生产的尺度。依我的精细分类，这是马克思在《德意志意识形态》一书中建立的**广义**历史唯物主义的原理。索恩-雷特尔并没有清晰地界划这一点。所以，一旦他进入复杂的社会历史分析时，必然会出现某种程度上的思想混乱。

接下去的断言就值得商酌了，索恩-雷特尔直接说："历史唯物主义的根本规律是价值规律（Wertgesetz）。"②准确地说，应该是马克思的**狭义**历史唯物主义的根本规律是价值规律，因为价值规律是在资本主义生产方式居主导地位的**经济的**社会形态中才历史地发生的。不过，在具体的分析中索恩-雷特尔纠正了这一失误，他能够说明"价值规律只是在人类劳动产品超出单纯的生活必需、成为人与人之间的'价值'的地方，才开始运行"。这就对了。其实，这也说明索恩-雷特尔在自己思想逻辑中的某种思想不严谨。在这种特殊的历史条件下，

人的"物化"（Verdinglichung）或"自我异化"（Selbstentfrem-dung）开始了；他们败而未亡，他们惑而未盲，社会地造成的"经

---

① 马克思、恩格斯：《费尔巴哈》，21 页，北京，人民出版社，1988。参见 Marx/Engels: *Die deutsche Ideologie MEW* Bd. 3，Berlin：Dietz Verlag，1969，S. 44。

② ［德］索恩-雷特尔：《脑力劳动与体力劳动——西方历史的认识论》，4 页，南京，南京大学出版社，2015。

济"的自然因果性（Naturkausalität）与一种自然力量（Naturwüchsigkeit）的统治——在恰当的时刻，人们应当将它扬弃——得以运行。换言之，在阶级社会时代进程中，价值规律成为历史唯物主义的根本规律。[①]

令我惊奇的是，索恩-雷特尔十分科学地提出了马克思很早就指认出来，但始终没有直接阐明的观点，即在资本主义商品—市场经济活动中，是人们自己的活动**社会地造成**（*gesellschaftlich verursachte*）了一种新的**经济的**自然因果性和特殊自然力量的统治，这里的**自然**因果性和**自然**力量都不是发生在自然界中，而是历史地生成于人的社会活动中，这是极为深刻的指认。在前面的草案中，他多是用青年卢卡奇—阿多诺的"第二自然"概念来指认的。这与我提出的马克思的**似自然性**和**物役性**理论是完全一致的。[②] 马克思开始在《德意志意识形态》一书中提出这一观点，意在取代人本主义的异化史观，但后来的经济学研究中，他又进一步发现了资本主义生产方式中似自然性与物役性现象的普遍存在。阿多诺对此的评论为："只是在讽刺的意义上，商品交换的社会的自然增长才是一种自然的规律（Naturwüchsigkeit der Tauschgesellschaft Natur-

---

① ［德］索恩-雷特尔：《脑力劳动与体力劳动——西方历史的认识论》，4 页，南京，南京大学出版社，2015。

② 参见张一兵：《马克思历史辩证法的主体向度》，第 3 章，武汉，武汉大学出版社，2010。

gesetz），经济的先定统治（Vormacht von Ökonomie）不是不变的。"①显然，阿多诺承认索恩-雷特尔这一分析的深刻性。

并且，索恩-雷特尔进一步指出，只有历史唯物主义才能发现马克思的**历史辩证法**。他尖锐地提出，辩证法既不独立地存在于绝对理念中（黑格尔），也不简单地存在于社会事实中（第二国际），而是存在于由历史唯物主义的方法所能观察到的主体与客体、社会存在与意识的实践统一之中。这种统一恰恰构成了人类社会历史的辩证本质。

这就是索恩-雷特尔思想构境在 20 世纪 70 年代之后所呈现出的方法论前提：马克思的历史唯物主义与历史辩证法。这也是他解决康德认识论命题伪相的破境论武器。

二、康德命题的非历史性

有了方法论的前提，索恩-雷特尔下一个思考构境点则是，在马克思的这种处处闪烁着辩证法光芒的历史唯物主义方法中，康德和黑格尔到底谁是真正的引路人？他的回答是：康德或黑格尔都不对，而是"在黑格尔框架（Rahmen）中的康德"②。这是一个很奇怪的说法。在传统的

---

① ［德］阿多尔诺：《否定的辩证法》，188 页，重庆，重庆出版社，1993。参见 Theodor W. Adorno, *Negative Dialektik*, Gesammelte Schriften, Band 6, Suhrkamp Verlag Frankfurt am Main, 2003, S. 190。

② ［德］索恩-雷特尔：《脑力劳动与体力劳动——西方历史的认识论》，6 页，南京，南京大学出版社，2015。

马克思哲学思想史研究中，可能人们很少谈到康德①，通过黑格尔哲学构境反过来透视的康德对马克思的影响更是无从谈起。索恩-雷特尔为什么会这样说？

索恩-雷特尔认为，在马克思的历史唯物主义中，看起来，黑格尔的影响更大一些，因为历史辩证法的主要规律都是从他那里以思辨的形式出现的，而"康德的方式所提出的知识问题"似乎没有什么机会发挥作用，可是，当我们从更深一层构境意向仔细去品味马克思的历史唯物主义时，却发现，

> 借助于劳动，借助于劳动的材料、力量、辅助手段、工具，自然似乎已经不断地作为被掌握的既定的要素而被拉入人类历史之中。自然绝不是将它的物质因果性(materielle Kausalität)的影响作为常量(Konstante)施予历史，而是依据生产力的发展程度(Entwicklungsgrade der Produktivkräfte)施予历史，虽然在这一过程中偶尔会发生损失，但大体而言，各个时代都是前后相继的，而按照人类的意义，后果也总是能够在滞后(fortschrittslos)的社会生产关系中发挥影响。②

---

① 日本学者柄谷行人的《跨越性批判——康德与马克思》是一个例外。参见［日］柄谷行人：《跨越性批判——康德与马克思》，北京，中央编译出版社，2011。

② ［德］索恩-雷特尔：《脑力劳动与体力劳动——西方历史的认识论》，5页，南京，南京大学出版社，2015。中译文有改动。参见 Alfred Sohn-Rethel, *Geistige und körperliche Arbeit：zur Epistemologie der abendländischen Geschichte*, VCH, Acta Humaniora, 1989, S. 6。

这里出现的深刻构境层为：第一，自然存在进入历史，是作为**被征服和被控制的**劳动对象在场的，它通过劳动借助生产工具将自然存在不断地作为被掌握的一定因素改造成为**历史性的**存在。在海德格尔的本有论构境中，自然（φνσιζ）即是向我们的涌现—存在。第二，我觉得，索恩-雷特尔这里最精彩的构境点，无疑是对**生产力发展的程度**的指认，自然存在进入社会生活并非是一个不变的**常量**，而是随着生产力发展达及的特定**历史功能度**发生改变的。在索恩-雷特尔这本书的最终版问世之际（1989年）前后，我曾经也讨论过这个历史性的实践功能度。① 正是这个历史性的生产力功能度决定了一定的社会生产关系的结构性质，并且，也是这个**历史性的实践功能度**决定了一个时代的整体**认知功能度**！这恰恰是索恩-雷特尔真正深入马克思的历史认识论中极为重要的**客体向度构境层**的入口，然而，他却没有进入。马克思历史唯物主义与康德认识论的关联点也正在这里，当康德说，自然总是以一定的形式向我们呈现时，马克思则在历史唯物主义的自然观念中指证了康德命题的现实基础。因为，康德所指认的呈现自然现象的一定形式正是由历史性的实践功能度决定的。并且，这一构境点也会是历史认识论构架中最核心的支撑性激活点。

索恩-雷特尔认为，沿着这一构境意向拓展开来，我们就不难理解，康德命题中出现的作为无历史起源的"一般知识"或"经验的可能性"，是在哲学基础之上提出的"非历史性（unhistorische）问题"。这个形容词unhistorische用得极好，这也是许多传统哲学逻辑构架和宏大叙

---

① 参见张一兵：《实践功能度：实践唯物主义逻辑构架的整体特质》，载《天府新论》1989年第2期。

事的病根。关键在于，康德并没有发现，

　　它是作为脑力劳动与体力劳动的区分所造成的特定历史现象(spezifisches historisches Phänomen)而提出来的，这一区分是在商品生产过程中阶级分化的基础上产生出来的；这一问题先是在古典时代继而又主要在欧洲的近代获得其完全的成熟形态。在这里，一个理论上的知识问题之所以被提出，是由于以下历史事实：自然知识的形式(Formen der Naturerkenntnis)与手工生产实践(manuellen Produktionspraxis)相分离、独立于后者，并因而显然是来自手工劳动之外的其他源头。①

　　我之所以偶尔会激动于索恩-雷特尔的文本，也因为他有时候所使用的词句十分精准。这里的 spezifisches historisches Phänomen 是正宗马克思的话语。索恩-雷特尔是在指证康德不知道自己的认识论构架本身就是商品生产中发生的特定历史结果，知识的形式能够先验于经验世界，是由于看起来像是**神目观**②中的自然科学图景脱离了真正接触和改造自然存在的手工生产实践，再宏观一些，则恰恰是脑力劳动从体力劳动中的历史性挣脱和分立。这个判断在历史认识论的构境层中无疑是正

———————————

　　①　[德]索恩-雷特尔：《脑力劳动与体力劳动——西方历史的认识论》，5页，南京，南京大学出版社，2015。

　　②　神目观，即一度存在于旧唯物主义哲学和自然科学方法论中的理想化的绝对客观主义，这种观点假设人的认识可以不附加任何主观因素地反映外部世界，就像是来自上帝的目光。

确的。我注意到，阿多诺似乎并不赞成索恩-雷特尔这里对康德的简单批评，他倒认为康德意识到了劳动的作用。阿多诺在《否定的辩证法》一书中指出，在康德那里，"这种纯粹活动是非确定性的劳动对作为根源的纯主体的一种投射"，这里的**非确定的**劳动实际上就是后来马克思所说的抽象的社会劳动。并且，康德已经正确地注意到，"社会劳动是一种对'某物'的劳动（gesellschaftliche Arbeit eine an Etwas ist）"①，是从具体劳动中抽象出来的。

于是，康德的"纯粹数学何以可能？纯粹自然科学何以可能？先天综合判断何以可能？"这一类做作的追问，除去来自自然科学自身的直接基础之外，还得回到现实历史本身。哲学认识论的构境层必须深化和归基于**历史**认识论。索恩-雷特尔认为，这里所涉及的"既不是脑力劳动也不是体力劳动，而是脑力劳动在其与手工劳动的分离中的显现方式（Er-scheinungsweisen），这是历史唯物主义的子问题"②。这也是正确的破境论方案。因为当康德深刻地指认"自然总是以一定的形式向我们呈现"时，他并没有深究其所以然，索恩-雷特尔这里的努力显然是有效的。依索恩-雷特尔所见，在历史唯物主义的视域中，马克思主义者会进一步追问"科学与科学技术如何适应历史、科学源自何方、它的概念形式的本性与起源"等问题。其实，在斯大林教条主义哲学解释框架中，这些问题同样没有得到过真正的解答。

当然，在索恩-雷特尔这里，康德命题的关键是先验的**概念形式**问

---

① ［德］阿多尔诺：《否定的辩证法》，176 页，重庆，重庆出版社，1993。

② ［德］索恩-雷特尔：《脑力劳动与体力劳动——西方历史的认识论》，6 页，南京，南京大学出版社，2015。

题，先天综合判断对经验现象生成统摄作用，实际上是一个**先在的**概念
形式系统座架感性、知性和理性知识的过程。然而，在整个西方哲学思
想史中，"科学和哲学的脑力劳动的概念形式根本没有被理解为历史现
象。恰恰相反，自然科学思维方式的概念形式突出了内容的非历史性"，
这是中肯的批评。正是这种先验唯心论的错误导致了"这个或那个时代
的自然科学思想也不是被评价为一种脑力劳动的现象，而这种脑力劳动
是与既定类型(gegebener Art)的体力劳动处于某种特定的社会分工关系
(Trennungsverhältnis)之中的"①。这是说，一个时代的自然科学的思想
形式脱离特定的脑力劳动，而脑力劳动则分立和超脱于特定类型的体力
劳动的奴隶式社会分工，这是康德唯心主义先验论幻想的成因。所以，
要真正解决康德命题，关键就在于在历史唯物主义的视域中，创造出
"一种关于脑力劳动与体力劳动的彻底分离的历史理论，将从根本上有
助于补充和发展马克思主义的知识"②。特别是康德的概念形式系统是
如何历史发生的，先天观念综合形式如何在现实的社会历史先验形式中
秘密地被塑形？这就是索恩-雷特尔此书要根本面对的任务。

三、形式的发生机制：思维抽象还是现实抽象

　　索恩-雷特尔认为，首先，马克思的思维方式的本质就是一种关于

---

　　①　[德]索恩-雷特尔：《脑力劳动与体力劳动——西方历史的认识论》，6 页，南
京，南京大学出版社，2015。
　　②　同上书，6 页。

形式（*Form*）的思维，这是他的思维方式区别于以往所有**实体性**思维的特质。其实在马克思 1845 年创立历史唯物主义的时候，他比较多地使用的是**关系**和**方式**的概念。依日本学者广松涉的说法，马克思的构境方法是对立于传统实体主义二元论的**关系本体论**。而在进入经济学研究之后，马克思开始比较多地使用 Form 概念，最著名的有《1857—1858 年经济学手稿》中的**三大社会形式**（*Gesellschaftsform*）理论。① 索恩-雷特尔将马克思的方法论聚焦于形式概念，主要是对应康德认识论构境中特有的概念形式化的先验系统构架。其次，一切形式总是在**一定历史条件**下生成的。关于形式的概念思考，从柏拉图—亚里士多德那里就开始了，在近代，当然是康德—黑格尔第一次系统地讨论理念形式的塑形问题。但所有的唯心主义思想家都没有真正将形式范畴放置到一定的历史情境中去理解，而"对于马克思来说，形式在时间上是有条件的。它在时间中产生、消逝和变化。将形式与时间捆绑在一起来理解，是辩证思维的标志，这源自黑格尔"②。可是，在黑格尔那里，形式的起源和形式变化（formgenetische und formverändernde）都只是绝对理念的内部逻辑构架之辩证运动，相反，"马克思从一开始就将控制着形式的起源与变化的时间设想为历史的时间，自然历史的时间或人类历史的时间（ge-schichtliche，natur-oder menschengeschichtliche Zeit）。因而，关于形

---

① 《马克思恩格斯全集》第 46 卷上，104 页，北京，人民出版社，1979。中译文将此处的 Form 译成"形态"，我均改译为"形式"。参见 Karl Marx, *Grundrissen*, *Gesamtausgabe*（*MEGA*2）II/1, Berlin：Dietz Verlag，1976，S. 90-91。

② ［德］索恩-雷特尔：《脑力劳动与体力劳动——西方历史的认识论》，7 页，南京，南京大学出版社，2015。

式的任何东西都不可能被预先构成(voraus ausgemacht)"①。回到康德—黑格尔的先天观念形式统摄问题上来，也就是说，任何观念形式都不可能是基始的("第一性")，形式总是**被历史生成的**。索恩-雷特尔说，马克思向来反对一切"第一哲学"(prima philosophia)。这是对的。这也是阿多诺在《否定的辩证法》中提出的观点。在阿多诺看来，在哲学运演中的任何本真要素都只能是一种不断变化的东西，"一旦不变量作为先验性固定(als Transzendenz fixiert)下来，它们就成了意识形态(Ideologie)"②。并且，意识形态并不总是唯心主义，凡是将客观上变化着的东西形而上学地变成某种第一性的**基础**哲学，都不可避免地坠入意识形态的幻象。从时间上来看，索恩-雷特尔此处的观点显然受到了阿多诺的影响。并且，观念形式发生和变化的基础是现实社会形式的发生和改变。

也正是到了这里，索恩-雷特尔的思想构境突然来了一个大转折，他从形式的历史性发生问题的思考，一下子转到了观念形式现实发生的微观机制的讨论上来。他直接提出，意识的历史形式的生成基础是一种特殊的关系**抽象过程**(*Abstraktionsprozesse*)。抽象，是一切先验观念系统和理念逻辑结构发生的秘密。我觉得，这可能也是索恩-雷特尔此书中最重要的构境突现转换点。然而，过去所有的哲学，一谈及抽象，首先想到的就是从具体的经验到**主观抽象**的概念，从外部现象之"多"到内

---

①　[德]索恩-雷特尔：《脑力劳动与体力劳动——西方历史的认识论》，8页，南京，南京大学出版社，2015。

②　[德]阿尔诺：《否定的辩证法》，39页，重庆，重庆出版社，1993。参见 Theodor W. Adorno，*Negative Dialektik*，Gesammelte Schriften，Band6，Suhrkamp Verlag Frankfurt am Main，2003，S. 50。

部的观念抽象本质之"一"，**抽象，就是专指发生于思维内部的主观活动**。索恩-雷特尔则不以为然。

> 抽象相当于概念形成的车间（Werkstatt Begriffsbildung），并且，如果对意识的社会的存在规定性（Seinsbestimmtheit）的谈论要具有形式上恰当的意义，那么就必须有关于抽象过程的本性的一种唯物主义观点能为此谈论奠定基础。一种源自社会存在（gesell-schaftliche Sein）的意识形成是以一种作为社会存在之一部分的抽象过程（Abstraktionsprozeß）为条件的。只有这一事实才使得"人的社会存在决定其意识"这一表述所指的内容变得可以理解。①

请一定注意，这是索恩-雷特尔此书中最重要的发现，即抽象**并不仅仅是**主观思维的活动机制，作为概念生成的真正劳作工地是发生于社会存在中的一种**客观抽象**，这种人脑之外的现实的抽象活动是**客观社会存在**的一部分，恰恰是这种**现实抽象**建构了先验的社会生活形式，并由此规制了思维形式的主观抽象活动，以生成看起来先验的思维形式。我以为，这是索恩-雷特尔在当代认识论研究中的最大贡献。在他看来，作为马克思"社会存在决定意识"的重要历史唯物主义原则，只是在这个微观机制中才得以真正成立。我得承认，这真是马克思没有具体讨论过的历史认识论或意识理论发生的微观层面。这也是我看重索恩-雷特尔

---

① ［德］索恩-雷特尔：《脑力劳动与体力劳动——西方历史的认识论》，8 页，南京，南京大学出版社，2015。

这本论著的关键性学术原创的全新重要构境点。阿多诺完全赞同索恩-雷特尔这一重要发现:"先验的一般性(transzendentale Allgemeinheit)不是**我**的纯粹自恋的自我拔高,不是**我**的自律的傲慢,而是在那种靠等价原则(Äquivalenzprinzip)而盛行不衰的统治中有它的现实性。哲学美化的并且只归因于认识主体的那种抽象过程(Abstraktionsvorgang)是在现实的交换社会(tatsächlichen Tauschgesellschaft)中发生的。"[①]虽然阿多诺没有直接指明索恩-雷特尔的原创构境出处,但他从内心里是叹服的。

索恩-雷特尔说,这一观点并非是他自己的完全独创,而是马克思在《资本论》及其手稿中开始的"商品分析"里无意揭示的,因为在那里,"马克思是在不同于思维抽象的意义上来谈论抽象的",也就是说,是马克思最先谈论发生于资本主义商品—市场经济活动中的**客观抽象**的,抽象劳动不是主观活动,商品抽象和价值形式抽象都不发生在人的主观头脑中,而是现实发生于经济活动中的交换关系的**现实**抽象。这一点,对于理解历史唯物主义和历史认识论具有独一无二的意义。齐泽克也是在这一点上,高度肯定了索恩-雷特尔的这一重要发现。他认为,"**今天(晚期资本主义全球市场)的社会现实本身就是被马克思所说的'现实抽象'力量所统治的**"[②]。并且,今天的"'虚拟资本主义'(期货贸易和类似

---

① [德]阿多尔诺:《否定的辩证法》,176 页,重庆,重庆出版社,1993。参见 Theodor W. Adorno, *Negative Dialektik*, Gesammelte Schriften, Band 6, Suhrkamp Verlag Frankfurt am Main, 2003, S. 180。

② [斯洛文尼亚]齐泽克:《有人说过集权主义吗?》,序言,2 页,南京,江苏人民出版社,2005。

的抽象金融投机)的现象不就表示着最纯粹意义上'现实抽象'的统治比其在马克思时代的情形更加彻底吗?"①索恩-雷特尔的这一重要理论发现，也成为今天后工业社会中一般智力与现实抽象讨论的缘起。

进一步，索恩-雷特尔迅速从哲学深入到马克思的经济学研究论域中，他直接抓住了商品抽象(Warenabstraktion)和价值抽象(Wertab-straktion)问题，或者说商品的**抽象性**和**价值形式的抽象生成和再实体化**的矛盾存在问题。这样，一个全新的更深一层理论构境就得以凸显。请注意，这是索恩-雷特尔此时全部思想构境的最重要的支撑点。令我惊叹的是，索恩-雷特尔找到了我并没有深入的经济学语境中再升华出来的哲学话语构境层。我在《回到马克思》一书中，涉及过抽象问题的几个重要构境意向：一是指认古典经济学的社会唯物主义缘起于对非实体的工业生产关系和经济存在的**哲学抽象**②，二是指认过马克思1847年对李嘉图经济学中**科学抽象**③的肯定，三是提及发生于商品交换中的**客观抽象、历史抽象**④，四是直接讨论了**价值抽象和抽象成为统治**⑤。特别是第三、第四个构境意向与此处索恩-雷特尔的观点是相近的。但需要承认，我也没有深入探讨这种**客观抽象与认识的观念构架的关系**。具体说来，我没有进入到历史认识论的构境层中。这正是索恩-雷特尔真正打动我的地方。想必也是他吸引阿多诺和齐泽克目光的构境方向之一。

---

① [斯洛文尼亚]齐泽克：《易碎的绝对》，13页，南京，江苏人民出版社，2004。

② 参见张一兵：《回到马克思——经济学语境中的哲学话语》，36—37页，南京，江苏人民出版社，2014。

③ 参见同上书，57—58页。

④ 参见同上书，586—590页。

⑤ 参见同上书，623—630页。

依索恩-雷特尔的分析，马克思在《资本论》中对商品形式的分析已经涉及一个根本性的问题，即"商品形式是抽象的，抽象性整个地笼罩在它的周围"①。准确地说，是商品的**价值表现形式**是抽象的。这让人立刻想起那个会倒着跳舞的桌子，马克思所说的商品抽象的价值形式其实就是物品在进入商品交换关系后获得的某种**不可见的神秘性**。索恩-雷特尔说，这里的神秘伪境有三个构序点：第一个构序点是与商品的使用价值相对的**"交换价值"的抽象性**，这种抽象性从根基上是由抽象的人类一般劳动决定的。在进入商品生产之前，农业生产和手工业生产都只有一种统一的劳动对应生产过程中的产品。简单商品生产和交换只是促使产品进入消费的初级手段，商品并非生产的直接目的。商品生产的发展历史，特别是资本主义生产方式中工业生产必然需要的劳动分工生成了劳动本身的分化——一般劳动与个体劳动，并进一步分化为具体劳动和抽象劳动，以对应商品的二重性存在——使用价值和价值。商品的使用价值是可见的，它由具体劳动塑形物品而生成功效性实在，而基于人类抽象的一般劳动的价值却是不可见的，可见的交换价值形式(价格)只是价值的市场表现方式。索恩-雷特尔并没有深入而精确地探讨过这一重要问题。其实，按照马克思的理解，这种抽象的**劳动一般**本身也是历史发生的，这是一个复杂而漫长的过程。索恩-雷特尔在下面的讨论中会具体涉及这一点。我们可以看到，这也是后来一些学者批评索恩-雷特尔现实抽象概念的单一交换关系发生学的一个破境盲区，批评者认为

---

① ［德］索恩-雷特尔：《脑力劳动与体力劳动——西方历史的认识论》，南京，9页，南京大学出版社，2015。

现实抽象的前提是发生在生产劳动过程中的劳动一般和生产一般。这些方面，可能都会是我们历史认识论所要面对的重要问题。

第二个构序点是商品的抽象价值实现出来的形式——**货币是抽象的**。在商品交换中，价值**形式**的发展经历了这样的过程：从物物交换进入商品交换中抽象生成的简单价值形式，再发展到扩大了的价值形式，进而演变为一般价值形态即**货币**。这样，**抽象的**价值关系获得了一个**事物的形态**。价值是交换中商品反射性认同的关系性手段，抽象的价值关系在现实中必须事物化为一种实体性，所以货币已成为在市场交换中实现产品的**二次方的手段**。无论是最早的贝、骨和金属铸币或是今天的纸币和电子货币，可见的物性的等价物对象都表征着一种**不可见的**抽象的劳动交换关系。在马克思的经济学研究中，他具体分析过抽象的价值一般转化为一个特定的事物化对象的过程。"交换价值是以作为一切产品的实体的社会劳动为前提的，而和产品的自然性质完全无关。"①可是，它又直接以一种自然的物品表现出来。这样，产品成为商品，商品成为交换价值，交换价值与商品并列为特殊的存在——货币。由此，"货币从它表现为单纯流通手段这样一种奴仆身分，一跃而成为商品世界中的统治者和上帝（Herrscher und Gott in der Welt der Waren）"②。

第三个构序点是整个**社会关系体系的抽象性**。索恩-雷特尔说："商品流通得以在其中形成网络（nexus rerum）的社会是一种纯粹抽象的关

---

① 《马克思恩格斯全集》第 46 卷上，154 页，北京，人民出版社，1979。

② 同上书，171 页。

联(rein abstrakter Zusammenhang)，在这关联中，所有具体的东西都掌握在私人的手中。"①这是对的。可是索恩-雷特尔没有认识到，这个作为网络出现的本质关系正是**资本关系**。在《回到马克思》一书中，我对于现实抽象问题，已经有了一些初步的讨论。具体的构境布展如下：当人类社会发展过程步入资本主义经济过程时，过去观念的抽象开始直接发生在客观社会生活现实中，成为现实的客观"抽象"。马克思在《1857—1858年经济学手稿》中发现，资本主义生产方式在社会化大生产中、商品经济在市场的竞争与交换中，似乎不断实现着某种客观的从"多"向"一"的抽象转化：先是以工业为基础的生产**一般**(标准化和齐一化的初始发生)，无差别的劳动**一般**(抽象劳动的基础)，然后是市场交换中必然出现的价值**一般**。价值(等价物)交换(同一性，Identität)是人们在社会生活中真正的"类"(劳动)关系，价值(通过交换价值表现)的出现是人类社会走向抽象整体性的真正开始。从劳动到价值、货币再到资本的过程，存在着一个完整的**客观抽象的历史逻辑**。只有在资本主义生产方式中，资本才成为当代社会存在中"普照的光"。这种过去在神幻中出现的"上帝之城"的"一"，现在由工业历史地创造出来，但这一次不是绝对观念的世界历史，而是资本开辟的**真实的现实世界历史**。

索恩-雷特尔此处的结论是："商品抽象的本质是，它不是由思想家创造出来的，它的起源不在人的思维之中，而在人的做(Tun)之中。"②这个 Tun 很精辟，它相当于马克思1845年所说的实践。商品抽象和价

① ［德］索恩-雷特尔：《脑力劳动与体力劳动——西方历史的认识论》，9 页，南京，南京大学出版社，2015。

② 同上书，9—10 页。

值抽象固然都可以由人的思维来表征，但这种抽象的根基却是实际发生的客观的经济关系(商品交换)的**现实抽象**及其结晶，这种抽象本身就是客观活动过程，并且，索恩-雷特尔特别指出：它与康德的先验知识体系的**主观抽象**是不同的，甚至是"两个完全异质(heterolog)层面"。对此，索恩-雷特尔具体分析说：

> 自然知识的概念是思维抽象，而经济学的价值概念是现实抽象(Realabstraktion)。后者虽然也存在于人的思维之中，但是它却并不是发源于(entspringt)思维的。它直接地是一种社会本性，其起源存在于人与人之间交往(zwischenmenschlichen Verkehrs)的时空领域之中。不是由人引起了这种抽象(erzeugen diese Abstraktion)，而是人的行为在做(ihre Handlungen tun das)、人们之间的相互行为(miteinander)产生了它。"他们没有意识到这一点，但是他们这样做了(Sie wissen das nicht，aber sie tun es)。"①

这恐怕是索恩-雷特尔新书稿中最重要的一段画龙点睛式的表述。这段文字可能也集中表征了他自己在理论上的新发现——马克思关于**现实抽象**(*Realabstraktion*)理论，特别是这种现实抽象与观念抽象的历史性关联。在他看来，与自然知识基于思维抽象不同，经济学的价值概念**基于**

---

① ［德］索恩-雷特尔：《脑力劳动与体力劳动——西方历史的认识论》，10页，南京，南京大学出版社，2015。中译文有改动。参见 Alfred Sohn-Rethel, *Geistige und körperliche Arbeit：zur Epistemologie der abendländischen Geschichte*，VCH，Acta Humaniora，1989，S. 12。该引文中最后一句话是马克思在《资本论》中的表述。

现实抽象，商品价值可以由经济学理论的主观思维来表征，但它缘起于人与人的客观交往，具体说，是生成于商品交换中人与人劳动关系的一种**无意识发生**的客观抽象。1965 年，阿多诺对索恩-雷特尔的这一观点做出了肯定性的评论："对于交换来说，交换抽象(Tauschabstraktion)不是附加的、理智的东西，而是其固有的、没有意识到的东西。"①并且，"交换及其诸范畴的抽象性绝不会被自发地意识到，而只能凭借货币来意识到；货币作为对交换的一种无限性的综合，陈述出了个体相互之间及其与自然之间关联的中介性的一种总体性(Totalität)"②。可以看到，阿多诺将索恩-雷特尔的现实抽象概念改成了**交换抽象**(*Tauschab-straktion*)。也是在这里，索恩-雷特尔极其准确地援引了马克思在《资本论》中的那句名言："他们没有意识到这一点，但是他们这样做了。"③齐泽克敏锐地发现了索恩-雷特尔的这一重要互文构境，并将其推进到斯洛特戴克④如今对资产阶级新犬儒主义的理解深层：**他们知道，但仍然**

① ［德］阿多诺：《阿多诺与索恩-雷特尔谈话笔记》，转引自［德］索恩-雷特尔：《脑力劳动与体力劳动——西方历史的认识论》，174 页，南京，南京大学出版社，2015。

② 同上书，174 页。

③ 《马克思恩格斯全集》第 23 卷，90—91 页，北京，人民出版社，1972。马克思的原话为："人们把他们的劳动产品看做**价值**，使它们互相发生关系，不是因为这些物品在他们看来**不过**是同种人类劳动的**物质外壳**。恰好相反，人们是在他们交换中把不同种**劳动**看做**价值**，使它们**互相**均等的时候，把他们的不同劳动当作人类劳动，使它们均等起来的。他们不知道这一点，但是他们这样**做着**。价值没有在额门上写明它是**什么**。宁可说它把每一个劳动产品转化成了一个社会的秘密象形文字。"

④ 斯洛特戴克(Peter Sloterdijk，1947—　　)：德国当代著名哲学家。1975 年获得德国汉堡大学博士学位，1992 年起任德国卡尔斯鲁厄艺术设计大学教授，后任校长。其代表作有：《犬儒理性批判》(*Kritik der zynischen Vernunft*，1983)、《球体》(*Sphären*，I-III，1998—2004)、《资本的内部空间》(*Im Weltinnenraum des Kapitals*，2005)等。

为之。其实，看到索恩-雷特尔、阿多诺和齐泽克这里的讨论，我还是非常感慨的，因为这些极为重要的历史认识论的理论构序质点，在马克思那里就已经开始铸就，并为一代又一代的马克思文本的解读者所揭示和复构，然而我们这些所谓马克思主义的正统学者却毫无知觉。真是无颜无语。

这也是说，如同斯密—黑格尔—马克思意识到的那样，在资本主义生产方式的商品—市场活动中，人们并没有办法意识到自己的行动结果，人们各怀意图的客观的经济活动本身**自组织式地**抽象出一般劳动价值，并建构起神秘的商品—市场王国。斯密发现了经济"自然"过程中"看不见的手"，而黑格尔则将其唯心主义式地隐晦表达为背后操纵"激情"的"理性的狡计"，最后，马克思在经济学中准确地揭示了它的真实面目——商品在市场交换中运动的价值规律。并且，马克思已经在经济学层面上科学地说明了构成这一规律的核心本质，商品交换中历史发生的价值形式的现实抽象及其事物性结晶（以货币—资本关系为本质的资本主义生产方式）。而索恩-雷特尔在这里的新关注点则是，正是这个神秘的客观抽象结构将生成一种先于所有经济主体意愿的**社会先验构架**。在这里，我们几乎听到索恩-雷特尔疯了一般喊着：这个特殊的社会先验构架才是康德观念先验论的地上秘密！可惜，这一呼喊始终没有人听见。

然而，康德命题的历史唯物主义破境，并不是马克思已经准备好的现成物。依索恩-雷特尔的判定，虽然马克思在经济学语境中深刻地揭示并思考了商品抽象和价值抽象问题，但他恰恰没有将这一深刻的发现与认识论联系起来，"马克思对认识论的忽视，造成了关于脑力劳动与手工劳动之间关系的理论的缺失"①，这样，马克思就丧失了获得康德命题的历史唯物主义破境策略的最佳机会。索恩-雷特尔认为，在这一认识上，他与阿尔都塞和哈贝马斯的观点接近，因为这二人都意识到了马克思经济学研究背后的更大思想构境空间。②

---

① ［德］索恩-雷特尔：《脑力劳动与体力劳动——西方历史的认识论》，11 页，南京，南京大学出版社，2015。

② 同上书，10—11 页。索恩-雷特尔列举的二人的文本分别为：*Lire le Capital*，L. Althusser, Jacques Rancière, Pierre Macherey, Etienne Balibar und Roger Establet，2 Bde.，François Maspéro, Paris 1965, 1967. Jürgen Habermas, *Erkenntnis und Interesse*, Suhrkamp, Frankfurt a. M. 1968，S. 58-59.

第七章 | 抽象劳动与商品交换中发生的
客观价值形式抽象(1989)

索恩-雷特尔认为,既然马克思的商品价值形式
抽象是解决康德唯心主义认识论问题的破境关键,那
接下来的主要任务就是要"批判地证明商品抽象"。也
就是说,索恩-雷特尔必须进入马克思经济学研究语
境内部,具体讨论这种先天观念构架与商品交换结构
的关联的微观机制。这表现为两个密切关联着的构境
层:一是"认识论家所承认的言语意义上的抽象在形
式上的实情";二是再将这种主观抽象回落到现实中
去,即考察"这种抽象的现实特征"①,以真正消解康
德先天观念综合独立运行的伪相。不难看出,在索

---

① [德]索恩-雷特尔:《脑力劳动与体力劳动——西方历史的认识论》,12页,南京,南京大学出版社,2015。

恩-雷特尔的具体分析中，这两个构境层的论述构序是颠倒过来的，他先是讨论了马克思的商品交换抽象问题，然后才涉及这种现实抽象与先天观念抽象的关联。

一、交换抽象的现象学描述

索恩-雷特尔认为，在马克思那里，商品交换关系的现实抽象的基础是体现于商品中并决定着商品价值量的抽象劳动。这是对的。不同于"创造使用价值的有用的、具体的劳动"，这种创造价值的劳动被马克思规定为**抽象的**人类劳动。请注意，这里的抽象并非常识所熟悉的**主观抽象**，而是发生在客观社会生活中的**现实抽象**（*Realabstraktion*）。索恩-雷特尔正确地看到，

　　劳动并非向来就是抽象的，将劳动变成"抽象人类劳动"的抽象也不是劳动自己的作为。劳动并不会使自身抽象化（abstraktifizieren）。抽象是外在于劳动，处于交换关系的一定的社会交往形式（bestimmten gesellschaftliche Verkehrform）之中。当然，反过来说，交换关系也不会将自身抽象化，这与马克思的观点也是相合的。交换关系抽象了（abstrahieren）劳动，或如我们所说，它将劳

动抽象化（abstraktifizieren）了。这一关系的结果就是商品价值。①

总体上看，索恩-雷特尔的上述表述基本符合马克思的观点。第一，抽象的人类劳动的出现是历史的，它是资本主义工业"生产一般"之上的商品—市场经济发展的必然结果。复构马克思的原初构境，这里的一般劳动则是资本主义大工业生产现实中的充分分工之下的一般，即没有差别的劳动，它只有在资本主义大工业生产中才出现。对此，马克思说："'劳动'、'劳动一般（Arbeit überhaupt）'、直截了当的劳动这个范畴的抽象，这个现代经济学的起点，才成为实际真实的东西。所以，这个被现代经济学提到首位的、表现出一种古老而适用于一切社会形式的联系（alle Gesellschaftsformen gültige Beziehung）的最简单的抽象，只有作为最现代的社会的范畴，才在这种抽象（Abstraktion）中表现为实际真实的东西。"②所以，这个劳动一般中的"一般"，不是经验现象多次重复的主观抽象，而是现代资本主义生产方式中已经成为一种人类历史性生存的**具体的现实关系**。每一个个人的劳动由于分工都被扯裂为碎片，都变得片面化，从而无法直接得以实现，只有通过市场交换由社会（他人）的需要作为中介才可能得到实现。因此，劳动必然一分为二，作为物质内容构成的、有目的的、有一定形式的**具体劳动**创造物品的使用价值，而

---

① ［德］索恩-雷特尔：《脑力劳动与体力劳动——西方历史的认识论》，13 页，南京，南京大学出版社，2015。

② 《马克思恩格斯全集》第 46 卷上，42 页，北京，人民出版社，1979。中译文原来将此处的 Beziehung 译作"关系"，我将其改译为"联系"。参见 Karl Marx：*Grundrissen*，*Gesamtausgabe*（MEGA2）II/1，Berlin：Dietz Verlag，1976，S. 40。

作为新的社会构成形式的、与具体形式无关的一般劳动消耗的**抽象劳动**则形成供交换所用的价值，这样，劳动的自然属性与社会属性就历史性地分离了。第二，这种客观的抽象发生在劳动过程之外的商品交换的流通领域。这不够精准。因为在马克思那里，他会首先强调在资本主义工业生产中，劳动本身越来越无差别化，"个人很容易从一种劳动转到另一种劳动，一定种类的劳动对他们说来是偶然的，因而是无差别的"[①]。只有在这里，资本主义物质生产中的劳动才可能"在现实中都成了创造财富一般的手段，它不再是在一种特殊性上同个人结合在一起的规定了"[②]。马克思这里所说的"财富一般"就是不同于商品使用价值(具体劳动)的价值(抽象劳动)，这只是交换中发生的现实价值关系再抽象的前提。

当然，索恩-雷特尔在这里格外关注的正是这个**财富一般**(价值)在交换领域的实现形式问题。在他看来，**流通领域中**通过商品交换**客观抽象出来**的"商品价值使进行着抽象的交换关系变成形式(Form)，并使被抽象化了的劳动变成实体(Substanz)。在'**商品形式**'的这种抽象的关系规定性中，作为'价值实体'的劳动变成'**价值量**'的纯粹量上的规定根据"[③]。我觉得，这里特殊的经济学理论构境意向需要详细解释一下，否则读者无法一下子进入索恩-雷特尔已经转换过多层构境域之后的思考焦点。他想告诉我们，在对交换抽象的关注中，他更留心的是发生在

---

① 《马克思恩格斯全集》第46卷上，42页，北京，人民出版社，1979。

② 同上书，42页。

③ [德]索恩-雷特尔：《脑力劳动与体力劳动——西方历史的认识论》，13页，南京，南京大学出版社，2015。

商品交换**活动**中被客观抽象出来的交换**关系**——**价值形式**的重新结晶，即此处他所指认的"被抽象化了的劳动变成实体"，这种**关系性的价值实体**是商品交换场中必须作为支撑结构的**无质的量**。这是商品交换发生现实抽象的本质。席美尔正是在这一点上提出了货币的**夷平化**特征。

索恩-雷特尔声称，他要对马克思在经济学研究中表述的这种商品交换的抽象进行一种**纯粹现象学**（*bloße Phänomenologie*）的分析。这倒是他 1970 年之后的书稿中在方法论上增添的新东西。但天知道，他到底读没读懂胡塞尔的现象学。索恩-雷特尔说：

> 商品交换是抽象的，因为它不仅与商品使用不同，而且在时间上是与之分离的。交换行为与使用行为在时间上是相互排斥的。一旦商品出现在市场上，成为交换行为的对象，它就既不能被卖家，也不能被顾客使用。只有在交易完成之后，即在商品过渡到购买者的私人领域之后，商品对于购买者来说才是可以使用和支配的。商品静静地摆放在市场上、商店中、橱窗里等地方，等待着一种独特的行为，即它们的交换。①

我们知道，现象学的构境通常是从人们自以为自明性现象的隐秘生产机制开始的，所以，索恩-雷特尔这里的分析是复杂的：首先，商品存在的状态是抽象的，与直接进入使用的传统劳动产品不同，商品生产

———————

① ［德］索恩-雷特尔：《脑力劳动与体力劳动——西方历史的认识论》，14 页，南京，南京大学出版社，2015。

以交换为目的，它被制造出来是为了在市场的交换中实现自己看不见的抽象劳动——价值。其次，商品交换本身是抽象的，相对于具体的生产与使用，卖与买的交换过程是一种特殊的**社会时空**中发生的现实抽象行为。商品交换是客观的，但它既不是生产中的劳动塑形，也非消费中的耗费，似乎交换创造了一种物理时空之外的一个**社会关系建构**的特殊时空。这是交换抽象的**第一个**现象学构境层面，这是一个可见与不可见，物理时空与交换时空的辩证法。恐怕，这也会是传统认识论研究者比较难以进入的构境层。进而，

> 交换行为只改变了商品的社会状况，即改变了商品作为其占有者的所有物(Eigentum ihrer Besitzer)状况，并且，为了使这一社会性的改变(gesellschaftliche Veränderung)有序进行，并能执行其本身的规则，商品必须排除所有与之相伴随的物理方面的改变；或者说，它能够被认为没有发生质料方面的改变。因此，交换在它所需要的时间之中是抽象的。①

现象学描述的**第二个**构境面在于，商品交换虽然是人与人之间的客观行为，但它并不改变商品的物理存在，它只是改变了自己的所有权关系。所以，相对于具体生产和消费使用中的物理改变，商品交换中的**社会改变**也是抽象的。由此，他再一次援引马克思的话："同商品体的可

---

① ［德］索恩-雷特尔：《脑力劳动与体力劳动——西方历史的认识论》，14 页，南京，南京大学出版社，2015。

感觉的粗糙的对象性正好相反，在商品体的价值对象性中连一个自然物质原子也没有。"①这是索恩-雷特尔在自己的书中反复引证的话语。这里的特殊构境意向为，商品价值并不是由自然物质存在构成的，所以，价值关系的改变也不是物理意义上的变化。这是变与不变的辩证法。

索恩-雷特尔特别想让读者知道，此处讨论的构境新质是要指认一个传统哲学家们没有认真思考过的历史认识论领域，即"在社会网络被化约为商品交换的地方，人们所有物质与精神的生活活动必然产生真空地带（Vakuum），这些活动与一个社会的关联（Zusammenhang zu einer Gesellschaft）便在其中弥漫开来"②。精确地讲，如果相对于传统社会中基于血亲谱系的可见的宗法关系，那么，新产生的商品交换是一种新的弥漫一切的"社会化"（Vergesellschaftung）。这也意味着，商品交换关系将改变整个社会生活中**表面看不见的关系性社会存在**。它像可直观的物性生活和观念活动中的真空地带，这恰恰建构了历史认识论的特殊认识域。

在现象学描述的**第三个层面**上，索恩-雷特尔还让我们关注这样一个现象，即所有参与商品交换的人对交换本身的实质内容都是**无意识的**，虽然他们可以直接观察到商品的使用性能，研究商品的具体效用，但他们都没有去想交换意味着什么，抽象劳动和价值实体一类事情对他们来说是完全虚化的**非经验的**东西，所以在这个意义上，客观发生的交

①　*MEW* 23，62. 参见《马克思恩格斯全集》第 23 卷，61 页，北京，人民出版社，1972。

②　[德]索恩-雷特尔：《脑力劳动与体力劳动——西方历史的认识论》，14 页，南京，南京大学出版社，2015。

换行为对交换者来说也是抽象的。显然，这里的抽象已经在变味了。抽象开始成为**存在论意义上的不在场**。

> 抽象是一个在时空中的进程；它是在参与者背后(hinter)发生的。使它如此难以察觉，是其状况的否定特征，即它建立在某一事件的纯粹不在场(bloße Absentia)之中。在这里，"填充"空间与时间的，是在交换领域中使用的不发生(Nichtgeschehen von Gebrauch)，是使用上的真空(Leere)，以及贯穿交易所需要的空间和时间的枯燥性。①

这已经不是现象学描述，而是思辨哲学的故意做作。依索恩-雷特尔的解释，客观发生的商品交换中的抽象主要是指一种纯粹的**不在场**，即"在交换发生的时间和地点上，并不发生使用行为，这一事实所产生的结果就是这种抽象性"。这种逻辑迁移显然有些牵强。有一些意思的历史认识论构境点是，商品交换中发生的抽象生成了一种在主体自觉存在背后的真空地带，这个真空地带的存在对于建构主体却是无意识的。

到这里，索恩-雷特尔便得出了一个重要的类比："就形式的特征而言，这里所使用的'抽象的'一词的意义与认识论的语言所使用的是一致的。"②社会现实与先天观念认识论的**同构**关系，这是他特别想证明的东西。在他看来，商品交换中的现实抽象与先天观念认识论中的主观抽象

---

① ［德］索恩-雷特尔：《脑力劳动与体力劳动——西方历史的认识论》，14 页，南京，南京大学出版社，2015。

② 同上书，17 页。

是一致和类似的，这也意味着，先天观念认识论中的抽象并非由神的力
量**先天赋形**，也不主要由感性经验归纳而来，而是由特定的商品交换中
客观发生的现实抽象决定的。这才是先天观念认识论的抽象逻辑构架的
真正起源。索恩-雷特尔郑重其事地说："我将就起源上说的原始的形式
下的纯粹抽象理解为社会存在的特性之一。它是功能社会之综合的不可
分割的一部分，这一社会是西方历史所特有的。"①这个"功能社会"是索
恩-雷特尔在最早的手稿中提出的观点。说穿了，就是西方资产阶级创
造的这个特定的商品—市场经济王国的社会存在特性。正是以商品交换
关系为核心所建构起来的抽象形式化的复杂经济功能和机制，生成了这
个资本主义生产方式中看起来在人的经验**之外**的自发运动和调节的先验
社会综合功能。索恩-雷特尔说，"从资产阶级的立场出发，纯粹的、脱
离了各种感官的知觉实在性的概念自身呈现为精神性的创造"，并且，
对于这些概念的形成，也的确不能在对象性的物质存在中找到相应的直
接线索，所以康德—黑格尔才会建立起观念优先**"绝对唯心主义**立场"。
显而易见，索恩-雷特尔既要反对唯心主义的先验观念论，也会拒绝一切
庸俗唯物主义的理解，他立志要坚持马克思的历史唯物主义。依他之见，

> 从唯物主义的立场来看，纯粹的思想自身呈现为思想的社会化
> （Vergesellschftung）。它应该归因于交换行为的社会现实抽象（ge-
> sellschaftlichen Realabstraktion）的影响。因而，我主张**纯粹知性**的

---

① ［德］索恩-雷特尔：《脑力劳动与体力劳动——西方历史的认识论》，16页，南京，南京大学出版社，2015。

社会起源(*gesellschaftlichen Entstehung des reinen Verstandes*)的命题。从社会存在中，更确切地说，从交换行为的抽象物理性(abstrakten Physikalität)中演绎出纯粹的知性概念，能提高这一命题的可信度。这一演绎与康德那精细的"纯粹知性概念的先验演绎(transzendentalen Deduktion)"①——黑格尔将之称为"真正的唯心主义"——相对。②

这是新书稿中十分重要的一段表述。在这里，索恩-雷特尔将他自己最重要的一个唯物主义认识论断言——**纯粹知性的社会起源论**完整地陈述出来了。他针对的正是康德认识论中那个被称为"哥白尼革命"的先天观念综合统摄！前面我已经交代过，索恩-雷特尔在书中讨论康德的认识论，只是针对其中的先天**知性**形式，而并不讨论先天直观形式和先天理性形式。以历史唯物主义的观点，一切唯心主义眼中的纯粹思想逻辑演进的本质都是现实社会存在的综合机制的主观投影，所以，必须将康德的纯粹知性的起源"归因于交换行为的社会现实抽象"，必须从社会现实中发生的交换行为的抽象物理性中演绎出康德的纯粹的知性概念。由此，才能造成康德—黑格尔一类唯心主义认识论中先验逻辑演绎幻象的彻底破境！这就是索恩-雷特尔最终的研究成果，也是此书要论证的

---

① "在诸范畴演绎的原则上，康德哲学是真正的唯心主义。"G. W. F. Hegel, *Differenz des Fichte'schen und Schelling'schen Systems der Philosophie*, Jena 1801, S. 1. 参见[德]黑格尔：《费希特与谢林哲学体系的差别》，1页，北京，商务印书馆，1994。

② [德]索恩-雷特尔：《脑力劳动与体力劳动——西方历史的认识论》，16页，南京，南京大学出版社，2015。

历史唯物主义当代发展进程中新的"伟大发现"。在一定的意义上，我赞成这一断言。因为，这一认识进展对于我们重新建构历史认识论的理论平台是至关重要的。

二、商品交换中无意识关联结构的齐一性

索恩-雷特尔的目的非常明确，他就是要给予康德认识论命题一个历史唯物主义的破境论答案，所以，他有时也会模仿康德的追问方式。在康德提出"先天综合判断"如何可能的构境意向中，索恩-雷特尔则提出"以商品交换为形式的社会化是如何可能的？"而在康德指认"奠定'纯粹自然科学'概念之基础的纯粹性"的地方，索恩-雷特尔则提出"以商品交换为形式的'纯粹社会化'是如何可能的？"或者，将"康德提出的这个具有唯心主义倾向的问题，转译为马克思主义的问题"，即"源于手工劳动之外的其他源头的可靠的自然知识是如何可能的？"索恩-雷特尔这种天上与现实大地上的破境论对应追问的转换是有趣的。

当然，特别需要指出的是，索恩-雷特尔对康德唯心主义知识论的历史唯物主义破境批判，其根本解决方案，就是"指向体力劳动与脑力劳动之间的分离——这是资本主义生产方式的社会必要条件——的源头"①。可是在这里，索恩-雷特尔并没有直接去分析我们等了很久的脑

---

① ［德］索恩-雷特尔：《脑力劳动与体力劳动——西方历史的认识论》，18页，南京，南京大学出版社，2015。

力劳动与体力劳动的分野，而是再一次回到商品交换中的行为与自觉意识的分裂现象中。

在商品交换中，交换者的行为与意识、做与思（Tun und Den-ken）都分散开来，并且分道扬镳。只有交换的行为是抽象于使用的（abstrakt vom Gebrauch），而行为者的意识则不然。借助交换行为的抽象性，一种严格形式的齐一性（strikte formale Einheitlichkeit）便适用于所有的交换行为，无论其执行的内容是什么，无论其时间地点为何；凭借这齐一性，交换行为从自身出发形成了一种连接关联（Bezugszusammenhang），以至于每一交易都会对不熟悉的商品占有者方面的其他交易的完成产生无数的反作用。[1]

这是在说明，任何参与商品交换的人在**知与行上都是分裂的**：个人从事商品交换的直接目的是清楚的，但对这种交换在社会总体性上的作用却一无所知；参与交换的"做"是主动的，但客观发生的抽象行为却是无意识的；知道商品的所有权的改变，但不会去思考这种改变将意味着什么。这也就是说，与知相分离的行将伴随着一个深刻的**社会无意识**状态。如果在历史认识论构境中，我们恰恰要关注的是后者：这个社会无意识恰恰是社会生活**自明性**背后的**不知**。历史认识论的复杂多层构境结

---

① ［德］索恩-雷特尔：《脑力劳动与体力劳动——西方历史的认识论》，18 页，南京，南京大学出版社，2015。中译文有改动。参见 Alfred Sohn-Rethel, *Geistige und körperliche Arbeit：zur Epistemologie der abendländischen Geschichte*，VCH, Acta Humaniora, 1989, S. 23。

构正是由此开启的。

索恩-雷特尔想告诉我们，由这种无意识发生的交换抽象生成的客观社会存在形式上的**齐一性**，构成了全部资产阶级社会的**无意识关联结构**。① 此构境有二层：其一，构境焦点是**他们不知道，却已经做了**。其二，更深一层的构境焦点为：他们并不知道自己的"做"客观上产生了什么。

> 一种隐身"在人们背后"的关联就造成了一种按照齐一（Einheit）功能而自行规整（regelnden）的定在关联（Daseinszusammenhang），在这种联系中，生产以及消费也仍然按照商品规律运行。但是，这一点不是人们实现的，这些关联也不是他们造成的，而是他们的行为造成的；因为他们的这种行为将一个商品从众多商品中筛选出来，作为其抽象性的载体和"结晶"（Kristall），并充当这些商品"价值"的恒定的等价物。②

这里的"人们背后"并非真的是背后，而是一种特定的历史认识论视位：参与商品交换的人们在做，但这种看不见的齐一关联却不是他们主

---

① Einheitlichkeit 是康德先天综合判断中统觉机制的核心，它表征了先天综合判断对经验现象的整合与统摄齐一。这个齐一性，正是索恩-雷特尔自 20 世纪 30 年代就紧紧抓住的批判性思考焦点。相对于主体认同的同一性（Identität），齐一性更具有外部强制特征。

② ［德］索恩-雷特尔：《脑力劳动与体力劳动——西方历史的认识论》，18 页，南京，南京大学出版社，2015。中译文有改动。参见 Alfred Sohn-Rethel, *Geistige und körperliche Arbeit：zur Epistemologie der abendländischen Geschichte*，VCH，Acta Humaniora，1989，S. 23。

动造成的,因为这一商品交换中客观发生的现实抽象及其形式化结晶对于当事人来说,恰恰是处于**无意识黑暗**("背后")之中的。对此,齐泽克也有一个发挥:"如果我们仔细地观察索恩-雷特尔称为'现实的抽象'[das reale Abstraktion](即发生在商品交换的**有效**过程本身之中的抽象行为)之物的本体论状态,那么这一状态与无意识的状态,即作为在'另一场景'(another scene)上继续进行的能指链(signifying chain)之间的相似性就一目了然了:'**现实的抽象**'是作为客观普遍的科学知识的支撑者的**先验主体的无意识**。"①这就像斯密所说的"看不见的手"和黑格尔"理性的狡计"在暗处悄悄实现的隐性统一意志:参与商品交换的人都有自己的"个体的意识",也都用自己的手和脑进行经济行动,可真正发生客观的抽象齐一功能的却不是他们的直接意图和"做";在无数个体生命存在的以直接欲望和"激情"驱动的直接交换的努力背后,却发生着一种不在场("人们的背后")的客观抽象,这种看不见的客观抽象的结果就是由价值等价物(货币)实现齐一化的社会综合功能。为了支持自己的上述观点,索恩-雷特尔在此连续援引了马克思的六段表述,其中最后一段为:"资产阶级社会的症结正是在于,对生产自始就不存在有意识的社会调节。合理的东西和自然必需的东西都只是作为盲目起作用的平均数而实现。"②索恩-雷特尔急于想证明的结论是:"资本主义基础上的经济的构

---

① [斯洛文尼亚]齐泽克:《意识形态的崇高客体》,24 页,北京,中央编译出版社,2002。

② Brief an Kugelmann vom 11. Juli 1868. 参见"马克思致路德维希·库格曼的信"(1968 年 7 月 11 日),见《马克思恩格斯全集》第 32 卷,542 页,北京,人民出版社,1975。

建过程（Konstitutionsprozeß），是人类在商品交换中的行为的无意识的因果性（bewußtlose Kausalität）。"①这个**无意识的因果性**，是索恩-雷特尔对资本主义社会中商品交换规律的特定指认。这一特设的构境支点，我们在上面的讨论已经遭遇过。它会是历史认识论的隐性对象，因为自然因果性在社会生活中的重现，人的主动作为反转为我之外的因果关联。

索恩-雷特尔还补充说，对于资产阶级社会的生产和再生产过程而言，虽然人们并没有意识到在交换中发生的现实抽象，但这种无意识的因果性却起到了极其重要的作用。我以为，索恩-雷特尔将资本主义社会中的社会无意识因果现象深植于商品交换关系，显然比西方马克思主义学者中同样注重社会心理无意识的弗罗姆和强调政治无意识的杰姆逊的学术构境层要深刻得多。依索恩-雷特尔的观点，在资本主义商品生产中，只要劳动以相互独立运行的私人劳动的形式进行，那么"无意识的社会的功能（Funktionsfähigkeit）"就取决于如何按照市场经济规律来计量对象化了的劳动。这是对的，社会无意识并非主体心理现象，而是商品—市场经济运作中出现的非主体的客观自组织构序机制。从重农主义开始，他们就反对重商主义（以及全部中世纪）人为地干预经济生活，提出了经济运动中客观的"自然秩序（Ordre naturel）"。所谓自然秩序就是被指认为不以人的意志为转移的客观法则，相对于社会生活的主体而言，就是索恩-雷特尔此处指认的社会无意识。这种自然秩序是通过商

---

① ［德］索恩-雷特尔：《脑力劳动与体力劳动——西方历史的认识论》，19 页，南京，南京大学出版社，2015。

品生产和交换中个人活动**自发性的联结**而形成的，换句话说，有经济活动中个体的无意识关联才有自然秩序。马克思后来指认过这种观点的"巨大功绩"，因为这说明了生产形式是"从生产本身和自然必然性产生的，不以意志、政策等等为转移的形式。这是物质规律。错误只在于，他们把社会的一个特定历史阶段的物质规律看成同样支配着一切社会形式的抽象规律"①。这既是对资产阶级意识形态本质的揭露，也是我们历史认识论研究中一定要关注的方面。

索恩-雷特尔进一步指出，

对于资产阶级社会的经济来说，交换行为的抽象关联的根本性影响是：在交换行为中，完成了对花费在商品上，并在商品中对象化了的"死的"劳动的计量。劳动作为价值量的规定根据或作为"价值实体"，本身是抽象的，是"抽象的人类劳动"，或者是具有直接的社会形式特征(unmittelbar gesellschaftlichem formcharakter)的劳动。一般而言，正是这种劳动的计量，才使得资产阶级社会"分散的成员(membra disiecta)"团结起来，构成一种经济结构。②

索恩-雷特尔没有具体说明的关键性问题是，抽象的人类劳动本身是历史性生成的。如前所述，马克思在《1857—1858 年经济学手稿》中发现，资本主义生产方式在社会化大生产中、商品经济在市场的竞争与交换

① 马克思：《剩余价值理论》第 1 册，15 页，北京，人民出版社，1975。
② ［德］索恩-雷特尔：《脑力劳动与体力劳动——西方历史的认识论》，20 页，南京，南京大学出版社，2015。

中，似乎不断实现着某种客观的从"多"向"一"的抽象转化：先是以工业为基础的生产**一般**（标准化和齐一化的初始发生），无差别的劳动**一般**（抽象劳动的基础），然后是市场交换中必然出现的价值**一般**。这是索恩-雷特尔并没有很好理解的重要逻辑构境层之间的递进关系。他这里的话，用马克思的话语重新组织一下，即交换抽象产生的价值实体是**直接的**劳动交换关系颠倒地事物化为**中介性的**货币关系。这种现实抽象却将资本主义社会中原子化的个人重新联结起来，同时建构起一种新的经济结构和整个"市民社会"。其实，在资本主义商品—市场经济中，原子化的个人通过中介性的交换关系建构起总体上无意识的市民社会，是黑格尔就已经完成的批判性指认。索恩-雷特尔有些得意地说，这就是马克思所指认的"理解政治经济学的枢纽"①。

人的意识向商品的过渡，头脑又被商品意识武装起来，这种"事物的人的关系和人的事物的关系（menschlichen Verhältnisse der Sachen und sachlichen Verhältnisse der Menschen）"②，被马克思称为物化（Verdinglichung）。在这里，产品并不听命于它的生产者，而是相反，一旦产品作为产品以商品形式供人选购，那么生产者就要按照产品的命令来行动。商品形式是现实抽象（Warenform ist die Realabstraktion），其自身的地位和起源，无非都处于交换之中，由此出发，它无论在广度还是深度上都贯穿了整个发达的商品生

---

① 　*MEW* 23，56. 参见《马克思恩格斯全集》第 23 卷，55 页，北京，人民出版社，1972。

② 　《马克思恩格斯全集》第 23 卷，90 页，北京，人民出版社，1972。

产，并延伸到劳动，也延伸到思维。①

可以看得出来，以索恩-雷特尔当时的文献和学识，他根本无法仔细区分马克思那里的历史现象学批判构境中的三层不同支点：一是在商品交换中客观发生的人与人的直接劳动关系颠倒为事物与事物之间关系的**事物化**(*Versachlichung*)，二是这种作为社会属性的事物化(价值实体的对象性存在)仿佛像自然物性一样的**物化**(*Verdinglichung*)错认，三是由这种错认引发的商品—货币—资本的三大经济**拜物教**(*Fetischismus*)。这后两者被索恩-雷特尔不准确地表述为"人的意识向商品的过渡，头脑又被商品意识武装起来"。无论如何，索恩-雷特尔还是敏锐地捕捉到其中重要的**物役性**表象：人在经济活动中创造的产品反过来支配和奴役人。并且，他准确地看到，在资本主义发达的商品生产中，商品形式从交换中现实抽象出来，并延伸到劳动和思维中去。

当然，索恩-雷特尔在这里想进一步认证的问题，是"在发达的商品生产的社会之中，人类行为的世界和思维的世界之间的功能性关联(*Funktionszusammenhang*)以及在本质上的分裂"②。这是他对康德认识论伪命题的执着破境，不过，此时他也具体意识到，

---

① ［德］索恩-雷特尔：《脑力劳动与体力劳动——西方历史的认识论》，20 页，南京，南京大学出版社，2015。中译文有改动。参见 Alfred Sohn-Rethel, *Geistige und körperliche Arbeit：zur Epistemologie der abendländischen Geschichte*，VCH，Acta Humaniora，1989，S. 24-25。

② ［德］索恩-雷特尔：《脑力劳动与体力劳动——西方历史的认识论》，20 页，南京，南京大学出版社，2015。

思维不是直接地受到交换抽象的影响，而是只有思维面对交换抽象的效果完成了的格式塔(Resultate in fertiger Gestalt)时，也就是在事物的变化过程完成了之后，才受到交换抽象的影响。从而，不带着其起源(Herkunft)标记的抽象的不同特性自然就传递给了思维。"中介运动在它本身的结果中消失了，而且没有留下任何痕迹。①"②

现在索恩-雷特尔已经觉得，康德认识论中的先天观念综合不是现实经济关系的直接映照，而经过了一个复杂的社会关系和思维塑形的转换，正是在这一转换过程中，先天观念综合成功遮蔽了自己的真正起源。这一判断显然更加精准一些。他自己的工作，正是要重新捕捉在先天观念综合结构中被遮蔽起来的交换抽象的痕迹。他自己专门说过，这个重要的问题在本书第一版(1970年)中被"搁置"了。

三、观念抽象如何回溯到交换的现实抽象

要重新捕捉到这个马克思所说的"消失了的中介"，索恩-雷特尔为自己设定了一个关键性的追问对象："哪些在意识中活跃着的抽象要回

① *MEW* 23, 107.《马克思恩格斯全集》第23卷，111页，北京，人民出版社，1972。
② ［德］索恩-雷特尔：《脑力劳动与体力劳动——西方历史的认识论》，20页，南京，南京大学出版社，2015。

溯到(zurückgehen)交换的现实抽象,哪些不是?"这也意味着,索恩-雷特尔开始意识到在康德的认识论中,也有一些主观活动的机制和结构并不直接源自现实存在,或者说,并不直接产生于商品的交换机制。这倒是历史认识论构序中的进步。当然,他立刻坦陈这是一个难题,因为,

　　由于在交换过程中,在交换者方面的行动与思维相互脱离,所以对这种关联的直接的证实是不可能的。人们不知道,他们思维形式源自何方,甚至不知道他们究竟怎样就拥有了这些形式(Formen)。他们的思维被与其基础隔绝开来。但是,即便有着对思维抽象与现实抽象(Denkabstraktion und Realabstraktion)的一种形式上的同一(formellen Identifikation),也不能确保对前者起源于后者做出一个清晰的解释。①

这里的行动与思维,显然已经不是前述的交换中的行为与意识,而是更大尺度构境层中的人的实践(马克思)与观念认知结构(康德—黑格尔)的总体关系了。所以索恩-雷特尔才会说,在交换中,人们并不知道支配他们行为的思维形式是从何而来的了。在索恩-雷特尔看来,先天观念综合的思维抽象与客观发生的商品交换中的现实抽象的关系是一种"奠基性关联(Begründungszusammenhang)",这个**奠基性关联**是一个重要的修正,即现实抽象在归根结蒂的**基始性意义**上决定和制约了思维抽

---

　　① ［德］索恩-雷特尔:《脑力劳动与体力劳动——西方历史的认识论》,22—23 页,南京,南京大学出版社,2015。

象。显然，此处索恩-雷特尔的结论更加符合实际一些。索恩-雷特尔声称，他这本书的核心任务，就是要重新揭示这种被遮盖起来的基始性制约关系：商品交换中"现实抽象是以何种方式过渡到思维之中的，它在思维中扮演着何种角色，以及它承担着何种社会的必要任务"①。这算是索恩-雷特尔在六十多年之后对自己的研究对象和思考着力点的精确制导。

此时，索恩-雷特尔是从商品交换在现实社会中的实际功能开始他的论证的。当然，他也告诉我们，他自己并不想讨论经济学，而是在历史认识论的语境中思考一些马克思已经揭示的经济现象的哲学意义。其实，他也真没有能力深入到马克思已经打开的政治经济学学科内部的学术构境中去。索恩-雷特尔指出，

> 交换抽象在其时空实在性(raumzeitliche Realität)中的意义与历史必然性在于，在商品生产的社会中，交换抽象是社会化的支撑体(Träger der Vergesellschaftung)。个人生活于其中的使用行为，无论是消费性的还是生产性的，一旦离开商品交换的中介，就不能在商品生产的分工关联(arbeitsteiligen Zusammenhang)中得到实现。②

---

① ［德］索恩-雷特尔：《脑力劳动与体力劳动——西方历史的认识论》，23 页，南京，南京大学出版社，2015。中译文有改动。参见 Alfred Sohn-Rethel, *Geistige und körperliche Arbeit：zur Epistemologie der abendländischen Geschichte*, VCH, Acta Humaniora, 1989, S. 28。

② ［德］索恩-雷特尔：《脑力劳动与体力劳动——西方历史的认识论》，23 页，南京，南京大学出版社，2015。

一定注意，这里交换抽象出现的**客观时空场**不是物质实体在场的那个物理学时空，而是**关系性的**客观存在时空。在一定的意义上，这也是列斐伏尔**空间生产**构境中的关系性存在。在索恩-雷特尔看来，这种物理学时空中"不在场"的交换抽象却是整个资本主义存在社会化的支撑基础，在这里，人的全部行为都无法离开这种"分工关联"之下交换性的市场中介，以及它在不可见的**自组织黑箱**中悄悄实现的社会综合。索恩-雷特尔的这个分析基本上是正确的。他认为，归结为一点，"商品生产的社会的综合，要到商品交换中，更确切地说是在交换抽象中去寻找。与之相应，我们要着手交换抽象的形式分析（Formanalyse），以回答这个问题：采取**商品交换形式的社会综合何以可能**？"[1]因为，这恰恰是康德"先天观念综合判断何以可能"这一命题的真正现实基础。

索恩-雷特尔说，提出这样的追问，当然会让人想到康德和马克思。但是他故作神秘地说，其中真正重要的隐性关联并不仅是在康德与马克思之间，更深一些说，是康德与亚当·斯密之间的隐秘关联，或者不如说，是在"认识论（Erkenntnistheorie）与政治经济学之间"被遮蔽起来的关系。这是完全正确的判断。索恩-雷特尔认为："亚当·斯密1776年的《国富论》与康德1781年的《纯粹理性批判》(第一版)是领先于其他著作的两部著作；在这两部著作当中，两个概念上没有联系的领域中完全独立的体系，实现了同一个目标：证明资产阶级社会合规范（normgerechten）的本性。"[2]固然斯密在先康德在后，经济学与哲学认识论又分属于两个看起来完全

---

① ［德］索恩-雷特尔：《脑力劳动与体力劳动——西方历史的认识论》，23页，南京，南京大学出版社，2015。
② 同上书，24页。

不同的学科体系，可二者却共同认证了整个资本主义社会的**法理性**(韦伯语)规范本质。这是极为深刻的指认。只是，韦伯是在现代工业流水线和资产阶级政治官僚机器运转("科学管理")的程序和机制上确认了这一点。而索恩-雷特尔并没有像青年卢卡奇那样敏锐地意识到这一点。

在索恩-雷特尔看来，斯密已经认识到资本主义经济王国基于劳动价值论，但他假设了社会运行的最佳配置方案，即"社会所能采取的只有一个最好的方针，即给予每一商品占有者以对其私人所有物的不受限制的支配自由"，原来那种传统社会中的"人人为自己，上帝为大家"则转变为"市民人人为私利，交换自发谋社会"。商品生产与交换过程中的客观抽象力量像看不见的手，引领着整个社会生活进入一种**自组织规范**状态。对此，李嘉图固然有一定的怀疑，但仍然支持了斯密的这个假设。当然，与此不同，"马克思的商品分析正是要致力于拆除这个支撑整个政治经济学的假设，并由此出发揭开资产阶级社会的真实的内在辩证法。这是马克思主义的**政治经济学批判**的事情"①。这是一种空洞的打发，索恩-雷特尔甚至都不能提炼出马克思关于资本主义商品—市场经济运行中的**价值规律**这一重要观点。

索恩-雷特尔承认，康德并没有直接关注过斯密—李嘉图在经济学中的这个假设，但他却"推导出这样一个结论：人类精神在其本性中要求其劳动与体力劳动相区分，独立于体力劳动来完成"②。其实，康德也没有这样的结论，这是索恩-雷特尔自己从康德的先天认识论中获得

---

① ［德］索恩-雷特尔：《脑力劳动与体力劳动——西方历史的认识论》，24 页，南京，南京大学出版社，2015。

② 同上书，24 页。

的推论式构境。在索恩-雷特尔看来，康德无视"手工劳动与'劳动阶层'"不可或缺的社会作用，仿佛"纯粹数学"与"纯粹自然科学"的先天综合理论根本不需要论及体力劳动。索恩-雷特尔认为，在这一构境点上，只有休谟的经验论是绊倒康德先验论的顽石。所以，康德的认识论无意之中是——

　　　　为筛选出我们的存在中不能从身体和感官的属性中派生出的部分做辩护；同时，这个部分借助于理论的自然知识的可能性为精神人格的自律(Autonomie)奠定了基础。按照这种自律，需要确保这样一种社会构序(gesellschaftliche Ordnung)，一方面没有任何特权僭越于其外，另一方面则对这种"成熟"不做任何人为限制。"理性的公开运用"越是不受阻碍地提供给人们，它就越能更好地服务于社会必需之物，即道德、法权以及精神的进步。①这是唯一建立在我们精神能力自身的本性中的道路，因而是合规范的道路；在这条道路上，社会才能被赋予一种与这个本性相符的秩序。②

　　这是一个十分严厉的指责，康德的认识论的本质是要制造一种离开人的正常"身体和感官的属性"的精神领域，说穿了，是与体力劳动无关的"理论的自然知识的可能性"，由此为精神人格的唯心主义"自律"奠定

---

　　① 参见1784年的"答复这个问题：什么是启蒙运动？"(Beantwortung der Frage：Was ist aAufklärung？)。

　　② ［德］索恩-雷特尔：《脑力劳动与体力劳动——西方历史的认识论》，24—25页，南京，南京大学出版社，2015。

基础，正是这个**自律**保证了整个资产阶级社会存在的合规范的秩序。在后来的福柯那里，这种自律被重新诠释为**规训**。索恩-雷特尔认为，"康德以及其他资产阶级启蒙哲学家所掩盖的是，这一秩序自身包含着针对劳动阶层的阶级分离"①。因为，发生在先天观念综合中的理性启蒙和道德律令的自动规范将是非体力劳动阶层——资产阶级所独自拥有的。这是深刻的批评。

索恩-雷特尔认为，康德认识论的秘密恰恰在于，他把自己的全部思考建立在远离体力劳动的脑力劳动之上，

> 精确的科学实际上是脑力劳动（Geistesarbeit）——这种劳动是在与生产场所中的手工劳动的彻底区分和独立中发生的——的任务，就此而言，康德认识论（Erkenntnistheorie）的假设是完全正确的。我们早先已表明了这一点。脑力劳动与手工劳动的区分，特别是在涉及自然科学与技术时的区分，对于资产阶级的阶级统治以及生产工具的私人所有制来说有着类似的不可或缺的意义。②

索恩-雷特尔提出，看起来并无关联的资本和劳动的对立与脑力劳动和体力劳动的对立，其实是有着"根深蒂固的关联"。他的追问是，康德认识论中这种看起来只是脑力劳动中发生的精确科学的"精神自发性的先天综合实体化"的基础到底是什么？答案是，恰恰是资本主义商品

---

① ［德］索恩-雷特尔：《脑力劳动与体力劳动——西方历史的认识论》，25页，南京，南京大学出版社，2015。

② 同上书，25页。

经济中交换抽象导致的**社会综合**。这已经是我们十分熟悉的归基逻辑了。

索恩-雷特尔提出，所谓社会综合就是"借助于商品交换的社会化"。这种特殊的社会化有三重社会存在中的**构序优势**：第一，社会综合即商品交换所实现的社会—综合的构序功能，从前述讨论来看，也就是指由不在场的交换抽象中介将资本主义社会中出现的不同物与原子化个人**齐一**起来。以他所见，这里的现实中发生的社会"综合"概念恰恰"是我针对康德将出自精神自发性的先天综合实体化而提问的论战芒刺，因而是对先验唯心主义以其人之道还治其人之身"①。步步紧逼的破境战术啊。第二，"综合的社会"这一表述以"更为恰当的方式将商品生产与原始共产主义或一般初级共同体（primitiver Gemeinwesen）的朴素的构序（naturwüsige Ordnung）对照起来，正如人们将 Buna② 称为合成橡胶，而相对地，将树胶（Kautschuk）称为自然产品"。这是索恩-雷特尔第二次使用这个比喻。相对于传统社会中的朴素构序，在商品交换所生成的社会化所依存的商品的价值对象性或价值形式中，的确"连一个自然物质原子"也没有，交换所导致的社会化齐一构序纯粹是"人的织体（Menschlicher Faktur）"或人工织品。第三，今天资本主义商品经济运行的整个综合性生产的可能性条件——**历史先验**（geschichtstranszendentale）就

---

① ［德］索恩-雷特尔：《脑力劳动与体力劳动——西方历史的认识论》，26 页，南京，南京大学出版社，2015。

② Buna 即丁纳橡胶，发明于"二战"期间的德国，由于合成过程用丁二烯做催化剂而得名，Buna 现在还是美国陶氏化学公司的一个注册商标，是一种合成橡胶的标志。——《脑力劳动与体力劳动》译者注

隐藏其中。① 这个历史先验，将会是全部资本主义社会存在构序的前提。在索恩-雷特尔看来，这三重社会化的综合构序机制，正是被一切唯心主义哲学认识论遮蔽起来的先天观念综合机制的现实基础。

为此，索恩-雷特尔有些骄傲地说，他关于康德先天观念综合向商品交换齐一性的社会历史综合的归基式破境论，用客观存在的社会先验以针尖对麦芒的斗争方式有力打击了康德—黑格尔的唯心主义认识论，从而——

> 使得马克思的方法在本质上的批判性特征(essentiell kritische Charakter)得到了应有的强调。并且，相较于当今得到权威支持的马克思主义教条化(Dogmatisierung)来说，这具有不可小觑的优势。只有通过复兴马克思主义的批判本质，才能使马克思主义从僵化中解放出来。②

这是让索恩-雷特尔最为开心和自豪的事情，他在认识论领域中坚持和发展了马克思的历史唯物主义原则，重新恢复了在教条式的马克思主义传统中已经死亡的历史唯物主义和历史辩证法的革命批判本质，这是对马克思主义哲学历史认识论的真正复兴。在这一点上，他的观点与西方马克思主义创始人的马克思主义复兴论是完全一致的。

---

① ［德］索恩-雷特尔：《脑力劳动与体力劳动——西方历史的认识论》，25—26 页，南京，南京大学出版社，2015。

② 同上书，26 页。

第八章 | 二元认知构架背后的社会综合
齐一性

　　我已经说过，索恩-雷特尔花了六十八年写了
这样一本书，目的就是为了给予康德的唯心主义
"认识论革命"一个来自马克思历史唯物主义的破
境方案。在前面的讨论中，我们已经看到了索恩-
雷特尔的朝向经济学问题域的努力方向，即从商
品交换关系来透视先天观念综合构架的现实社会
历史基础，这已经开辟了一个全新的历史认识论
的思考平台。本章，我们就来看一下索恩-雷特尔
进一步的分析，特别是现代性的二元认知构架背
后的社会齐一统摄机制。

一、先天观念综合与后天感受性的被构架

在索恩-雷特尔看来，他与康德都认为，"承载着量化（quantifizier-enden）的自然科学的认识原理不属于个人的身体和生理的能力"，因为它们总是表现为个人开始认知的**先验前提**，从现实的尺度上看，根本的原因在于，康德所指认的数学等"精确的自然科学属于这样一种生产资源，这种生产最终抛弃了前资本主义通行的个别生产的个体局限"①。这也就是说，康德所依托的自然科学的现实社会生产基础是摆脱了个体性的工匠和劳动者的资本主义社会化大生产。这是对的。西方近代实验科学的发展正是随着资本主义工业生产的进程同步行进的。索恩-雷特尔具体地分析道：

> 在康德那里，源自后天原理（Prinzipien a posteriori）的认识与源自先天原理的认识（Erkenntnis）之间的二元组合，是和个体的感官内容与直接的普遍内容的份额相应的，前者的范围通常仅限于一双眼睛、一对耳朵等的"感受性"，而后者则是借助与数学相关联的概念而实现的。②

在康德那里，人的认知被一分为二，一是与个体的直接感知相关的后天形成的感受，它通过每个人的视觉、听觉等直观经验对应于多样性

---

① ［德］索恩-雷特尔：《脑力劳动与体力劳动——西方历史的认识论》，27 页，南京，南京大学出版社，2015。

② 同上书，27 页。

的现象世界；二是塑形直接感受经验并构序—构式入概念系统知性认知的先天观念综合构架，它更像是这个感性世界的创世者和编程者。应该说，这是我们所看到的索恩-雷特尔第一次深入康德的认识论内部，具体讨论认识发生的微观机制，这是一个很大的进步。索恩-雷特尔说，如果将这种先天—后天二元构架落实到科学实验的具体过程中去，就能看到先天性观念构架对后天感性的挤压：

> 在实验方法的实践中，个体感官所完成的份额降低为从科学设计出的测量仪器上"读取"数据。感官证据只有对于每次在场的人来说才具有准确性，而对于所有其他人来说，它不过是可相信的（glaubwürdig）而已。在不能根本上排除它的地方，它被降低到最低限度，并且这一最低限度是操作人员残留在实验中的，因为正是它的人格形成了"主观的因素"，科学的客观性程度依照对这种因素的消除程度来排列。①

这是说，在科学实验的观察中，在现场读取实验数据的个体科学家的地位将低于制造测量仪器的科学理念设计，而科学的客观性则恰恰表现在对个体感性操作中"主观因素"的消除程度。如果说，早先的培根还在强调科学起于实验的直接感性观察，而康德认识论的哥白尼革命则已

---

① ［德］索恩-雷特尔：《脑力劳动与体力劳动——西方历史的认识论》，27 页，南京，南京大学出版社，2015。

经预示着后来波普尔等人喊出的"理论先于观察"①，如同韦伯在工业流水线上发现工人的主观性是必须消除的操作障碍一样，科学实验中保证客观性的唯一要求也是将操作人员的"个人感官性"降低为零。索恩-雷特尔想以此来说明先天观念对后天感性的打压。

索恩-雷特尔说，为什么会形成这种二元认知结构？先天综合为什么挤压后天感受？人们并没有真正追问这种"假设的逻辑能力的历史和时空的起源，更确切地说，这种能力所根据的形式要素的起源"何在。这正是索恩-雷特尔历史唯物主义破境论的入口。他发现，对此，"无论是康德还是其他资产阶级思想家，要么没有能够在这一起源问题上取得成功，甚至都不能将之仅作为问题来坚持"。在康德那里，

> 《纯粹理性批判》第二版"导言"的开始几行触碰到了这个问题，但在接下来的过程中它便消失了。康德将成问题的概念形式与一个最终的基本原则——"统觉的本源的综合齐一"（ursprünglich-synthetischen Einheit der Apperzeption）——聚合在一

---

① 英国哲学家波普尔在自己的证伪主义的平台上明确提出了**"理论先于观察"**的思想，汉森的理论**负载**转换为科学理论构架对实验观察的**先在性**。波普尔将培根开始的"科学始于观察"这种近代实验科学的重要原则称为"过时的神话"，其理由是现代科学并非始于实验，而是基于特定的科学理论框架。波普尔从现代科学史的角度重申着康德的论断：从来就没有纯粹的观察，任何实验的观察都必然是依据一定理论参考系的观察，这是"一种有目的的、由一定的问题以及期望的范围引导的活动"。[英]波普尔：《无穷的探索》，50页，福州，福建人民出版社，1984。在这一点上，波普尔和皮亚杰完全走到一起去了。在他们看来，所有人类的认识活动都是在特定的理论框架制约下发生和发展的，一定的理论深层结构（或称认识结构和范式）始终决定和无形地建构着特定的认知活动，而这种理论框架的认知参考坐标系的改变也必将引起全部知识活动的格式塔场境转换。这就是现代哲学认识论中的**理论框架决定论**。这似乎是康德在**新的科学基础上的**重新复活。

起，但是他知道，对于这一原则自身来说，除了说它是凭借其独有的"先验自发性"（transzendentalen Spontaneität）而存在之外，没有其他的解释了。解释在有待解释之物的拜物教（Fetischismus）中消散了。①

应该说，索恩-雷特尔这里的分析是准确而深刻的。在他看来，康德的认识论曾经接触到先天观念综合的起源这个根本性的问题，但他对先天性的观念构架如何造成"统觉的本源的综合齐一"的机制问题，最终只落得一个"先验自发性"的可悲的**拜物教**结论。这里拜物教概念的使用，其思想构境层是一般对象化物神崇拜之意，而没有深入到马克思的经济关系拜物教批判的更深构境层中。虽然，尼采也嘲笑过康德此处给出的先天观念缘起的答案，但前者也没有给出像样的回答。于是，关于先天观念综合的起源问题在资产阶级思想家那里就成为一个闭口不言的禁忌。索恩-雷特尔说，这个"禁忌意味着，脑力劳动与手工劳动之间现存的区分并没有什么时空上的根据，按其本性而言它乃是永恒的，以至于资产阶级秩序会永远维护它的合规范性"②。资本主义生产方式就是自然秩序，所以，它将永存。我以为，这是索恩-雷特尔在哲学认识论层面上，重申了马克思已经揭露的资产阶级意识形态本质。马克思的原话是，资产阶级的"错误只在于，他们把社会的一个特定历史阶段的物

---

① ［德］索恩-雷特尔：《脑力劳动与体力劳动——西方历史的认识论》，27 页，南京，南京大学出版社，2015。

② 同上书，27—28 页。

质规律看成同样支配着一切社会形式的抽象规律”①。这同时也是资产阶级“自然—永恒”意识形态的现实本质。

索恩-雷特尔表示，自己的全部努力正是从资产阶级闭口不言的这个禁忌被打破开始的，这也是康德唯心主义认识论破境的开端，还是历史认识论的构境起点。所以，他所提出的所有质疑将是与康德的命题根本对立的，因为此处的提问方式都“处于历史唯物主义思想的时空框架（Raumzeitlicher Rahmen）之中”，并集中指向体现了先天观念综合本质非历史的“形式抽象性”。对此，他在历史唯物主义时空框架中给出的答案是：“经济领域中的形式抽象与‘纯粹’认识原理中的形式抽象是相似的（gleichartig）。”这是他的破境方案的核心答案，由此挑开所有唯心主义哲学认识论概念圈子的神秘盖子，所以进一步追问将是：抽象的认识形式背后发生的“社会化是如何通过商品交换而可能的？”，而进一步的构序迷宫出口是“货币的抽象性源自何处？”②

二、实践的唯我论与可交换性的齐一世界

为了回答上述问题，索恩-雷特尔要再一次领着我们回到资本主义商品交换的模拟现场。他告诉我们，在资本主义社会的经济活动中，每一个个体都是原子化的独立主体，“这些个体以私人的，因而是分散的

---

① 马克思：《剩余价值理论》第 3 卷，15 页，北京，人民出版社，1975。
② ［德］索恩-雷特尔：《脑力劳动与体力劳动——西方历史的认识论》，28 页，南京，南京大学出版社，2015。

所有物的方式占有商品。商品交换的的确确就是以商品占有者之间这样的关系为根据的，这关系只按照他们的私人所有的原则来调节，再无其他"①。其实，在马克思那里，个人，作为一种真正独立的生存，实际上不是一个永恒的状态，而是一种特定历史条件下的产物。在马克思看来，人的生存和本质是一定社会关系的总和，最初人的本质处在人对自然、人与人的自然联系之中，个人根本不可能离开族类而生存，个人不过是一个血亲群体的附属物，只有在后来的资产阶级市民社会中，在分工和交换的中介下，在社会劳动的片面性中，个人失去了过去与自身同一的"本质"——自然的族类关系，从而再一次构成类（社会经济关系）时，所形成的关系已经是离开个人而独立的事物与事物的关系。在这里，个人都是独立的存在，而市场的交换再次自发地以事物的关联形式使片面的个人结合起来。个人的独立，实际上是资产阶级社会经济发展的结果。这是黑格尔曾经深刻地认识到的规律。资本主义市场经济中，从土地和血缘的紧密关系中解放出来的自由个人是一个前提，法人主体处在**互为外人**的原子化的独立状态中，在商品生产中，他们只能局限在自己的利益驱动和欲望对象之中，他们无法预知整个社会生产和市场流通的总体发展方向和构序结果。在这种情况下，商品交换如何能"使个体间的社会综合成为可能"，索恩-雷特尔说，在个人经验上完全会是一个**看不见的**过程。

---

① ［德］索恩-雷特尔：《脑力劳动与体力劳动——西方历史的认识论》，28 页，南京，南京大学出版社，2015。

这种彼此当作外人看待的关系的存在以商品交换为基础。在这基础上，所有的商品使用，无论是消费还是生产，都无一例外地在商品占有者的私人领域中发生。与此相反，从形式上看，社会化的贯彻只在商品占有者方面的交换中发生，从而是在这样的行为中发生，这种行为的进行不掺杂商品使用，并在时间上与商品使用明确地分离。因此，商品抽象及其所服务的社会综合的形式主义（Formalismus），必须是在交换关系的范围之内，在它的如此精确地划定的活动空间中才能找到。①

这是我们在上面的讨论中已经遭遇过的构境域。索恩-雷特尔刻意指认说，在商品交换中，出现了一个与商品物质性生产与消费不同的空间，表面上看，这里只发生商品所有权的改变，而实际上却无形中构序着商品占有者个人并不知晓的重要事件，即交换形成的价值**形式抽象**，正是这种现实抽象的齐一机制构成了整个资本主义社会的综合功能。这是索恩-雷特尔在上面已经多次讨论过的问题。

不过在这里，索恩-雷特尔生成了一个独特的哲学观点，即商品占有者都是所谓"实践上的唯我论者"（praktischer Solipsismus）。其大概意思是，商品交换必然发生于在私人所有关系之中，交换的前提原则是："我的——因而不是你的；你的——因而不是我的；这个原则统治着关系的逻辑。"②用前面他已有的表述，叫**互为外人**的关系，而转换到个人

---

① ［德］索恩-雷特尔：《脑力劳动与体力劳动——西方历史的认识论》，29 页，南京，南京大学出版社，2015。

② 同上书，29—30 页。

主体内部，则是**实践唯我论**。所谓实践唯我论，显然是针对着主观构境中的观念唯我论，它是特指发生在资本主义商品—市场经济活动里客观实践活动中的、只知道追逐自身利益的唯我论。关于这一点，斯密曾经说过，在商品经济之下，我们能有衣服穿和面包吃，不是因为面包师和裁缝的利他心，而恰恰因之他们的极端的利己主义唯我论。索恩-雷特尔说，处在商品交换中的每一个个人，

　　他只对**他的**利益本身，而非其他的什么感兴趣，他对利益的表象就是对他自己的表象，处于这个游戏中的需要、感觉和思想在它们属于谁这一问题上分化为两极，这是有效的，而对于相互对立的交换伙伴来说，这些内容则变成了原子论的或者唯我论的、不可比较的现实。因此，所有存在者之中的任何一个自为的唯一者（solus ipse）都是唯我论，据此，还有占据了事实性的数据，都是他私人所有的①——唯我论是对商品交换的参与者相互之间所持的立场的精确描述。更准确地说，他们在商品交换中相互之间的事实上的举

---

　　① "……意思是说所有我的资料（data，原文译为'与件'——译者注），就它们是事实而论，是只有我自己才知道的……"Bertrand Russell, *Human Knowledge*, London: George Allen & Unwin, 1966, p.191. 参见［英］罗素：《人类的知识》，212页，北京，商务印书馆，1983。在这里，罗素称为数据（datum）的东西，在康德那里被称为"统觉"。
——索恩-雷特尔原注

止，都是一种实践的唯我论(praktischer Solipsismus)。①

　　这样，所谓实践上的唯我论就是资产阶级的利己主义原子化个人，这是整个资产阶级社会的前提。齐泽克曾经说："参与商品交换行为的所有者都是'实践唯我论者'，他们忽略了自己行为普遍的社会综合维度，把它化约为原子化个体在市场中偶然相遇。"②他的观点显然受到了索恩-雷特尔上述看法的影响。不过，一下子，我们真的不知道这个实践唯我论对于索恩-雷特尔认证他的交换抽象决定先天观念综合有什么直接的意义。索恩-雷特尔可能也意识到了这个问题，他赶紧解释说，因为交换抽象过于难以识别，所以他必须提出一系列新的追问来形成一种新的构境平台："在围绕着商品而谈判的唯我论世界之间，到底商品何以是可交换的，它有什么特性，采取何种形式；也就是说，交换本身是如何可能的。立足在其私人的、相互对立的私人所有的孤岛上的鲁滨

----

　　①　这种实践的唯我论不需要与自我利益恰好相重合。每个受他人之托或为了他人利益而行事的人，恰恰都必须遵守这同一个原则。如果他不这样做，那么他所活动于其中的关系就不再是一种商品交换，而会过渡为另一种不同的关系。我们这里讨论的原则，属于商品交换的交往形式，不属于参与其中的人们的心理学。毋宁说，交换的交往形式反过来铸就了其生活为交换所控制的人们的心理机制，人们认为这些机制是其与生俱来的人类本性。与这一事实情况相应的是，被统治者经常受统治者的委托或为了其利益而行动。但是，尽管他们实际上只是听从于交换关联的规律，他们还是主观认为是在为自我利益而行动。这里不能对晚期资本主义(Spätkapitalismus)的上层建筑结构做特别的探究。但是，借助于交换抽象与思维抽象之间的奠基性关联来扩展赖希(W. Reich)、弗洛姆和马尔库塞等人的理论，以夯实其唯物主义基础，这对一种未来的唯物主义社会心理学来说，肯定是富有成效的。——索恩-雷特尔原注，见[德]索恩-雷特尔：《脑力劳动与体力劳动——西方历史的认识论》，30页，南京，南京大学出版社，2015。

　　②　[斯洛文尼亚]齐泽克：《意识形态的崇高客体》，28页，北京，中央编译出版社，2002。

孙们是在哪里相遇的？他们之间行为的交汇点（Kommunikationspunkt）是什么？"①好，重新模仿康德的认识论话语，这算是又绕回来了。

首先，私有制下排他性的实践唯我论者之间发生的**齐一性可能**。索恩-雷特尔说，实践上的唯我论者的商品的所有者的私有权，使得他们相互之间产生一种共性，即他们都得通过市场交换获得其他商品所有者手中的商品，这是一种齐一的**可交换性**，这种可交换性正是社会综合的第一基本条件。当然，商品交换的综合机制是建构一种新的齐一性，与专制制度的外部强暴不同，它的前提恰恰是所有权的排他：

> 我的——因而不是你的；你的——因而不是我的。这个原则假定了一种齐一性（Einheit），由于这种齐一，"我的"和"你的"才相互剥离（privativ）开来。接下来就是要正确规定这种齐一性，因为它显然是商品的可交换性形式（Austauschbarkeitsform），是社会综合的第一基本条件，这种综合是通过商品占有者之间私人所有物的排他性的途径来进行的。②

索恩-雷特尔显然在力图将马克思的经济学讨论形而上学化。这里的关键性构境点是，对于实践上的唯我论者的商品的所有者来说，商品的齐一性构序并不是指其物质上的不可分割性，或者说，并非商品在其"物体的本性、质料或属性上的齐一性"，这种齐一性指一个既定的商品

---

① ［德］索恩-雷特尔：《脑力劳动与体力劳动——西方历史的认识论》，31—32 页，南京，南京大学出版社，2015。

② 同上书，32 页。

不能同时是两个商品占有者的各自的所有物，而必须是在他们之间用来与另一商品进行"交换"。由此，

> 这种齐一性实际上是商品的定在的齐一性（Einheit ihres Da-seins），即每一件商品都有一个不可分割的、唯一的定在这一事实。这是每一个物品（Dinges）的定在的唯一性（Einzigkeit），这个物之所以不能同时分属不同的私人所有者，是因为私人居有所具有这样的意义，即当事人使物成为自己独特定在的一部分。① 这样，我们就得出结论：商品的可交换性形式（Austauschbarkeitsform）是其定在的唯一性。②

这是一个很奇怪的逻辑构境，如果我们不加说明，恐怕绝大多数读者都会不知所云，根本不能进入他的思考构境。应该指出，索恩-雷特尔这里使用的**物**和**定在**都有他自己特设的构境背景，在上面的讨论中，我们已经知道这个物不是感性存在的物质质料，而是物化时空中的非物之物；而定在也不是马克思所指认的一定的历史条件下的存在，而是特设为由商品交换抽象所生成的、特殊的、不可直接触及的特定存在——价值形式（货币）。这种价值形式使所有不同的商品获得了一种共有的齐一性，即它们的可交换特质。按马克思的说法，商品就是**为交换而生**

---

① 实际上，在希腊语中，比如"ousia"这个词同时具有"定在"和"所有"的意义。——索恩-雷特尔原注

② ［德］索恩-雷特尔：《脑力劳动与体力劳动——西方历史的认识论》，32—33 页，南京，南京大学出版社，2015。

的。这也是作为实践上的唯我论者的商品的所有者之间发生齐一的真正可能性。

其二，商品交换所形成的物化定在建构的**非实体的现实世界**。这是上一个构境喻意的延伸。在索恩-雷特尔看来，作为交往形式的交换迫使交换者彼此相互对立地采取了实践上的唯我论，但每当交换者为了交换他们的商品而相遇时，每个人都会"因其私人的数据（或统觉）（Apperzeptionen）的世界而与他者及其定在世界（anderen und dessen Daseinswelt）对立起来，然而在他们之间的现实性本身纯粹地是另一个世界"①。这有两个世界，一个是传统认识论可以面对的商品私有者的感性统觉中的经验现实，商品的使用价值和所有可感质性的世界。索恩-雷特尔此处在用统觉概念，隐喻了康德的被统摄的经验现象界。另一个是在商品交换中发生的同样现实的世界，但这个世界却是在经验世界之外的、由**不可直接统觉的物化定在齐一**构成的，这是一个非实体的现实世界。可是，

这个交换者之间的现实世界的齐一（Einheit der Welt）可以还原，为什么呢？所有在世界中并可在物上被统觉的东西（Dingen apperzipierbar），都被作为私人资料在他们之间以单子论的方式分割开了（monadologisch aufgeteilt）。因而，他们之间的世界，只有排除其

---

① ［德］索恩-雷特尔：《脑力劳动与体力劳动——西方历史的认识论》，33页，南京，南京大学出版社，2015。

属性才具有齐一性。①

商品交换中的人是单子化的，恰恰因为排除了他们自身的具体存在和物品的可统觉的感性物性，才会出现将他们重新齐一的交换可能。所以，商品所有者参与其中的商品交换世界是一个**非统觉的**齐一化的现实世界，然而，交换者"参与的方式却导致他们在主观上对这个齐一性的否认，并将交换的必要性作为客观事实的另一种强制（äußerem Zwang）来服从。交换本身导致了它的作为社会综合的交往形式的盲目性（Blindheit）"②。这也就是说，单子化的唯我论者，即进入商品市场的交换者们"不能洞察他们所造成的社会化"，虽然他们建构了这个齐一化的现实世界，但并不知道其中发生了什么。这是我们已经非常熟悉的观点。应该强调，这恰恰是历史认识论需要面对的研究对象。

其三，货币的**齐一功能**建构了社会综合的齐一化商品世界。索恩-雷特尔进一步的问题是，商品交换者们发动和建构了商品生产和流通的经济活动，然而，作为实践上的唯我论者，他们不知道盲目的社会化塑形通过商品交换而赋予社会综合以齐一性，因为真正造成这种齐一化的动因是他们**之外**自发生成的一种客观构序力量，这就是作为商品交换现实抽象结晶的价值等价物——货币。阿多诺在 1965 年肯定了索恩-

---

① ［德］索恩-雷特尔：《脑力劳动与体力劳动——西方历史的认识论》，33 页，南京，南京大学出版社，2015。中译文有改动。参见 Alfred Sohn-Rethel, *Geistige und körperliche Arbeit：zur Epistemologie der abendländischen Geschichte*, VCH, Acta Humaniora, 1989, S. 40。

② ［德］索恩-雷特尔：《脑力劳动与体力劳动——西方历史的认识论》，33 页，南京，南京大学出版社，2015。

雷特尔的这一说法："货币是交换抽象被意识到的必要条件，因为交换抽象显现(in *Erscheinung* tritt)在它之中。"①货币成了前述商品可交换性形式的"物性载体(dingliche Träger)"，它作为等价形式(Äquivalentsform)或商品的可交换性形式而自主地活动，这个活动的结果客观地导致了这样一个事实，即"货币按其功能性本质来说是一(*ein*)"。正是货币，连接了在资本主义社会中实践唯我论个人("相互对立的私人所有的孤岛上的鲁滨孙们")的生存，也齐一了在生产与消费中差异性实存的商品，货币正是构成索恩-雷特尔所指认的整个资本主义社会的综合构序功能的根本。

索恩-雷特尔指出，在商品交换的过程中，可能会有各种通货，但——

在地理上相互隔离的不同地方形成的交换流通(Tauschverkehr)，在自由联系的建立过程中，早晚都必将汇聚成商品价值的一个盲目的，但却不可分割、相互依赖的网络(Nexus)。所有通货的这种可导向一个货币体系的、本质上可沟通的齐一性(interkommunikative Einheit)，也是通过商品交换的社会综合的齐一性，它所中介的是世界定在的齐一性本身；它是形式性和发生性的，因此我们说它是形式发生性的(formgenetisch)。世界的被抽象化了的齐一性，作为货币在人们之间流转，并使他们无意识地关联(Zusam-

---

① ［德］阿多诺：《阿多诺与索恩-雷特尔谈话笔记》，转引自［德］索恩-雷特尔：《脑力劳动与体力劳动——西方历史的认识论》，174 页，南京，南京大学出版社，2015。

menhang）成为**一个**（*einer*）社会。[①]

虽然，刘三姐歌里唱到的那个"什么东西无腿走四方"的货币形式是多样的，也会在不同的地域发生不同的交换流通，但正是在货币作为**价值等价形式**中介所有商品的交换时，它自发地、盲目地生成一个将所有商品汇集起来的流通网络，其中，它现实抽象地生成商品价值形式的齐一性，与此同时，也将整个社会齐一化为一个**看不透的**功能构序总体。这也是索恩-雷特尔反复强调的那个看不见的社会综合的真正含义。

三、商品价值形式的现实抽象与量化

进一步，索恩-雷特尔还让我们注意，货币的齐一性社会综合构序功能的基础缘起于商品价值形式在交换流通中的**无意识的**现实抽象。这是上面他已经充分讨论过的内容。他说："不是个体，而是个体的行为的做（Handlungen tun）导致了他们的社会性综合。行为导致一种社会化，在这个社会化发生之时，行为对它是一无所知的（nichts wissen）。"[②]索恩-雷特尔再次强调，在商品流通的过程中，并非人的主体意图而是客观发生的经济行为无意识建构了在总体层面的社会化综合构序功能，在这个总体构序功能被凸显出来时，个人的行为向度却呈现为某

---

① ［德］索恩-雷特尔：《脑力劳动与体力劳动——西方历史的认识论》，33 页，南京，南京大学出版社，2015。

② 同上书，35 页。

种无意识状态。当然，每一个进入商品交换的人都有清醒的认知能力，或者说，

> 商品交换是一种参与者在其中保持清醒的交往方式（Verkehrs-weise），是一种自然在其中停息下来的交往形式，因而是一种绝不掺杂人类之外的东西的交往形式，最终是一种被还原为单纯的形式主义（bloßen Formalismus）的交往形式，这种形式主义具有"纯粹"抽象的特征，但却具有时空上的现实性。在货币中，这种形式主义获得了一种特别的、物性的格式塔（dingliche Gestalt）。货币是抽象物，是一个内在于自身的悖论，并且这样一种物在人们对其所是全无所知的情况下造成了社会—综合的结果。①

这是一个在商品交换过程中自然发生的客观悖论：商品交换中的交往是个人在清醒方式下进行的主体活动，可是这种交往本身却被**现实抽象**为非主体的交往形式。因为，在商品交换中，人们恰恰不关注"商品的物质属性"，即"扣除进入交换个体的统觉（Apperzeption）和实践上的唯我论的东西"，进入到流通过程中的只是商品在交换中被抽象出来的不可见的**可交换性形式**（*Austauschbarkeitsform*）。虽然它是抽象的，但却具有**另一个时空中**的现实性，因为它是客观发生的**社会关系转换**，或者用索恩-雷特尔的话来说，叫"特别的、物性的格式塔"，即这种看不

___
① ［德］索恩-雷特尔：《脑力劳动与体力劳动——西方历史的认识论》，35 页，南京，南京大学出版社，2015。

见的社会关系转换的现实抽象，而这种关系抽象的**结晶物化载体**就是上述的货币。这个复杂的转换过程，是传统认识论所无法面对的。索恩-雷特尔没有更进一步指认的问题是，这正像在个体认知进程中，个体对经验现象是清醒知会的，但他无法知道，概念构架是如何座架经验现象，并迅速将其构序为可知的观念结果的。依索恩-雷特尔对康德认识论的破境论，他有些喋喋不休地大谈商品交换中发生的这种清醒与无意识的辩证法，潜在的他喻之意正在于此。

在索恩-雷特尔看来，这种可交换性的抽象形式及其物化的发生，更深一层讲，正是"人与人之间这种唯我论的活动的产物，或者说，是商品占有的私人特征的产物"，我只是我，每一个实践唯我论的个人都是清醒的，但在这种"互为外人"的商品—市场经济的整体中，交换形式的现实抽象与再物化对每一个实践唯我论个人经验却都是无意识发生的。对此，齐泽克曾经评论说："在交换行为中，每个人都是'实践唯我论者'，他们根本误认了交换的社会综合功能：那就是'现实抽象'的层面，'现实的抽象'是作为私有财产的社会化形式出现的。"①可以看出，齐泽克完全接受了索恩-雷特尔的上述观点。所以，货币这种交换形式的现实"抽象源自人与人之间的交往关系；它不是产生在单个领域中的，不是产生在一个自为的所有者的统觉领域中的。它是以一种完全脱离经验主义的方式产生的，这种经验主义坚持个体统觉的立场"②。商品交

---

① ［斯洛文尼亚］齐泽克：《意识形态的崇高客体》，27 页，北京，中央编译出版社，2002。

② ［德］索恩-雷特尔：《脑力劳动与体力劳动——西方历史的认识论》，35 页，南京，南京大学出版社，2015。

换关系的现实抽象，总是发生在个人经验统觉之外的。而这个经验主义的个人统觉，正是传统认识论的重要认知机制，在这个意义上，索恩-雷特尔所揭示的这种现象恰恰是发生在传统认识论可能达及的研究域之外的。

依索恩-雷特尔更精细的思考构境，这种商品可交换性的形式主义的物性格式塔中，存在着两个相互交错的现实抽象过程：

> 第一个抽象过程是为整个商品抽象奠定基础的抽象，商品抽象在形式上与使用活动相分离，在时间上与使用活动分开。第二个抽象过程发生在以商品可交换形式的分类为格式塔（Gestalt）的交易中，并且是进行交换的个人之间相互对立的私人唯我论的结果。这第二个抽象附着于交换活动的执行之中。①

第一个抽象是商品在交换过程中生成的不同于自身使用价值的可交换性以及与商品的生产和消费在时空上的抽离，这是全部商品存在的基础；**第二个抽象**是上述刚刚讨论过的交换过程中，以无意识的方式抽象出来的交换形式独立及其物性结晶。其实，第一个抽象相当于马克思所说的区别于塑形产品功能的具体劳动与使用价值的抽象劳动与商品的价值存在，第二个抽象则是商品进入交换过程中，价值形式在现实交换关系中的现实抽象和物性结晶（货币）。

---

① ［德］索恩-雷特尔：《脑力劳动与体力劳动——西方历史的认识论》，36页，南京，南京大学出版社，2015。

由此，这里通过第二个抽象生成的"可交换性形式的分类直接与交换等式（Tauschgleichung）联为一体"，所谓"交换等式就是通过交换的执行而将成批的商品等同起来，这个等式是内在于交换之中的一个假设，就其特性而言乃是社会性的、人与人之间的交往形式"①。准确地说，是人与人之间**直接劳动交换**的关系。并且，这并不是一个假设，而是一个真实的劳动量的抽象。可索恩-雷特尔偏要将其说成是一个假设：

> 这个假设具有社会起源（gesellschafte Ursprung），并具有纯粹客观的社会有效性（gesellschaftliche Geltung）。商品不是相等的，而交换将它们设定为相等的。这个设定贯彻了一个进一步的抽象，这个抽象使得用于交换的商品数量化约为抽象的量本身。②

商品的使用价值是不相等、不可比较的，但当它们进入交换的流通领域时，交换经过现实的价值（劳动）抽象获得了一种有效性的形式化规定和量化。索恩-雷特尔正是看到了商品交换中发生的现实抽象，也看到了这个抽象的结果是商品等价关系中的量化。但他还是回避了抽象量化的本质——**抽象劳动的量化**。

> 商品以一种特定的合使用（gebruachsgem äßig）的规定性而被带近市场，即按重量、个数或者数量，按照体积或者等级，等等。交

---

① ［德］索恩-雷特尔：《脑力劳动与体力劳动——西方历史的认识论》，36 页，南京，南京大学出版社，2015。
② 同上书，36 页。

换等式消解了这些属于使用价值的、彼此不可比较的数量规定。交换等式以一种不知其名的、与任何一种质都不相关的量取代了这些已知其名的量，这种量根本就不再是量了。[①]

这个与任何物品真实的质都无关的"不是量的量"，即是价值形式中**货币的数量**。这也是无数资本家疯狂追逐的利润（剩余价值）。当然，索恩-雷特尔这里最终想引出的话题，是这种**抽象的量与先天观念综合的关系**，于是他立刻引导说："正是关系本性（relationale Natur）的这种绝对的、与质完全'脱离'的量，为作为形式规定性的纯粹数学思维奠定了基础。"[②]这也就是说，数学中的纯粹的数量来源于商品交换中金钱的"不是量的量"。他甚至认为，这种情况最早是在毕达哥拉斯那里发生的。"纯粹数学思维以其自身特有的逻辑，在特定的发展阶段中历史性地浮现出来；在这一阶段中，商品交换成为社会的承载形式（tragende Form），成为一个以铸造货币的引入和推广为标志的时刻。"[③]这也就是说，"数学的思维方式首次以其独特的形式出现"，恰恰是与商品交换的抽象量化相关联的。对于索恩-雷特尔的这一论点，我持严重的怀疑态度，因为这种逻辑链接是需要由客观的历史研究来具体举证的。但有意思的是，齐泽克倒非常肯定索恩-雷特尔的这一推断。他认为："在思维到达纯粹**量**的规定性（这是现代自然科学的前提）的观念之前，纯粹的量

---

① ［德］索恩-雷特尔：《脑力劳动与体力劳动——西方历史的认识论》，36 页，南京，南京大学出版社，2015。
② 同上书，37 页。
③ 同上书，37 页。

已经以货币的形式在发挥作用了，货币这种商品为所有其他具有不同的质的规定性的商品提供了价值上的通约性（commensurability）；在物理学能够表达出在几何学空间中进行的、独立于一切运动客体的质的规定性的纯粹抽象的**运动**概念之前，社会的交换活动已经实现了这种'纯粹的'抽象运动，这种运动根本不触动运动对象的具体可感的特征，它涉及的是特征的转让。索恩-雷特尔证明了本质及其偶然性的关系以及牛顿科学中的因果性概念——简而言之，纯粹理性范畴的整个网络——都是如此。"①我认为，齐泽克的肯定过于简单了，科学技术的产生与发展固然与商品交换关系有着极为密切的关联，但任何一个时代的科学与技术的发展更直接的现实基础一定是物质生产实践本身，而非商品交换的流通过程。

_____

① ［斯洛文尼亚］齐泽克：《意识形态的崇高客体》，23页，北京，中央编译出版社，2002。

第九章

商品价值交换的现实抽象与先天
观念综合(1989)

在索恩-雷特尔看来,商品交换关系的现实抽象
之核心就是价值抽象。但是,他这里所理解的价值概
念已经不再是马克思原来经济学语境中的原初意向,
而是由商品这种特别的关系性社会存在引导出他想对
接的先天观念综合机制的现实对应物,即商品交换中
现实抽象生成的物化结构和自发的社会综合机制,尤
其是这种现实抽象所导致的社会生活中出现自然界才
有的自发的因果性关系。索恩-雷特尔断言,正是这
种在社会生活发生的"第二自然"——个人之外自发生
成的商品价值的现实抽象,构成了康德先天观念综合
和思维抽象逻辑统摄的秘密。

一、价值概念：无意识的商品拜物教与先天观念的知性综合机制

我们能看到，索恩-雷特尔进一步追问的是作为**关系性存在**的价值概念（Wertbegriff）。他引述马克思在《资本论》中商品交换的相关论述，指认商品与商品之间不会以完全不同的使用价值进行交换，于是这就"需要一个中介性的概念（vermittelnden Begriffes），借助这一概念，商品的相等与相异就能够并行不悖"，这就是能够生成**不同商品之间的等价**（Gleichwertigkeit）交换关系的价值。

"价值"因此不是相等的根据，恰恰相反，内在于交换关系的，对于社会综合来说必然的交换等式的假设，乃是以价值概念为前提的。① 这给价值概念一个假象：似乎它指明了一种包含于商品之中的纯粹量上的本质（rein quantitatives Wesen）。但是，这个表面上的本质不过是一种从人的行动中生长出来的社会必要关系（gesellschaftlich notwendige Relation），在其中，人的社会关系被"物化"（verdingicht）了，即转移为他们的商品之间的关系。商品承载了一种社会本性，这本性与作为物（Dingen）的商品从来没有任何关系。由此，这就是附加在商品之上的"拜物教特征"（Fetischcharak-

① "劳动产品只是在它们的交换中，才取得一种社会等同的价值对象性，这种对象性是与它们的感觉上各不相同的使用对象性相分离的。"（参见《马克思恩格斯全集》第23卷，90页，北京，人民出版社，1972）——索恩-雷特尔原注

ter)。①

　　这是索恩-雷特尔难得的一段比较准确的论述。价值关系所表现的并不是物品之间的相等，反倒是一种不同商品之间的可交换性纯粹以量的方式存在的**表面本质**，说它是表面本质，因为它已经是一种社会关系的物化，即在交换中人与人的劳动交换关系物化为商品与商品之间的关系，这就是商品拜物教特征。这是马克思三大经济拜物教(商品拜物教、货币拜物教和资本拜物教)的第一构境层。索恩-雷特尔始终没有进入资本拜物教的批判层。

　　其实，马克思的价值概念当然不是索恩-雷特尔这种白开水式的思想构境层。在马克思那里，价值是一个"形而上"的概念，是一种在资本主义商品生产过程中形成劳动二重性开始的客观抽象，它不是某种理想本质的价值悬设，与可直观的使用价值不同，价值**存在但不直接显示**。更重要的是，价值不是现成的，看起来，它们只是一种简单的劳动交换关系，从历史上看，从价值到现实抽象中的价值形式形成，再到货币(价格)，存在着一个漫长而复杂的历史形成过程。在现实资本主义商品—市场经济过程中，它是以各种最深刻的对立为媒介的，如自由竞争是其存在和发展的最初形式，越走向当代，价值转换关系就越复杂，在现代金融体系中，我们已经根本见不到它的真面目。我们会发现，这个价值实体化、事物化(Versachlichung)，成为一种特殊的**支配事物的物**，

---

　　① ［德］索恩-雷特尔：《脑力劳动与体力劳动——西方历史的认识论》，37—38页，南京，南京大学出版社，2015。

才构成狭义历史唯物主义所讲的最深刻的一种居权力话语中的**社会存在物**，这恰恰也是最容易被误解的历史认识论层面。价值实体（商品、货币和资本）是真的事物（Sache），但却是历史唯物主义中最难理解的物。因为这个物具有二重性的悖论：它具有使用价值的效用存在（如黄金作为饰品），但这不是它在资本主义经济关系中的社会存在本质，其本质是人类的一般抽象社会劳动，即价值。在这个意义上，**作为社会关系的价值是客观存在的，但它恰恰不是一种可直观的物**。马克思说："一种关系只有通过抽象，才能取得一个特殊的化身，自身也才能个体化。"①但是，价值本身在市场竞争和交换中并不以自身的直接形态表现出来，而必然以交换等价物的事物化形式即货币价格实现出来。显然，从历史认识论的视角看，这不是一种实体性的物，而是一种事物化关系，或者说是一种**颠倒的关系性的事物**。这个复杂的理论思想构境层，是索恩-雷特尔无法进入的层面。

索恩-雷特尔进一步分析到，在资本主义的商品交换背景中，"交换等式服务于事件的偶然的、纯粹指派的事实性（Tatsächlichkeit）"，当一个商品被投入市场，它就会被从其"制造背景（Her stellung szusammenhängen）中拖拽出来，例如被掠夺行为从原始共同体那种由传统所支配的有序（Ordnungen）中拖拽出来"，这个市场交换拖出来的背景即劳动者还与自己的产品保持同一的工艺系统和更大尺度宗法血亲关系中的恒定结构。这是对的。现在，一切旧有的有序性都被市场中的商品交换所打破，被重新构序。

①《马克思恩格斯全集》第 46 卷上，87 页，北京，人民出版社，1979。

在市场上，它们与其他同样偶然出场的商品相遇，商品占有者对商品拥有自由支配权并相互承认对方，若以此为前提的话，交换等式的同源形式(homologe Form)便通过其完整的抽象性提供了一种"商品语言"的术语，如马克思所说，在市场本身的扩张中，这种语言使得作为单纯的商品所有者的人的全方位的定在关联(Daseins-zusammenhang)成为可能，即便人们之间所有其他的秩序都被撕碎了——而实际上由于市场的扩张，这些必然会被撕碎。①

用马克思的原话说，就是市场中那种冰冷的金钱关系取代了脉脉含情的宗法关系。相对于传统社会中那种凝固化的人对人的狭隘的依赖关系和秩序，商品交换中生成的**全方位**经济—社会关系是人本身的一种重要的解放，但由此建构出来的物化**定在关联**是偶然的，或者说是功能性的。这是因为，商品交换抽象的形式，也就是"价值形式"的逻辑在商品市场上建立起来的网络，"拥有必不可少的功能主义(Funktionalis-mus)"②。这里的功能主义特指由资本流动造成的资源配置和生产结构的变动性和临时性特征。我们还记得，早在1936年索恩-雷特尔第一个草稿中，功能化社会就是他指认的重要方面。并且，"这一秩序及其经济必然性特征的不可脱离的根源乃是物(Dinge)的定在统一性，这种统一性通过商品可交换性的结果，迫使人们在没有相互理解的情况下服从

---

① ［德］索恩-雷特尔：《脑力劳动与体力劳动——西方历史的认识论》，40—41页，南京，南京大学出版社，2015。
② 商品语言深远影响，的确可以说是功能性的社会化。——索恩-雷特尔原注

同一个世界的统一性。他们的定在只是一般地按照一个社会的法则来调节"①。从前面我们已经进入过的特殊理论构境中可以获知，此处的**物**，既不是一般的与人无关的物（Ding），也不是人们在生活活动中上手的事物（Sache），而是特定的**拜物教化构境中的物**。

索恩-雷特尔认为，价值关系并不等同于劳动关系，相反，"价值形式通过商品价值的'对象性假象'（gegenständlicher Schein）来否认、遮蔽价值与劳动之间的数量关联"。这应该是指作为价值形式的货币从交换工具畸变为财富本身的篡位式"物化"。他给出的理由是，形成价值的交换抽象发生在生产和消费**之外**，这种现实的抽象并不导致商品本身的物理改变，"商品交换自身不过是相互之间的居有关系"发生更换而已。这好像有些言不及义，因为生产和消费之外的居有关系变更为什么就会遮蔽劳动关系，这一问题并没有得到解决。此处，索恩-雷特尔关心的事情还有，"所有在商品生产社会中占据统治地位的、支配个体行为的概念，都源自交换机制和对象性的假象，而一般无意识的（bewußtlose）社会将因此而可能"②。索恩-雷特尔时刻不能忘记，商品社会中一切观念都源自交换机制，特别是商品交换所生成的资产阶级生活自组织总体上的**社会无意识**。这个社会无意识的概念，我们已经非常熟悉，索恩-雷特尔试图由此来解释康德先天观念综合中的**自动统摄**机制。他认为，

---

① ［德］索恩-雷特尔：《脑力劳动与体力劳动——西方历史的认识论》，41 页，南京，南京大学出版社，2015。

② 同上书，39 页。

　　正如这一机制无非是由（作为价值的）劳动产品的私人交换中的相互居有活动（reziproken Aneignungsakten）所构成，这些概念也是由居有关系所造就的，这关系赋予这些概念以社会的意义。它们与社会的现实实体（Realsubstanz），即劳动——交换品因它才得以存在——的关系，总的来说只是一种间接的关系。只有对这些模糊的概念进行形式起源上的批判，才能阐明它们与劳动之间的关系。借助作为交换的交互性，居有才获得自我调节和自我校准的机制这个形式（Form des selbstregulativen，sich selber auswiegenden Mechanismus）。①

　　索恩-雷特尔想说明的道理是，在商品生产社会中，先天观念构架中的自我调节和自我校准机制，也就是康德先天观念综合所生成的知性统觉机制，从现实基础上看恰恰是交换中发生作用的相互居有关系的**间接**结果。恰恰因为这种复杂的间接性，观念构架的历史起源被掩盖起来，先天观念综合的自动统摄能力似乎成了神授天意。应该说，索恩-雷特尔这里的唯物主义破境策略基本上是成功的。

　　也是在这里，索恩-雷特尔直接批评了当代资产阶级社会科学中的两种伪科学：首先，是经济学中的"主观价值学说"（subjektiven Wertlehre）。这是指一切从庸俗经济学基础上生长起来的边际效用论和量化经济学理论。前者是一种彻底脱离了劳动价值论的唯心主义**主观价值论**，

————————

　　① ［德］索恩-雷特尔：《脑力劳动与体力劳动——西方历史的认识论》，39页，南京，南京大学出版社，2015。

后者则是将商品经济物化关系的无质性直接抽象为无所指的抽象数量关系。这二者都是资产阶级意识形态的体现。依他所见，"价值量化的主观价值学说——这种学说依靠价值的量化，即依靠为商品或'财富'(Güter)设定数值，不能给出任何解释说明；在这一理论中，量化只是走上了以逻辑的方式(logisch)进行欺骗的道路"①。因为前面索恩-雷特尔已经专门交代，商品交换中生成的价值量化关系其实是一种"表面的本质"，它遮蔽了真实存在的人与人的关系，所以，主观价值学说的根本错误，是从概念上消除了商品交换中"作为社会交往形式与社会综合载体的特性"。他说，这种经济学恰恰"提供了创建一种在方法论上与经济学相分离的社会学说的诱因"，这正是与"垄断资本主义(Monopolkapitalismus)的开端同时发生的"，或者说，这种抽离了社会关系本质的量化经济计量模式恰恰是垄断资本主义的必然理论产物。索恩-雷特尔的这个批评是中肯的。

其次，索恩-雷特尔认为，与这种资产阶级"纯粹经济学"同时产生的还有所谓"经验社会学"。如果说，主观价值论的经济学是离开现实经济关系的抽象量化，而经验社会学则是一种没有任何本质反思的**经验现象堆砌**。经验社会学的本质，就是停留在所谓可见的"事实"层面，却不知直观可见的经验恰恰有可能是被制造出来的。关于这一点，青年卢卡奇最早在《历史与阶级意识》中就有所涉及。在青年卢卡奇看来："任何一种直观的、单纯认识的态度归根到底和它的对象总是处于一种分裂的

---

① ［德］索恩-雷特尔：《脑力劳动与体力劳动——西方历史的认识论》，40页，南京，南京大学出版社，2015。

关系之中。"①资产阶级的这种认识模式将现实乔装打扮成"事实"，但却又处心积虑地掩盖这些"事实"的历史的社会的特点。② 也因为这种用现象遮蔽本质的直观方法，经验社会学就丧失了获得透视社会存在更深一层本质认识的可能性，更不要说去科学把握商品交换背后发生的社会关系的现实抽象及其物化存在了。

在索恩-雷特尔看来，上述这两个学科的错误航向就在于"丧失了与历史过程的联系"。这是深刻的观点。所以，"自垄断资本主义开始以来，社会究竟发生了什么，这个问题既不能指望'纯粹经济学'，也不能指望经验社会学给予说明；并且，这并不单纯由于大多数经济学家和社会学家缺乏这样一种说明的兴趣，其原因恰恰是这些学科方法论上的无能"③。我觉得，索恩-雷特尔的这一批评是符合实际的。20 世纪 30 年代以来，当代资产阶级整个社会科学的主流就是脱离历史的实证主义方法论，在韦伯的"价值中立"和"拒斥形而上学"的口号下，远离现实社会经济关系，成功遮蔽了资本主义世界历史(全球化)的统治和奴役本质。

---

① ［匈］卢卡奇：《历史与阶级意识》，300 页，北京，商务印书馆，1992。

② 卢卡奇说："在'事实'(Tatsache)中，已经变成了和人异化的(entfremdete)、僵化的、不可能渗透的物(undurchdringbaren Ding)的资本主义发展的本质就以这样一种方式具体化了：这种方式就是把这种异化(Entfremdung)、这种僵化变为现实性和世界观的最理所当然的、最不容置疑的基础。"［匈］卢卡奇：《历史与阶级意识》，272 页，北京，商务印书馆，1992。参见 Lukacs, *Geschichte und Klassenbewußtsein*, Gesamtausgabe *Band 2*. Hermann Luchterhand Verlag，1968，S. 370。

③ ［德］索恩-雷特尔：《脑力劳动与体力劳动——西方历史的认识论》，40 页，南京，南京大学出版社，2015。

二、商品交换的现实抽象与双重物性存在

如果，"纯粹经济学"和"经验社会学"无法看清资本主义社会综合的内部机制——商品交换中发生的**现实抽象**问题，那么，索恩-雷特尔就必须深入探究这种现实抽象的秘密。因为我们已经知道，在索恩-雷特尔眼里，商品交换中发生的现实抽象才是康德先天观念综合的真正缘起。

在索恩-雷特尔看来，商品交换抽象的形式"附着于交换的执行活动（Tauschvollzug）之上"，正是由于进入交换的所有商品"作为交换客体，更确切地说，作为交换活动的对象，不是简单地仅仅不具有使用的质，毋宁说，它们是肯定地无质的（qualitätslose）"①。前面是说，商品交换关系导致社会的量化特征，这里，则是从另一个方面强调它的**无质性**。这二者是同构的。商品的质（使用价值）只是在它退出交换时才重新复归的。正是这种特殊的无质性构成了不同商品之间的可交换性，这种可交换性在不断发生的商品交换中**历史地客观抽象成**一种中介性的等价关系，并且，由于交换的需要，这种中介性的等价关系被实体化为一种新的**不是通常物质存在的实体物**——货币。现在，"商品分为商品和货币这种二重化"②。在马克思那里，在资本主义商品经济的现实运作中，"作为价值，商品是等价物；商品作为等价物，它的一切自然属性都消失了；它不再和其他商品发生任何特殊的质的关系，它既是其他一切商

①　［德］索恩-雷特尔：《脑力劳动与体力劳动——西方历史的认识论》，41页，南京，南京大学出版社，2015。

②　《马克思恩格斯全集》第23卷，105页，北京，人民出版社，1972。

品的一般尺度，也是其他商品的一般代表，一般交换手段。作为价值，商品是**货币**"①。这是因为，在实际的经济交换中，人们无法直面的商品价值必须"同时取得一个和它的自然存在不同的存在"。这说明，索恩-雷特尔这里的讨论基本符合马克思的观点。索恩-雷特尔进一步指认道，"商品依然带有其双重本性；不过现在，其无质的、稳固的实体性(Substantialität)反映在了它们之外的货币的不可描述的物质(nondeskriptiv Materie)中。由于自然中不存在不可描述的物质，因而金、银、铜抑或是纸，必须承担起其代理的角色"②。并且，货币的价值关系存在是异在的，它往往在**不是它自身物质实在的他处**才建构出货币的关系存在。

请一定注意，这个马克思并没有强调的**不可描述的物质**是索恩-雷特尔十分特殊的理论贡献。后来齐泽克正是在索恩-雷特尔的启发下，提出了"意识形态的崇高客体"中的那个"金刚不坏之身"的观点。他认为，在市场经济的社会有效运作中，人们在发疯般追逐金钱，可是，仔细想来，就会发现人并不是追逐金钱的物质**客体**，而是无意识地指向在具有一般物质形态的货币中似乎存在的那种金刚不坏的、非物质实体性的崇高客体。这个对象正是空无，而意识形态幻想使它看起来是一个实

---

① 《马克思恩格斯全集》第 46 卷上，85 页，北京，人民出版社，1979。

② ［德］索恩-雷特尔：《脑力劳动与体力劳动——西方历史的认识论》，41 页，南京，南京大学出版社，2015。

在的客体。① 应该说，这是历史认识论构境中极为重要的隐性思考对象。这也是索恩-雷特尔自己重新标定的物化观点的重构基础。无质的价值关系是商品交换中的中介，而这种无质的中介化过程就是市场经济客观经济交换关系的一种现实抽象，而当这种现实抽象被重新实体化时，就出现了一种**双重物质存在显隐并存**的状态：金、银、铜抑或是纸（更早可能会是贝壳和鱼骨）除去它们自身的物理存在之外，同时发生着一种同样客观却无法直观（"描述"）的物质存在，并且，作为货币，它们恰恰是在不是自己物理存在的状态下才是那种**无质的**交换等价物。用马克思的话来表述，即货币"除了它的自然存在以外，它还取得了一个纯经济的存在"②。它们就是一种**抽象的**客观社会关系存在，一种特殊的**抽象实体**。需要提醒的是，这种抽象功能本身仍然时刻发生在现实的商品交换活动中。并且，索恩-雷特尔还认为，

为了使不可描述的实体彻底地占据每一个可交换的物，占据和贯穿其整个空间和时间，货币材料必须能按照不同的价值量被分割成块，亦即必须是随意可分的——这似乎是矛盾的。一方面是货币

---

① 齐泽克说："在这里我们接触到一个马克思未解决的货币的物质特性的问题：不是指货币赖以构成的经验的物质材料，而是指它的**崇高性的**材料、它的某种另类的'不可改变且坚不可摧的'躯体，这一躯体在物质性的躯体腐朽之后仍能继续存在——货币的这种另类躯体类似于萨德笔下的受害者的尸体，虽历经折磨仍不改其美丽。这种'躯体之内的躯体（body-within-the-body）'的非物质性的实体使我们可以精确地定义这个崇高的客体（sublime object）。"参见［斯洛文尼亚］齐泽克：《意识形态的崇高客体》，25 页，北京，中央编译出版社，2002。

② 《马克思恩格斯全集》第 46 卷上，85 页，北京，人民出版社，1979。

材料的原子性，另一方面是每一商品物（Warending）——其作为实际上被交换的统一体——之中的货币材料的不可分性，二者呈现出了诸多矛盾中的一个矛盾；借助这些矛盾，货币的社会功能通过其形式规定性（Formbestimmtheit）创造出了思维，即黑格尔所称的"形而上学的"（metaphysisches）思维。①

形而上学的思维形式缘起于货币的社会功能，这可能是一个比较简单化的推论。货币原子即量化关系与货币的无质物化之间的矛盾，以及为什么这种矛盾就是思维形式或者整个形而上学的基础，索恩-雷特尔并没有告诉我们具体缘由。

关于这个商品交换中发生的现实**抽象运动**（*abstrakte Bewegung*），索恩-雷特尔还有一些具体讨论。首先是关于商品交换关系现实抽象中的**变与不变**。在他看来，货币作为一种抽象实体，在交换中"不会遭受任何物质上的改变，并且与量的区别没有什么不同"，抽象"运动所描述的是商品交换的执行活动，在这活动中实现了商品的已商定的占有让渡。在与商品的物理状态改变在时空上的明确区分中，执行活动本质上局限于商品占有关系的纯粹社会性变化"②。与货币的那个双重物性存在相一致，商品的物理存在在交换中并没有发生改变，而只是占有关系发生了变更。这是他前面已经充分讨论过的内容。

---

① ［德］索恩-雷特尔：《脑力劳动与体力劳动——西方历史的认识论》，42 页，南京，南京大学出版社，2015。

② 同上书，43 页。

其次是关于现实抽象所建构出来的**他性时空**。索恩-雷特尔认为：

由于占有让渡的执行是交换行为与使用行为在时空中的分离所服务的目标，因而整个交换抽象被概括为纯粹运动的这一抽象图式（Schema）。抽象的另一个先前已分析过的部分和阶段为这个图式奠定了基础。通过对每一使用行为的排除，时间与空间自身也变成抽象的了。正如商品在其作为"实体"的规定性中那样，时间与空间丧失了一个确定的地点得以与其他地点区别开来的所有痕迹，丧失了每一时刻得以与其他时刻区别开来的所有差异。它们变成了一般抽象时间和抽象空间的非历史性的（unhistorischen）规定，也就是在历史上无时间（zeitlos）的规定。这个抽象化反映了运动进程本身。①

这种发生在商品交换中的现实抽象创造出一个新的时间和空间场所，它不是物理存在意义上的时空，而是一种**抽象关系建构起来的时间与空间**，这种现实抽象的时空却是物化社会关系的生产基地。列斐伏尔提出了以社会关系再生产为基础的**空间生产**观念，但他并没有专门讨论这个特殊空间的物化质性。可是，商品交换关系的现实抽象却出现在这个独特的时间和空间之中，"商品以其可交换性形式和不可改变的量的规定性贯穿于占有让渡的整个过程"。

---

① ［德］索恩-雷特尔：《脑力劳动与体力劳动——西方历史的认识论》，43 页，南京，南京大学出版社，2015。

再次是关于商品交换关系现实抽象所生成的**定在同一性**。在索恩-雷特尔看来，

> 商品在其可交换性形式的抽象性中的定在同一性（Daseinsidentität），是一种原初的人与人之间关系的规定性，在这规定性中，在运动的任何既定的时间和地点上，定在和处于关系中的商品的价值量都被固定在它们的当下，固定在它们的占有者相互之间的所有排他性之中，并在其中被把握和检验。①

这里的**定在同一性**概念是一个否定性的规定，它是人与人的原初关系的**物化**结果。这里的物化即为那种不是物理存在的不可描述的抽象物的状态。索恩-雷特尔将其表述为商品的"物性抽象（dingliche Abstraktionen）"或"物化"（Verdinglichung）状态。② 前面我们已经知道，物化概念在索恩-雷特尔的话语使用中是一个否定性的批判范式。

最后，索恩-雷特尔认为，这种商品交换关系现实抽象的结果就是社会生活中出现自然界才有的自发的**因果性关系**。这也是我们前面已经遭遇过的讨论主题。因为，商品交换中的现实抽象和物化，虽然是由人的活动造成的，但却"在没有任何人类辅助的情况下纯粹出于自然而发生"，人的有目的的活动构成社会存在，可它却表现为**非主体性的**自然因果关联，这是一个颠倒的悖论。依他所见，"在这进程中，自然作为

---

① ［德］索恩-雷特尔：《脑力劳动与体力劳动——西方历史的认识论》，44 页，南京，南京大学出版社，2015。

② 同上书，44 页。

一种与人类领域分离的、外在于所有人类群体的力量而运转——一种作为纯粹客体世界（bloße Objektwelt）的自然的力量。它涉及发生在客体中的起因与结果之间的严格因果性概念"①。在索恩-雷特尔看来，这种社会存在中出现的因果性并不是交换抽象的一部分，而是它的无意识的自然结果。这也就进入黑格尔意义上的"第二自然"的构境层中。

三、第二自然：商品交换的现实抽象向思维抽象的转化

也是在这里，索恩-雷特尔借用了由青年卢卡奇、阿多诺等人重新引入的黑格尔的**第二自然**的概念，用以表述上述这种在社会生活中出现的自然界盲目运动的状态：

我用**第二自然**（*zweite Natur*）这一表述来概括商品交换的所有的形式方面，第二自然被理解为一种纯粹社会的、抽象的和功能的实在性，从而与第一或者原始的自然——我们和处在同一个地球上的动物都存在于其中——相对立。只有在第二自然作为货币这个表达形式（Ausdruckformen）中，我们之中的某种属人的东西才在历史中获得了其对象性的、个别的和客观—现实的表现（objektiv-reale Manifestation）。在同人与自然的所有物质交换的活动方式

---

① ［德］索恩-雷特尔：《脑力劳动与体力劳动——西方历史的认识论》，45 页，南京，南京大学出版社，2015。

(Betätigungsweisen)相脱离的过程中，这种表现通过一种社会化的必然性得到实现。这些活动方式自身是第一自然的一部分。①

这倒是索恩-雷特尔对自己前面已经多次提及的**社会无意识**问题思考的深化。我们知道，在黑格尔那里，面对"太阳下面没有新东西"的一般的自然观照的知性科学，开始向主体性有意识的实践认识转化。这个主体有意识的劳动结果(市民社会的社会存在)，被指认为观念更高级物化形式的"第二自然(Die zweite Natur)"，以区别于原生的完全物性化的第一自然。请注意，这里出现了一个重要的悖论：人通过劳动将无机界和有机界的物质"调集"到自己身边，劳动其实使精神成为自然物质的主人，这是一个从死物质向观念性存在的回归，即对自然物化(异化)的摆脱。但是，劳动又使精神在一个更高的层面受到人造物(经济财富)的奴役，劳动外化同时也是一种观念在人类主体活动(社会历史过程)中发生的新的更深刻的异化：主体在事物化市场中再次沉沦于自然存在，此为区别于无主体的第一自然的社会历史中的第二自然。

这个"第二自然"的观念，在马克思那里是通过所谓"似自然性"表现出来的，这一观点在整个传统马克思主义解释构架中被彻底遗忘了。②在西方马克思主义的思想史中，是青年卢卡奇在马克思主义的语境中重新提出"第二自然"概念的。青年卢卡奇引述"第二自然"，最早是在1919

---

① ［德］索恩-雷特尔：《脑力劳动与体力劳动——西方历史的认识论》，46 页，南京，南京大学出版社，2015。

② 参见张一兵：《马克思历史辩证法的主体向度》，第三章第二节，武汉，武汉大学出版社，2010。

年 6 月写下的《历史唯物主义的职能》一文中。① 而在阿多诺那里，他在
青年卢卡奇的启发下，指认在现实的资本主义社会生活中，发生的总体
客观事实仍然是"社会冷酷无情地把人当作客体（Objekten），并把他们
的状况（Zustand）转化为'第二自然'（zweiten Natur）"②。正是在阿多诺
的上述语境中，索恩-雷特尔挪用了这个"第二自然"的观点。在他这里，
第二自然异质于原初的第一自然存在，因为它是一种"纯粹社会的、抽
象的和功能的实在性"。如上所述，商品交换关系是社会存在，它实现
于一种不同于通常物理存在的现实抽象时空中，并且它只是一种**功能性
的关系存在**，而非某种物体的物理属性。在商品交换中，人们在自主地
做，但却无法知道其活动在整个社会层面上发生的客观结果，他们"辨
别不出其行为的社会—综合特征"，生产与再生产的规模、商品的销售
和市场需求等经济运行机制和更大尺度上的社会综合活动过程是非主体
意愿地自发实现的，时常表现出外部自然界中才发生的**因果性**。另外，
社会"意识通过将行为抽象化的东西而得到满足，并且，只凭借交换行
为从所有经验中毫无例外地抽象出来，无意识的社会的网络作为一种第
二自然的网络才得以构成"③。人们的意识在社会层面上只能在抽象化
的交换关系中得到体现，这样，商品交换这种由人的活动建构起来的特
定存在，即"我们之中的某种属人的东西才在历史中获得了其对象性的、

① ［匈］卢卡奇：《历史与阶级意识》，326 页，北京，商务印书馆，1992。
② Theodor W. Adorno，*Soziologie und empirische Forschung*，Gesammelte Schrift-en，Band8，Suhrkamp Verlag Frankfurt am Main，2003，Zur Neuausgabe S. 202.
③ ［德］索恩-雷特尔：《脑力劳动与体力劳动——西方历史的认识论》，47 页，南京，南京大学出版社，2015。

个别的和客观—现实的表现"。这就是所谓社会存在中的第二自然的实质。应该专门指出，索恩-雷特尔这里所凸显出来的自然因果性和第二自然的问题，也是我们历史认识论无法回避的深层构境方面。

索恩-雷特尔认为，"第二自然"这个概念可以概括为两个方面，即"其时空上的社会-综合的实在性，以及一种凭借抽象概念的认知能力的思想形式(ideelle Form)"①。这第二个方面算是索恩-雷特尔在第二自然问题上的新贡献，即**观念领域中的第二自然问题**。所谓观念层面的第二自然，依我的解读，即是隐喻康德—黑格尔的先天观念综合和逻辑学中的自动运行机制，个人在思考，却表现出**非主体的被规制性和无意识状态**。但索恩-雷特尔并没有在这一新的构境方向上深入下去。关于前一个方面，索恩-雷特尔在阿多诺等人思考的基础上已经做了大量的讨论，其实他这里特别关心的就是第一个方面与第二个方面的关系，即**商品交换的现实抽象向作为第二自然现象的思维抽象的转化**问题。因为，这也是他一生努力的主要方向。

在索恩-雷特尔看来，商品交换中现实抽象生成的价值形式同一性与康德揭示的思维形式的同一性是**同质**的："合乎知性的(verstandesmäßigen)思想的一般哲学概念的形成，在通过商品交换的社会综合的现实抽象(Realabstraktion der gesellschaftlichen Synthese)中，也就是在第二自然中，有其形式的和历史的根源(formelle und historische Wurzel)。"②这是一个非常重要的断言。索恩-雷特尔说，此处他

---

① ［德］索恩-雷特尔：《脑力劳动与体力劳动——西方历史的认识论》，47 页，南京，南京大学出版社，2015。

② 同上书，48 页。

更关心的是先天观念综合发生的特殊历史根源。也是在这里我们发现，索恩-雷特尔的构境意向突然断裂了：这里的历史根源并不是指一种共时性的现实关系，而转而讨论这一关系在欧洲历史上的最初发生。我们看到，索恩-雷特尔竟然认为，这种商品交换的现实抽象向知性形式的转化最初发生于"希腊哲学的概念形成（Bgriffsbildung）"。他给出的理由是，"包含于铸币之中的现实抽象的形式要素"最早"存在于希腊爱奥尼亚铸造钱币的早期，也就是哲学思维最初成形的地方"。① 我对他的这个推断是持怀疑态度的。我们先来看索恩-雷特尔对商品交换的现实抽象向知性形式的转化的一般分析。

首先，是对货币在这种转换中的发生作用的一般论述。索恩-雷特尔说，在商品交换的现实抽象形式向思维形式的转变过程中，"货币，也就是采取铸币形式的货币，在这个转变中扮演了不可或缺的中介角色，因为只有在铸币上，一般的现实抽象才能步入现象之中"②。依他的理解，**铸币**是现实抽象向观念转变的重要一步。他告诉我们：

> 货币在其流通历史上，有时是由金，有时是由银或由铜，此外还由合金来制造的，而在今天货币的内容只是由一种印在纸上的、对一定数量的虚拟黄金的承诺组成的，这些只能被视为任意的、服务于某个目的的权宜之计。单是这些物质的多样性就已经表明，其

---

① ［德］索恩-雷特尔：《脑力劳动与体力劳动——西方历史的认识论》，48 页，南京，南京大学出版社，2015。
② 同上书，48 页。

中的每一种都不能被认为是切中货币的本质的。①

　　依索恩-雷特尔的观点，金、银、铜、铁、纸币以及今天的已经由电子符码来承担的货币的物质主体都不是货币的本质，它们恰恰是**第一自然**中的物质。用马克思的话来表述，即在货币上，"社会关系(Gesellschaftsverhältnis)，个人和个人彼此之间的一定联系(bestimmte Beziehung)，表现为一种金属，一种矿石，一种处于在个人之外的、本身可以在自然界中找到的纯物体"②。而作为构成货币本质的那种特殊材料，"在整个自然中都是没有的"，"这种材料(stoff)不属于原始的或原初的第一自然；它因而也没有任何可能的可感知性"③。这是他上面已经指认的所谓"不可描述的物质"。在一定的意义上，它的确很像是抽象观念的非实体存在，但是，"由此推出货币材料(Geldstoff)只存在于思想之中，这与在自然中寻找这种材料是相同的荒谬模式(Paragon)。不可能存在思想货币(Gedankengeld)"④。他说，也很难变出一件用来买东西，但却"不具有物质上的实在性的货币"来。不过，今天的电子货币(刷卡和在线支付)有些接近这种不直接拿在手上的货币了，当然，它们仍然没有失去其物质载体。这是索恩-雷特尔一贯的唯物主义立场。

---

　　① ［德］索恩-雷特尔：《脑力劳动与体力劳动——西方历史的认识论》，48 页，南京，南京大学出版社，2015。

　　② 《马克思恩格斯全集》第 46 卷上，190 页，北京，人民出版社，1979。中译文原来将此处的 Beziehung 译作"关系"，我改译为"联系"。——作者注

　　③ ［德］索恩-雷特尔：《脑力劳动与体力劳动——西方历史的认识论》，49 页，南京，南京大学出版社，2015。

　　④ 同上书，49 页。

货币的实在性也必须与其所要购买的商品物的实在性是在同等程度上的，因而必须具有物的（dingliche）、时空的同一性（raumzeitliche Identität），所以我所拥有的一枚货币，不可能同时握在另一个人的手上。但是，我的货币的物质实在性（materielle Realität）几乎不可能只是为我的，为它的占有者的，因而不可能是贝克莱或休谟抑或是一位主观唯心论者所认为的实在性。如果我为了从其他任何人那里购买一件商品而使用我的货币，那么这货币对于这个人来说，就像对于我那样，必须具有完全同样的实在性，并且，这不是一种单纯对于我们来说的实在性，而是如对于我们那样，实际上（ipso facto①）是对于所有参与这个货币的社会流转人来说的一种一般实在性，因此是可想象的最高客观程度（allerhöchsten denkbarer Objektivitätsgrad）上的一种实在性。②

索恩-雷特尔的强调是对的，作为交换中介的货币同样是客观实在的，并且它只能有一位占有者，而货币的真正本质是商品交换中介"功能的现实的形式本性（wirkliche Formnatur）"，正是商品交换活动中发生的现实抽象，以一种特殊的不可见的实在性关系"造成这种形式本性"③。在此，他赞成马克思的说法，这种形式本性，或者商品的形式的"价值对象性"，在货币这种特殊的商品的**使用价值中**反映自身。"货

---

① ipso facto，拉丁语，根据事实本身。
② ［德］索恩-雷特尔：《脑力劳动与体力劳动——西方历史的认识论》，49 页，南京，南京大学出版社，2015。
③ 同上书，49 页。

币作为价值对象性的功能载体(Funktionsträger)而活动，并且在其中'一个自然物质原子也没有'"，对"这种非物质的、非经验的材料——铸币应当由之虚拟地(virtuell)制成——来说，其真正的代表只能存在于自然物质和感官经验的全部领域之外或者彼岸(jenseits)"[①]。这样，我们就发现，货币竟然由两种完全不同的物质实在构成：

> 不是有一种，而是有两种需要区分的货币物质(Materie)。一种是表面上的、一种经济功能的材质，正如每个人只在感官上所能接触到的那样；一种是深层的、作为商品社会的综合之潜在功能载体(Funktionsträger der warengesellschaftlichen Synthesis)的货币材质，借助这个综合，人们倾向于将货币称为社会的神经(nexus rerum)。[②]

第一种物质，是我们可见的金银铜铁和纸币(今天的电子货币符号)，它们直接承担着经济交换的中介功能，**第二种物质**是不可见的实在性，即前述商品价值等价关系的对象化——形式本性的实在，后者以看不见的方式实现着整个市场经济社会存在的综合功能。在这个意义上，货币成了整个"社会的神经"。索恩-雷特尔说，后一种货币的"社

---

　　①　［德］索恩-雷特尔：《脑力劳动与体力劳动——西方历史的认识论》，49页，南京，南京大学出版社，2015。
　　②　同上书，50页。

会—综合功能是由其基底的抽象的非物质性（Immaterialität）标记出来的"①。这是不准确的，**应该是非实体的客观关系存在**。后面他使用了**"非物质实体性**（*immaterielle Substantialität*）"这一准确的概括。

其次，索恩-雷特尔进一步追问，从非物质实体性的现实抽象走向思维抽象，这到底是如何发生的呢？他说："在 6、7 世纪，在爱奥尼亚、一些希腊的海滨城市以及南意大利这些已经使用货币的地方，希腊人已经细致地观察这种特别的、人造的但又如此不透明与陌生的机制。"他推断，"尽管这种非物质性自身几乎不是观念性的，但是对它的注意却只有在思想上才可能，并且准确来说，只有在概念性的思维形式之中才可能"②。依索恩-雷特尔看法，一是凡出现货币的地方，就会有观念抽象；二是商品交换中发生的现实抽象，对处于经济活动中的人们是无意识发生的，但对这一现象的关注只有在思想中才能发生，所以，他断定"在塔兰特（Taranto）的毕达哥拉斯与在爱利亚（或维利亚）的巴门尼德"那里，这种对货币形式本性的现实抽象的关注已经在思维形式中得到了反映。当然他也承认，"这种抽象的思想活动还不具有一种关于其自身与货币的商业现象之间的亲缘关系的知识"。但是，在希腊哲学最早的观念抽象中，已经无意识观照了这种基于货币的现实抽象。为此他举例说：

> 第一个为现实抽象的这种因素寻找适当概念的，是巴门尼德，

---

① ［德］索恩-雷特尔：《脑力劳动与体力劳动——西方历史的认识论》，50 页，南京，南京大学出版社，2015。

② 同上书，51 页。

他提出了本体论上的存在概念(ontologischer Bgriff des Seins)；当然他丝毫没有注意到概念是为了什么而被使用的，以及是什么把这些概念强加于他的。他说，万物的真实的东西不是其感官现象，而只能是"一"(Eine)，用他的语言表达就是 τò óν。这无非是说，它是完整的，并就其自身而言是完满的，充满了时间和空间，它是不可改变的、不可分割的、静止不动的；它不会消逝，因而也不会产生。关于这一概念的思想，显然是对此处所证实的货币的质料本性(Stoffnatur)的片面化和本体论上的绝对化。①

应该承认，索恩-雷特尔是聪明而深刻的，但是他的这种推断还是过于牵强。我注意到，阿多诺在 1965 年曾经略带反讽地复述过索恩-雷特尔的这一观点："巴门尼德惊异于交换对象的特性，即实体；赫拉克利特惊异于交换中所发生的持续运动中的平衡，即混沌与有序的统一；毕达哥拉斯则惊异于比例关系等。"②在巴门尼德那里，存在是超越感性杂多的"一"，但这个"一"是否就一定以货币在交换发生时的形式同一性的现实抽象为缘起是令人怀疑的，在那个时代，超越一切感性现象存在的"一"更可能与神灵的万能一致。显然，索恩-雷特尔也并不能绝对肯定自己的这一推论，所以他也承认，"无论是巴门尼德还是其他的古希腊哲学奠基人，都没有在这一意义上将他们在概念中所表达的抽象归于

---

① [德]索恩-雷特尔：《脑力劳动与体力劳动——西方历史的认识论》，52 页，南京，南京大学出版社，2015。

② [德]阿多诺：《阿多诺与索恩-雷特尔谈话笔记》，转引自[德]索恩-雷特尔：《脑力劳动与体力劳动——西方历史的认识论》，174 页，南京，南京大学出版社，2015。

自己"，"这些抽象产生于别处，而且是以不同于思维的方式产生的"。①
在此书的整个第二部分讨论中，索恩-雷特尔试图通过一种历史性的描述证明自己的这一论断，但我觉得，他的努力并不那么成功。因为，他的描述仍然不是建立在客观的历史事实举证基础之上的。

四、小 结

第一部分的最后，是索恩-雷特尔对自己全部理论讨论的总结。他认为，通过自己前面的讨论已经证实："商品交换的社会结构（gesell-schaftliche Struktur）以交换行为的非经验的抽象性（nichtempirischen Abstraktheit）为基础，并指明了其与精确的自然科学方法论的基本概念的抽象性之间显而易见的一致性。"②因为在他看来，康德哲学的基础是近代自然科学方法论，所以，这也是他对康德先天观念综合问题的历史唯物主义破境论回答。一般而论，索恩-雷特尔的回答是正确的，但却真的不够深入和完整。

索恩-雷特尔指出，"交换抽象不是思维，但它却在纯粹知性范畴中拥有思维的形式"，这一点，是唯心主义者康德无法透视的东西。商品交换中发生的现实抽象不是观念抽象，可是，这种现实抽象却在先天观念中拥有相近似的形式。这是一个基本正确的判断。依索恩-雷特尔的

---

① ［德］索恩-雷特尔：《脑力劳动与体力劳动——西方历史的认识论》，52 页，南京，南京大学出版社，2015。

② 同上书，53 页。

看法，康德的先天观念综合范畴恰恰"源于交换抽象，更准确地说，源于交换行为的物理性(Physiklität)——表明，它们偏离了康德从判断形式中抽取的范畴"①。索恩-雷特尔说，自己关于纯粹知性的理解，较之康德"更为接近古典机械论者的精确的自然科学中对它的理解"。对此，他专门引述过卡西尔的一段表述，其中心意思是说，"精确的自然概念植根于**机械论**思想"，因为现实中发生的运动就是一种特定的关系，空间和时间都进入其中。"运动及其法则依然是真正的基础问题，在这个问题上知识首先达到了明晰性以及关于自身的明晰性。一旦现实性溶解于一个运动的体系之中，它便被完全地认识到了。"②而在科学中关于自然概念的确证，恰恰是由机械论思想背后的工业生产进程决定的。卡西尔对索恩-雷特尔的影响，是从他作为学生的时候就开始了，关于这一点，他在自己的论著中曾多次提及。

我发现，索恩-雷特尔是想用卡西尔的这一表述为自己的观点做佐证。然而，这正好暴露出他自己全部理论逻辑的一大缺陷，即武断而单线条地强调先天观念综合的现实基础是商品交换中的现实抽象，却排斥**从物质生产实践和科学实验的功能结构和构序线索中**生成科学观念和方法论的可能性。他没有发现，自己所引证的卡西尔的观点，即"精确的自然概念植根于**机械论**思想"背后，指向的不是商品交换的流通领域，而是近代资本主义**大工业机械生产实践结构**！这是索恩-雷特尔完全忽

---

① ［德］索恩-雷特尔：《脑力劳动与体力劳动——西方历史的认识论》，53 页，南京，南京大学出版社，2015。

② Ernst Cassirer, *Substanzbegriff und Funktionsbegriff*, Berlin, 1910, S. 155-158；在后面的段落中，我还需要引证这部著作。——索恩-雷特尔原注

视的一个重要领域。我们在下面的讨论中还会更深入地分析这一点。

在刚才已经展开的构境线索上，索恩-雷特尔继续辨识道，

> 对空间、时间和运动的概念规定，是康德与我之间关于纯粹
> 知性（reinen Verstandes）的见解的根本区别。我将思维抽象回溯到
> （Zurückführung）作为基础的社会化的结构条件（Strukturbedingun-
> gen）之上，即回溯至取代了先验主体或精神的唯心主义幻影
> （Phantasmagorie）的社会存在，上述区别的原则正是出自这种
> 回溯。①

这是对的。从思维抽象到现实的实践抽象的回溯，是历史唯物主义和历史认识论的方法。当然，索恩-雷特尔特别否定了那种将实践变成一种**个体感性行为**的错误，如"我的舌头确知苹果的味道"的行为，因为在商品交换中发生的现实实践活动更加复杂，并且是不能被直接地知觉到的。

> 分散的个人之间的社会综合只有经由如下一点才是可能的：在
> 他们相互的交往中，即在商品交换中，有一种行为越过不可通约的
> 整个领域，并且只以彻底的抽象性为其标志特征；这正是交易过程
> 中与任何对象的使用相分离的交换行为。但是，这种独特的行为，

---

① ［德］索恩-雷特尔：《脑力劳动与体力劳动——西方历史的认识论》，54 页，南京，南京大学出版社，2015。

只有当它辐射(ausstrahlt)到所有承载着这个综合的人类关系上时，才能产生其社会结果。①

　　此处，索恩-雷特尔使用了一个新词，即看不见的的行为场境中的**辐射**(*Ausstrahlung*)。这倒是索恩-雷特尔难得的跨学科概念挪用。辐射通常是指从辐射源向外放出的能量，一般也指不可见的电磁波、紫外线、X射线等物质的传递和作用方式。在这里，索恩-雷特尔是喻指交换抽象对整个经济关系的不可见影响。依他的解读，界定商品交换中"越过不可通约的整个领域"的"彻底的抽象性"，恰恰是在所有参与交换活动的人的无意识的状况下生成的，所以，"这样一种辐射也是纯粹知性"！这个"纯粹知性"正好连接了康德的先天观念构架，因为整个先天综合判断的发生，对个人认知主体而言，恰恰是纯粹理性构架统摄经验现象的无意识知性过程，在这一点上，与商品交换中现实抽象发生的"辐射"情况是类似的。所以，索恩-雷特尔认为，

　　纯粹知性的概念形式越过货币的途径，直接从交换行为的抽象的物理性中产生出来。换言之，纯粹知性的产生不是发生在人们中或通过人们而产生的，也不是像我们交际语言的经验概念的形成那样逐步发生的，而是在已经形成了的抽象性中产生的，并且，对于具有相同的社会利益的个人来说是同一个东西。由此，纯粹知性便

---

① ［德］索恩-雷特尔：《脑力劳动与体力劳动——西方历史的认识论》，54—55 页，南京，南京大学出版社，2015。

不与人类心理学捆绑在一起，同时与人类主体性所产生的能力相分离。①

倒过来看，在商品交换的现实抽象中，出现了与纯粹知性发生相同的情形，因为现实抽象中出现的形式同一性不是由交换主体自觉发动的，社会综合的生成恰恰在他们之外。

索恩-雷特尔充满自信地认为，他自己的这一理论努力将会真正"解释纯粹理智的至今从未被揭秘的奇迹"。

> 知性是人的一种完全被事物化了（versachlichte）的能力；以从现实抽象转变到思维抽象的方式，交换行为的物理性过渡到了这些人的思维抽象之上，并转移到了其思维之中。按照私人所有原则的社会综合的这种悖论性现象（paradoxale Phänomen），在某种程度上使人们臣服，作为其自身执行的工具，作为类的历史性幸存（geschichtlichen Uberlebens der Gattung）的工具。此外，按照这里提出的见解，成为唯心主义从中发现的人类精神自律的顶点，是以文明人的执行能力为前提的，是以某种程度的物化为前提的，这种物化的深度和不透明性（tiefe und Undurchsichtigkeit der Verdinglichung）连马克思都没有完全认识到。②

---

① ［德］索恩-雷特尔：《脑力劳动与体力劳动——西方历史的认识论》，55 页，南京，南京大学出版社，2015。

② 同上书，55 页。

有趣的是，索恩-雷特尔在这一表述中同时使用了事物化(versachlichte)和物化(Verdinglichung)概念，但他从来没有真正科学地区分和理解马克思的这两个概念。依索恩-雷特尔这里的观点，康德一类先天观念综合中发现的"人类精神自律"机制并不是原发在主观世界中，而不过是商品交换中的现实抽象造成的不透明的物化(事物化)自动性的主观映射。甚至，是商品交换行为的物理性过渡到了这些人的思维抽象的主观性上。我觉得，索恩-雷特尔有些过于自信了，固然他这里的讨论的确提出了一些马克思并没有深入思考的方面。

索恩-雷特尔最后同时批评康德和马克思这两位伟人，原因是他们二人都仍然站立在"自然与社会的二分，以及自然科学与人文科学在方法论上的二分"的二元论立场上：

康德是因为他没有将对数学化的自然科学理论的分析进一步导向对现实科学，特别是经济学的分析；马克思则相反，他是因为没有将政治经济学批判扩展到自然科学的批判上去。这样，在这两位伟大思想家之间，自然科学与人文科学之间的鸿沟依然保留下来了。而我从时空进程和事实状况中推导出纯粹的思维范畴，就抛弃了这种二元论(Dichotomie)。在这个基础上，对历史的一种深入的重构(Rekonstruktion)就应当是可能的。当然，无论如何我只是针对古代和近代的自然科学的产生。①

---

① ［德］索恩-雷特尔：《脑力劳动与体力劳动——西方历史的认识论》，55页，南京，南京大学出版社，2015。

康德没有能从自然科学的认识论下降到现实中的经济活动，而马克思则是没有将自己的经济学研究上升到对自然科学的方法论的批判上，只有索恩-雷特尔自己是高明的。我觉得，这恐怕只是一种自我取悦的幻觉。

第十章 | 古代所有社会商品交换与抽象观念的生成

索恩-雷特尔此书新版的第二部分是"社会综合与生产",主要是讨论在前资本主义生产方式中社会综合与思维的关系,特别是古代希腊哲学与已经出现的商品交换的关系。我个人觉得,在这一部分的讨论中,具体历史现象描述居多,而真正可靠的理论概括偏少,并且,究竟这一部分内容与本书的主体存在什么具体关联也含混不清。在本章中,我们尽量选择他偶然闪现的思想火花吧。

一、生产社会、居有社会与手脑分离

面对人类社会历史进程,索恩-雷特尔首先区分了**生产社会**（*Produktionsgesell schaft*）与**居有社会**（*Aneignungsgesell schaft*）。这是他十分个性化的一个历史分期发明。在他看来，这种区分是依社会综合的不同性质所界划开来的。首先，所谓生产社会即还没有出现剥削的无阶级社会。这一点比较容易理解。

> 如果一个社会通过生产过程中的劳动关系而获得其综合的形式，即其决定性的构序（bestimmende Ordnung）直接出自人类自然活动的劳动过程（Arbeitsprozeß menschlicher Naturtätigkeit），那么这样的社会至少按其可能性来说是无阶级的（klassenlos）。一个这样的社会，能够按照其结构规定性（Strukturbestimmtheit）而被称为**生产社会**。①

在索恩-雷特尔的虚拟构境中，一个社会的综合形式直接生成于生产过程中的劳动关系，这个社会的决定性构序基础是劳动生产，那么它就是所谓生产社会。索恩-雷特尔在此并没有直接指认这种社会的历史原型。可是，索恩-雷特尔并没有告诉我们，无阶级社会为什么是**生产**社会。人类自然性的劳动活动为什么就会没有剥削或居有。而且，他本人很快就忘却了这种生产社会。似乎，提出这样一个无阶级社会只是为了制造一个与居有社会不同的逻辑参照点。

其次，索恩-雷特尔也指认了与此异质的居有社会——"以居有为基

---

① ［德］索恩-雷特尔：《脑力劳动与体力劳动——西方历史的认识论》，58页，南京，南京大学出版社，2015。

础的社会形式"。当然，这也是阶级社会。他说，这里的居有关系"始终是在人际间或者内在于社会的意义上来理解的，也就是被理解为通过不劳动（Nicht-Arbeitende）而占有（Appropriation）劳动产品"。依前面我们已经了解的索恩-雷特尔物有的构境意义，**居有就是剥削**，这似乎是清楚的，所以居有社会当然就是阶级社会。

索恩-雷特尔界划说，出现剥削现象的阶级社会也有两种所有形式，一是"占有的单方面（einseitiger）的形式"，二是占有的"交互的（wechselseitiger）形式"。前者，是剥削者对剩余产品的单方面占有，用马克思的话说，这导致了多种形式的"直接的统治与从属关系"的阶级社会。"这样的居有以强制的抑或自愿的贡赋的形式发生，或者以劫掠与偷盗的形式发生，能够以臣服或'继承权'等为基础。"①听起来，这似乎像是我们过去所说的奴隶制社会或封建专制制度。当然，索恩-雷特尔更关注的是后者，即"以交互居有或交换为基础的居有社会"，或者是"商品生产的不同形式"。在索恩-雷特尔这里，所谓**交互居有**，就是将单方面的占有改变为通过**商品交换**实现的相互居有。实际上，索恩-雷特尔这里的逻辑构境存在较大的漏洞，即这个交互居有按他上述的特设规定，居有如果等于剥削，那么交互居有就成了相互剥削，然而，只要存在商品生产，这里就一定涉及劳动者与不一定是劳动者的商品占有者，这二者之间并不一定就会发生相互剥削关系。并且，交互居有到底是发生在商品交换之中，还是生产与交换之间，他根本没有精准地加以定位。这说明

---

① ［德］索恩-雷特尔：《脑力劳动与体力劳动——西方历史的认识论》，58—59 页，南京，南京大学出版社，2015。

他的推断是有问题的。另外，索恩-雷特尔可能没有注意到的历史现象，是他所描述的这两种居有方式会同时出现在一个社会历史时期中。

也是在这里，索恩-雷特尔信心满满地给出了一个概括：

> 所有**居有社会**（*Aneignungsgesellschafte*）的一般标志是一种通过某些活动的社会综合，这些活动的方式有所区别，并且在时间上是与创造居有客体的劳动相分离的。没必要强调，社会塑形（Gesellschaftsformation），无论是以生产还是居有为基础的，当然会受到各自物质生产力的发展状况的影响。①

这是说，居有社会与生产社会中那种直接劳动过程中生成的社会综合不同，居有社会的社会综合通常是建立在劳动产品的生产与交换相分立的基础之上的。不过他也承认，一切社会塑形（我理解就是他所说的社会综合）都是由物质生产力的发展水平决定的，这是历史唯物主义的一般观点。这个 Gesellschaftsformation 是一个极为重要的历史唯物主义概念，遗憾的是，他并没有真正深入探讨这个概念的具体内涵。我认为，历史认识论也会面对这一重要的范畴。

当然，索恩-雷特尔主要关心的研究对象是居有社会，特别是所谓商品生产和交换生成的**交互居有**关系中发生的社会综合与思维形式的关系。在这种关系中，索恩-雷特尔又格外关注**体力劳动与脑力劳动的对**

---

① ［德］索恩-雷特尔：《脑力劳动与体力劳动——西方历史的认识论》，59 页，南京，南京大学出版社，2015。

立关系，以及这种对立在历史唯物主义地解决康德命题中的地位。索
恩-雷特尔指出，从此书上述第一部分的研究结果可以得知，正是"商品
交换的交互居有形式的社会综合，导致了脑力劳动与手工劳动（manuel-
ler Arbeit）之间尖锐的区分的产生"，这种分裂也使人们无法看清商品交
换中发生的社会综合的齐一，如何"形成了这些社会形式的典型的思维
和认识形式（Erkenntnisforme）在形式基因（formgenetische）上的直接基
础"①。其实，在整个第一部分的讨论中，虽然他提出了体力劳动与脑
力劳动的对立是先天观念综合得以获得独立的虚假存在形式的历史缘
起，但他并没有系统地深入分析这一问题。他明确表示，此书第二部分
的主要讨论将是这一结论的普遍化。当然，他要集中讨论体力劳动与脑
力劳动**历史性**分离的发生，这也是本书的标题。他认为，这一切，将要
从手与脑的关系说起。

　　索恩-雷特尔说，人类生产劳动的发生，自始就是手脑相互配合不
可分离。这是对的，因为直立行走的人解放了**生产性**的手，而且他的一
切行为都是有自觉意识的活动，况且劳动还是有目的地改变对象的活
动。所以，"一般来说，如果没有手与脑的合作，当然根本就不可能有
人类劳动。劳动不是动物性的本能行为，而是有意图的活动，并且这意
图必须操纵身体上的努力——它也是一种有意图的活动——以一种最低

---

　　① ［德］索恩-雷特尔：《脑力劳动与体力劳动——西方历史的认识论》，59页，南
京，南京大学出版社，2015。中译文有改动。参见 Alfred Sohn-Rethel, *Geistige und
körperliche Arbeit：zur Epistemologie der abendländischen Geschichte*，VCH, Acta Hu-
maniora，1989，S. 74。

限度的连贯性，走向其所要达到的目的"①。这是一个正确的事实描述。
为了使自己的表述更具说服力，索恩-雷特尔在此大段引述了马克思在
《资本论》第一卷中那段关于蜜蜂活动与工程师劳作异质性的讨论。然
而，他迅速提出一个马克思并没有想到的追问，工程师的劳动与蜜蜂活
动的异质性的确是劳动目的的样图已经事先存在于人的头脑中，可是，
"对于我们来说本质性的问题是，劳动过程要达到的结果是在谁的头脑
中以观念的方式存在着的"②。这个问题很机智。因为，"奴隶所从事的
陶器制造与纺织生产，奴隶尽管能够通过他们的个体劳动而生产出产
品，但他们并不是其劳动目的与方式的主人"。这也就是说，劳动目的
的样图只是存在于奴隶主的头脑里，那么，头脑中同样没有劳动目的和
样图的奴隶劳动与蜜蜂活动还会有本质区别吗？这会是历史认识论超出
传统认识论的区别性焦点。当然，索恩-雷特尔并不是故意要与马克思
过不去，他也注意到马克思在对资本主义生产方式的讨论中已经看到了
体力劳动与脑力劳动的历史性分裂，因为马克思将体力劳动与脑力劳动
对立的重新"社会统一"看作共产主义将来要做的事情。但这个问题需要
更进一步的思考。

在索恩-雷特尔看来，人类社会历史的发展，有过一个劳动形式逐
步演变的过程，"历史上的社会发展是从原始的共产主义——在其中，

---

① ［德］索恩-雷特尔：《脑力劳动与体力劳动——西方历史的认识论》，59 页，南
京，南京大学出版社，2015。中译文有改动。参见 Alfred Sohn-Rethel, *Geistige und
körperliche Arbeit：zur Epistemologie der abendländischen Geschichte*, VCH, Acta Hu-
maniora, 1989, S. 74.

② ［德］索恩-雷特尔：《脑力劳动与体力劳动——西方历史的认识论》，60 页，南
京，南京大学出版社，2015。

生产以劳动的不可分解的共同性为基础——逐步地向所有主要领域中的个人单独生产的形成（Ausbildung）变迁，以及相应地，向商品生产的构型（Ausformung）变迁"①。开始是劳动统一体这基础上的共同劳动，然后是个体劳动的普遍化发生，最后是新型个体劳动之上的社会性商品生产。这个 Ausformung 是德文中另一个与 formation 相近的结构性建构的重要概念。索恩-雷特尔没有对其进行深入的思考。索恩-雷特尔认为，特别是在资本主义商品生产发生之后，有两个重要的过程并列发生："一是走向货币的使用，采取其作为资本的反思形式，一是走向思维的社会形式，作为被分离的纯粹理智。"②后者，恰恰是与体力劳动分离出来的脑力劳动的结果，在这里，货币的出现，也使"社会发展走向了社会综合的普遍化，这体现在其携带的经济的商品语言的因果性及其意识形态的概念语言的基础之中"③。显而易见，他始终试图将货币与独立出来的脑力劳动的思维形式联系起来。

这样，索恩-雷特尔整个第二部分的讨论，主要就是围绕着描述这种居有社会的历史发生，以及在商品交换不断发展起来之后，新的社会综合如何转化为脑力劳动生产的主观概念中的无形意识形态机制展开的。

---

① ［德］索恩-雷特尔：《脑力劳动与体力劳动——西方历史的认识论》，60 页，南京，南京大学出版社，2015。

② 同上书，61 页。

③ 同上书，61 页。

二、剥削的居有社会的历史发生

在索恩-雷特尔的理论推论中，从原始的（共产主义的）生产社会向居有社会的过渡，"是以集体共同劳动的生产率的充分提高或生产力的充分发展为前提的，以便能有望定期得到超出最低生存限度的可观的剩余"①。这是一个大体正确的观点。他告诉我们，在那种原始共产主义的生产中，即以种植业与畜牧业为主的劳动过程中，社会生产方式在很长的时间内还停留在"集体的组织形式"上，或者说，"古代社会应该被理解为仅以石器时代的用具与工具来耕作土地的社会。以这样的装备，单独的生产、个人的自我保存都是不可能的，因此，集体生产方式和这样或那样的共同财产是必要的"②。这是对的，在以石器为生产工具的生产力水平上，集体性的生产与共同财产之上的共同体生存是历史必然。然而，只有当物质生产力水平的提高导致**剩余**产品出现，剥削性的居有才有可能发生。这是对的，没有直接生活需要的剩余物品，就不可能发生对共同物品的**据为己有**。他赞成马克思对剥削关系历史生成的分析，对多余下来的共同物品的**私人居有**最初是在共同体内部发展起来的，之后出现了与其他共同体之间的最初的交换，"产品交换大体上保留了不同共同体之间的单纯外部交往的特征"，这也就是说，交换的交往"在长时间内仍未发展为社会内部网络的形式（Form des innergesell-

①　［德］索恩-雷特尔：《脑力劳动与体力劳动——西方历史的认识论》，62 页，南京，南京大学出版社，2015。
②　同上书，63 页。

schaftlichen Nexus)"①。并且他注意到,马克思已经"发现了这些变化的中介形式(vernittelnde Formen)的必然性",恰恰是这个**中介性的交换**后来对原始共同体的"内在构序(innere Ordnung)"产生了毁灭性的解构作用。

> 当那些有益于已产生的居有实践(Aneignungspraxis)的因素,变成主动的力量,将发展推向有利于自己的方向,从而将自身组织为一种特殊的社会权力(gesellschaftlichen Macht)时,持久的反作用便产生了。在这权力的影响下,便出现了对共同财产(特别是在土地方面)的逐渐增多的侵犯,以及对生产者的日益增强的依赖关系。逐渐地,在社会内部,稳固的、以继承与父权制为基础的阶级分化形成了,并与对外征服、扩张性的抢掠和商业活动紧密相连。②

其实,索恩-雷特尔自己也知道,他的这些描述基本都是过于抽象的非史实概述,所以,他尽可能有模有样地描述了一段远古生产的发展史:开始,个体性劳动在石制工具与兵器的制造中发展起来,然后是在以女性劳动为主的制陶、纺纱与织布等"在更晚的、新石器时代发明的手工业分支中得到发展",一直到新石器末期,才出现了以男性劳动为主的金属行业。也是在这个时候,商品贸易变成了推动行业扩展的重要

---

① [德]索恩-雷特尔:《脑力劳动与体力劳动——西方历史的认识论》,62页,南京,南京大学出版社,2015。
② 同上书,62页。

原因。"通过这两方面的发展和相互影响，生产剩余与阶级财富形成经历了蓬勃发展，并足以推动创造出从尼罗河到黄河冲击平原上的垦殖的伟大成就。"①好吧，为了讨论的继续，我们暂且假性认同索恩-雷特尔的这种历史描述。因为，在不同于西方历史发展的东方社会，其社会历史发展线索会出现完全不同的样态。

在这里，索恩-雷特尔特别界划说，他在书中所指认出来的"商品抽象属于商品交换，而不属于其在历史上的前形式（Vorform），不属于礼品或礼物交换（Geschenke-oder Gabentausch）"②。显然，索恩-雷特尔已经熟知莫斯③的《礼物》，所以，他一定会界划**没有进入价值生产**的礼物交换与商品交换的边界。这是他的聪明之处。简单些说，"礼物交换的

---

① ［德］索恩-雷特尔：《脑力劳动与体力劳动——西方历史的认识论》，62—63页，南京，南京大学出版社，2015。

② 同上书，63页。

③ 莫斯（Marcel Mauss，1872—1950）：法国现代著名人类学、社会学家。1872年5月，莫斯出生于法国埃皮纳尔的一个犹太家庭，其父是一个从事刺绣工艺的小业主，而母亲就是鼎鼎有名的社会学大师涂尔干的姐姐。1890年中学毕业之后，莫斯没有升入巴黎高等师范学校，而是直接在波尔多大学跟随涂尔干学习社会学，并逐步成为涂尔干的重要学术助手。1898年，莫斯与涂尔干一起创办《社会学年鉴》，开创了法国社会学的"年鉴学派"。1930年，他当选法兰西学院"社会学讲座教授"；1938年，当选高等实验研究院宗教科学部主任。1950年2月，莫斯因病在巴黎去世，终年78岁。其代表作有：《论民族》（1920）、《礼物》（1925）、《社会学与人类学》（1950）、《作品集》（三卷，1968—1969）等。在《礼物》（1925年）一书中，莫斯声称，自己发现了原始部落社会生活中的一种"人类交易本性"。他将之命名为赠予性的**礼物交换**关系。这种交换更多是一种**象征性**仪式，即人们通过礼物交换了灵魂和意义，礼物是内含着精灵的**圣物**（le sacré）。与当下社会现实生活中无处不在的有序性市场交换关系不同，身处上述情境里的人们对圣物不仅不试图占有，甚至满怀敬畏，从而不惜耗费性地付出。莫斯认为，正是这种象征交换导致了一种持续的、相互性的、平等的交流循环，成为支撑全部原始部族社会生活的基础性结构和情境。

特征是相互馈赠的义务，而商品交换的特征则是被交换客体的等价的假设"①。这基本上是正确的判断。

索恩-雷特尔告诉我们，在石器时代之后到来的青铜器时代中，整个社会存在基本上没有发生根本性的变革。这是由于"青铜相对短缺、昂贵，并且仅供统治者当作武器和奢侈品来支配。相反，主要的生产者大体上继续使用着石器时代的工具。不过，从尼罗河到黄河的大片冲积平原的灌溉系统设施，为青铜时代的统治者们创造了较之以前显著提高了的农业收益"②。在索恩-雷特尔的分析中，西方古代社会在生产方式上的根本革命出现在公元前最后一个千年，此时，新的冶铁技术出现了，它的第一个成果，是腓尼基人文明，以及之后的希腊、罗马人文明。"通过铁矿开采和铁器冶炼，古代社会的传统之中发生了决定性断裂"，铁器时代使社会生产力获得了巨大的发展，因为铁器在土地耕作中的使用，在农业生产中带来了经济上的彻底变革。在此，索恩-雷特尔援引马克思和恩格斯的相关论述，以说明在这个时期，出现了最早的商品经济和货币流通。"商品交换在铁器时代传播开来，并逐渐渗入古代共同体的内部构架（innere Gefüge）之中，在这里，商品交换是被剥削劳动的产品的等价交换，并服务于单方面的财富积累的目的。"③依他的看法，这个财富概念的含义与货币相连，在其中，"价值"无疑是劳动产品，但"不是出于生计而劳动的产品，而是社会性和统治性的强制劳动

---

①　[德]索恩-雷特尔：《脑力劳动与体力劳动——西方历史的认识论》，63页，南京，南京大学出版社，2015。
②　同上书，64页。
③　同上书，70页。

的产品，也可以说成是阶级性的劳动产品"①。当然，他也知道这里的商品经济和货币流通并非同质于资本主义生产方式中的商品经济，因为，"古典与现代之间的决定性区别在于，只有在现代，财富的形成是从剩余价值的生产中实现的，而不单是通过居有，即不单是现存价值的所有物转移（Eigentumsverschiebung）"②。这个认识基本上也是正确的。但是，他却坚持认为，正是这种**早期的**商品与货币关系构成了希腊数学和形而上学抽象的现实基础：

> 古代商品生产还不是资本主义意义上的剩余价值生产，但它是我所讲的一种"综合的社会"的基础，即这样一种社会塑形（Gesell-schaftsformation）的基础，在其中，社会综合是被作为商品的产品的交换过程中介了的，并且不再以一种共同体的生产方式（gemein-schaftliche Produktionsweise）为基础。这些就足以使现实抽象成为思维形式的主导要素（beherrschendes Element），也足以让我们有权将希腊哲学和数学在概念上的本质特征，以及借此产生的脑力劳动与体力劳动之间的尖锐区分，回溯到这个作为特定性起源的根基上去。③

---

① ［德］索恩-雷特尔：《脑力劳动与体力劳动——西方历史的认识论》，71 页，南京，南京大学出版社，2015。

② 同上书，64 页。

③ 同上书，69—70 页。中译文有改动。参见 Alfred Sohn-Rethel, *Geistige und körperliche Arbeit：zur Epistemologie der abendländischen Geschichte*，VCH, Acta Humaniora, 1989, S. 87-88。

　　这还是他念念不忘的主题，讲这么多历史进程，目的就是为了使自己的这一断言能够成立。对此，我仍然持严重的怀疑态度。索恩-雷特尔提出这一论证还有一个重要的原因，就是古代的商品生产已经出现了他所指认的社会综合现象，"在这种综合中，社会丧失了对其生活过程的统治，人们的生产力量，即人们生产自己的力量分裂了：一方面是被剥削者单方面的体力劳动，而另一方面是无意识地服务于剥削的、单方面的脑力活动"①。体力劳动与脑力劳动的分离和对立，也是先天观念综合的前提。

　　在我看来，索恩-雷特尔这里的分析是存在问题的。首先，在前资本主义生产方式中，即使已经出现了简单商品生产和交换，在社会整体上，也并不会改变奴隶和封建专制体制对社会存在的直接控制，基于农业生产的自然经济并非完全是"人的生产力量"所致，根本不可能出现人与自己的生产力量的分裂。其次，体力劳动与脑力劳动的分裂与先天观念综合的关联性到底是什么，索恩-雷特尔并没有说清楚，因为，脑力劳动服务于剥削阶级并不直接产生社会综合，只是遮蔽了脑力劳动成果——观念生产的现实基础。最后，简单商品交换中所出现的现实抽象及其结晶——货币，是否能够成为"思维形式的主导要素"，仍然是一个令人怀疑的主观推论。然而，索恩-雷特尔顾不了这么多，他坚持要在古代自然科学—哲学的发生、发展中找到商品交换抽象的直接影响。

---

　　① ［德］索恩-雷特尔：《脑力劳动与体力劳动——西方历史的认识论》，71 页，南京，南京大学出版社，2015。

三、古代自然科学—哲学生成的现实基础

索恩-雷特尔说，古代自然科学是在公元前 600 年左右的爱奥尼亚形成的，由此也开始了一段古代自然哲学的抽象生成过程。他特别提醒我们注意，在这一进程中商品交换所产生的重要作用：

> 人们必须注意到商品交换所导致的社会与自然的分离，正如通过纯粹社会性的第二自然与第一自然之间的区分所表达出来的那样。社会综合通过商品交换而排除了所有实践的自然联系（praktischen Naturkonlakt），因为它，即私人商品占有者的社会综合，仅仅建立在他们商品交换的洽谈和签约的决定之上。①

这是说，原来的古代社会中起决定作用的"尚未独立的个体的社会网络与自然连接（Naturkontakt）处于不可分割的统一之中"，如果说，这种原初的自然关联如同自然生长的橡胶，那么商品交换所生成的社会综合关联则是人工的"合成橡胶"（Buna）。正是在这个时刻，史前时代在主观世界中那种"神话学上的虚构被切断了"，希腊哲学开始以"从交换抽象中产生出的概念抽象为基础"②。这是索恩-雷特尔第二次使用这个天然橡胶与合成橡胶的例子。我以为，索恩-雷特尔的这个推断是牵强的。因为，简单商品生产的出现并不可能在非资本主义社会中造成传统

---

① ［德］索恩-雷特尔：《脑力劳动与体力劳动——西方历史的认识论》，72 页，南京，南京大学出版社，2015。

② 同上书，73 页。

自然经济和人对人的依附关系的根本瓦解，更不要说，人的观念因此会基于商品交换的抽象基础之上。所以，索恩-雷特尔此处断言的早期商品交换"导致的社会与自然的分离，正如通过纯粹社会性的第二自然与第一自然之间的区分"是根本不成立的。在黑格尔那里，"第二自然"也只是市民社会的特殊历史产物。我以为，索恩-雷特尔这里的观点是一个没有史实资料支持的完全错误的推断。

当然，索恩-雷特尔也承认，不能以为"商品交换似乎就突然统治了整个希腊城邦。最初，商品交换只能是一个偶然的、附带的事件（zufälliges und episodisches Ereignis）"，或者说，"商业思维方式（kommerzielle Denkart）尚未占据统治地位"。但他立刻找了一个激活自己构境观念的入口，即货币的流行和对社会生活的**构序**作用。他说，在亚里士多德那里，我们就已经看到了公元前 6 世纪时货币开始变得不可缺少，但是，

> 在古典的古代，即直到公元前 4 世纪末，只发生在流通领域内部，而没有侵入生产之中（Übergriff in die Produktion），也就是只作为商业资本与高利贷资本，而不像在近代欧洲那样作为生产资本（Produktionskapital）。这解释了古代自然科学与近代自然科学的不同的知识对象，即表明了，古代人的认识是指向自然总体（Naturganze）之特性的，而在近代，研究的目标则是单个现象。①

---

① ［德］索恩-雷特尔：《脑力劳动与体力劳动——西方历史的认识论》，73 页，南京，南京大学出版社，2015。

我总觉得，索恩-雷特尔是在将马克思的经济学概念非历史地前移，并且，他所刻意建立的古代经济活动与科学之间的关联大多是推论性的。这里最大的错误就是误植了马克思的**资本**概念。在古代贸易活动中，绝不可能出现现代意义上的资本，资本关系作为一种生产方式的本质，只是现代大工业生产之上充分劳动分工的市场交换中形成的全新统治结构，即马克思所说的"普照的光"，它的秘密恰恰在生产过程中对剩余价值的无偿占有，流通领域中的一切经济关系和事物化现象都只是资本实现其获取剩余价值目的的不同环节。假如"资本存在于一切社会形式中，成了某种完全非历史的东西"①，这正是资产阶级意识形态所要证明的东西，也是全部资产阶级经济学的意识形态戏法的秘密。索恩-雷特尔说这些不着调的事情，为的是说明面对**总体性**自然现象的希腊哲学，特别是"对爱利亚学派的存在概念做发生学上的起源解释"。这是我们上面已经看到过的观点，只不过这里的分析似乎更加具体一些。

索恩-雷特尔先做了一个重要的声明，即他的这种推论是为古代哲学的起源寻求一个历史唯物主义的答案，以区别于一切唯心主义的解释。可是，他没有想到的事情是，用一个正当的理由办完全错误的事情仍然是一个错误。索恩-雷特尔有些强词夺理地讲：

> 在历史上，纯粹哲学概念经由货币的方式获得其形态，并且我们在这种观点中看到了唯心主义精神史传统之外的历史唯物主义的

---

① 《马克思恩格斯全集》第 46 卷上，211 页，北京，人民出版社，1979。

选择(geschichts-materialistische Alternative),唯心主义想要以思维的方式来解释概念的起源。但是,这种思维只能走进"希腊奇迹"的死胡同;最终,精神史的思维方式是不能解决这一矛盾的,即它应当以历史的方式探寻永恒的普遍概念(Universalbegriffe)的历史起源。①

他告诉我们,要走出死胡同,就必须回到历史唯物主义的解释,其真实的历史出发点是发现被唯心主义遗忘的历史起源:公元前 6 世纪希腊社会"向商品交换的过渡,并且处于走向商品社会的系列之中,因而也就是对一种不会被磨损的铸币材质的假设,一种在商品社会中逐步起作用的隐秘假设"②。这里的"商品社会"一词显然是错误的。古代希腊社会出现简单商品生产和交换现象是可能的,但这不会是商品社会。什么隐秘假设?还是他所讲过无数遍的货币的那个**不在场的非实体物质存在**。货币的物质材料必须是真实的,客观地存在于物理时空之中,但它的功能却是"完满地体现出货币价值",

> 货币必须由一种现实的物质组成,但它不等于一种存在且可能存在的现实物质,是一种不出现于感官经验中的(in keiner Sinneserfahrung existiert)的物质。因此,它是单纯的概念(bloßer Begriff),也就是非经验的、纯粹的概念,一种非经验的抽象(nicht-

---

① [德]索恩-雷特尔:《脑力劳动与体力劳动——西方历史的认识论》,74 页,南京,南京大学出版社,2015。
② 同上书,74 页。

empirische Abstraktion），对这种抽象而言，只可能存在概念的思维形式（Denkform des Begriffes）。尽管如此，这一概念所包含的内容，如前所述，不是单纯的思想，而是一种时空上的实在性，其承载着任何一种材质，但它却不是物质性的（stofflich）。①

索恩-雷特尔如果不出错好像就无法表达。货币的载体是一种物质，但它却体现一种不出现在感官经验中的客观存在，这是一个悖论。可是，货币的非实体存在，并不是概念和主观的思想，而是由同样客观的交换抽象所生成的**客观的关系性存在**——价值形式。

它不是被任何人构成的，它已然在此，不需任何推导和背景。作为概念之源的抽象，已然发生在别的地方，而且是以不同于思想的方式发生的。思想所添加的东西，无非是努力为既定抽象进行令人满意的命名，为它找到适当定义过的词汇，在思想上领会这种同一化（Identifizierung）。为这种现实抽象的要素（Element der Realabstraktion）找到一个恰当概念的第一人，是提出存在的本体论概念（ontologischen Begriff des Seins）的巴门尼德，当然他极少注意到他的概念所承担的是什么，以及这个概念给这些东西强加了些什么。他说，所有物的实在，不是其感性现象，而是唯一的、单独的

---

① ［德］索恩-雷特尔：《脑力劳动与体力劳动——西方历史的认识论》，75 页，南京，南京大学出版社，2015。

"一"(Eine)。[①]

前面我们讨论过，索恩-雷特尔第一次发现了商品价值由商品交换中的现实抽象产生，这种第二自然式的先验性的自组织机制是康德先天观念综合的现实基础，这是一种深刻的历史认识论的新见解。然而，将这一观点简单地**普适化**，将商品交换看成是**一切**概念抽象的基础，我是不能苟同的。首先，古代社会中出现的简单商品生产和交换，特别是古代货币并非能够生成一种作用于社会总体的自发机制，具体说，它不足以破坏农耕—宗法社会机体中人对人的依赖关系，更不用说，这些简单商品生产和交换现象直接作用于观念总体的产生和运动。前资本主义生产方式的特定社会存在决定了意识形式和内容的基本性质，自然关系与神话图腾或者血亲—宗法关系与宗教神学必定占据核心地位。其次，人的观念，特别是哲学观念除去社会交往关系的缘起，在工艺学尚未独立产生近代科学技术前，生产劳作方式和实践结构也会是观念生成的现实基础。这都是索恩-雷特尔虽然打着历史唯物主义的旗号却没有认真思考过的构境层。

能看出，索恩-雷特尔最后还是绕回来了，他就是为了指认巴门尼德标志存在的"一"的概念就是对希腊商品交换中发生的现实抽象物——货币的映照。他说，虽然巴门尼德自己对这种映照毫无知觉。我觉得，这显然是他的主观臆断。

---

① ［德］索恩-雷特尔：《脑力劳动与体力劳动——西方历史的认识论》，75页，南京，南京大学出版社，2015。

　　这还不是索恩-雷特尔主要的观点，他在这里趁热打铁地一口气提出了六点结论：一是"在交换的现实抽象，或者说交换的不同要素能够强加于意识之前，就需要通过铸造货币而在形式上制度化的货币形式"，这是说现实中已经塑形的货币形式肯定先于意识。这是对的。二是货币形式对观念的"强加"（Aufdrängen），并不采取任何神秘的方式（mysteriöseren Weise），而是在于"对现实抽象的相关因素的同一化之中"。于是，希腊哲学中那些最重要的逻辑范畴及其先天观念能力——"形成概念的能力与其作为认识'主体'——'逻各斯'、'努斯'、'理智'（intellectus）——的角色，在此才获得历史的产生"[①]。三是说货币形式所生成的这种同一化也消解和遮蔽了"形成的概念的起源和整个起源关联"。先天概念的同一化脱离了现实抽象同一化的真实关联。因为，"概念中的同一化将现实抽象的历史性特征，转变为没有历史时空（historisch ort-und zeitlose）的思维形式，它的非经验抽象的特征就使它脱离了时空上可定位的事物（örtlich und zeitlich Lozierbaren）的领域"[②]。四是"现实抽象的社会—综合功能转变为概念思维的逻辑—综合功能"，这是索恩-雷特尔对康德命题的历史唯物主义答案的挪移。五是这种转变总会将"这样产生出来的思维同所有体力劳动和活动不可调和地区分开"。六是这种转变赋予这种思维"哲学概念意义上真理概念"，正如这一概念在巴门尼德的"存在"范畴那里第一次获得"最为清晰的表达"。并且，"真理观念是在对必然错误的意识的占有中兴起的。从展开了的商

　　[①]　[德]索恩-雷特尔：《脑力劳动与体力劳动——西方历史的认识论》，76页，南京，南京大学出版社，2015。

　　[②]　同上书，76页。

品生产中发源的概念—逻辑的思维方式，执行着思维的普遍社会化形式所不可或缺的功能，这一点的确属于必然发生的异化（Entfremdung）的特征"①。

我不得不说，索恩-雷特尔的上述推断是令人生疑的，因为主体、逻各斯和理智为什么就一定要从货币中获得，而不是从其他社会生活形式中缘起，索恩-雷特尔并没有确切的历史事实支持或思想史文献根据。在一个商品生产和交换并不占主导地位的社会生活中，货币形式是否生成一种对社会生活起根本性塑形作用的同一化机制（社会综合）是可疑的，奴隶制度和封建专制之下直接纳贡中的金银财宝是否真的发生现代资本主义商品—市场经济中的交换关系的现实抽象也是可疑的。更不要说，这种根本不存在的"社会综合"对观念的直接规制。我觉得，索恩-雷特尔在马克思的历史唯物主义的口号下，却将一定历史条件下出现的特定历史现象前移到远古时代，看起来是加强了马克思主义的普遍适用性，其实却恰恰是非科学、非历史性的僭越。从本质上看，是反历史唯物主义的。

索恩-雷特尔有些感慨地说，看起来永恒的希腊哲学，不过是"将综合地组成我们的社会的现实抽象的本质内容概念化了"，更可悲的是，"我们的社会本身——其以哲学作为精神穹顶——从来对自身都是盲目的"②。为此，他还很思辨地援引马丁·海德格尔关于真理的解蔽（άλήθεια）与遮蔽的观点。我不认为，他对海德格尔这一观点的援引

---

① ［德］索恩-雷特尔：《脑力劳动与体力劳动——西方历史的认识论》，76 页，南京，南京大学出版社，2015。

② 同上书，76—77 页。

是准确的。当然，索恩-雷特尔自认为对他最有力的支持来自阿多诺，因为后者基本肯定了他的观点，并且将索恩-雷特尔的努力褒扬为对康德命题的历史唯物主义解决方案，阿多诺的原话为："历史唯物主义是对起源的回忆（Historischer Materialismus ist Aanmnesis der Genese）。"①这句话是阿多诺在 1965 年与索恩-雷特尔谈话的笔记中出现的，其完整的语境是："诸范畴之间的争辩，并不是发生在其纯粹性之中，而是发生在客体（Objekt）身上。范畴的建构，即交换抽象的哲学反映，要求撇开（遗忘）它们的社会起源，撇开一般的起源。而历史唯物主义是对起源的回忆（Historischer Materialismus ist Anamnesis der Genese）。"②我们可以将其看成是对索恩-雷特尔基本观点的肯定。其实，阿多诺对此也是有犹豫的，他问道："但是，为何抽象是矛盾的，它强迫哲学发展？它为何导向了真理观念？在哲学意识中，存在着不是源自交换抽象的范畴吗？"阿多诺的疑问与我是相同的，在马克思那里，意识观念是面对整个社会存在的，在资本主义社会，占统治地位的商品—市场经济关系，特别是资本的统治关系支配着观念意识的整体结构，这是对的，然而这并不能排除观念有可能从实践活动的其他层面获得构序与塑形方式，也就是阿多诺这里尖锐地指认的观念中也"存在着不是源自交换抽象的范畴"问题。当然，阿多诺也在想："取决于将交换抽象陈述为真理的可能性的有，1. 为与旧阶级相对立的新阶级辩护，2. 与手工业的单

---

① ［德］索恩-雷特尔：《脑力劳动与体力劳动——西方历史的认识论》，77 页，南京，南京大学出版社，2015。

② ［德］阿多诺：《阿多诺与索恩-雷特尔谈话笔记》，转引自［德］索恩-雷特尔：《脑力劳动与体力劳动——西方历史的认识论》，176 页，南京，南京大学出版社，2015。

纯经验相对立的理智的自信，即科学的可能性条件。如下这两方面关系
在古典时期是一致的：对生产的理论的——有组织的控制与商业阶级的统
治在意识形态上的自我奠基。"①

四、走向现代的历史步伐

　　索恩-雷特尔在说明了希腊的观念起源之后，立即转向从中世纪向
近代资本主义的历史过渡。能感觉出，在这一部分的讨论中，他的思想
几乎处于逻辑缺席状态，大量的历史描述充斥着文本，而其中的理论分
析则是苍白无力的。

　　历史性的叙述从中世纪晚期开始，经过文艺复兴时代，再到近代资
本主义和自然科学的兴起，索恩-雷特尔似乎想细描历史。可是，我们
很难看到其中与此书主题相关联的思考主线。前期古代"居有社会"中已
经出现的商品交换—货币那条思路不见了，取而代之的多是政治变迁，
少量的经济活动偶尔被提及。比如，13 世纪开始的意大利城市的出现
和封建制度的瓦解，商人资本已经赢得了对手工业行会的领导权；1250
年至 1260 年，人民行会制造出了作为国际贸易货币的金币；1382 年，
商人资本建立起统治地位，国际贸易使佛罗伦萨的大商人变得富有起
来。这些历史线索的描述中，除去金币的出现，与前述希腊商品交换和

---

　　①　［德］阿多诺：《阿多诺与索恩-雷特尔谈话笔记》，转引自［德］索恩-雷特尔：《脑
力劳动与体力劳动——西方历史的认识论》，175—176 页，南京，南京大学出版社，
2015。

货币对观念的影响似乎是断裂的。索恩-雷特尔又提到十四五世纪意大利的文艺复兴运动，佛罗伦萨由此而成为欧洲文艺复兴时期具有代表性的艺术之都，他说："特别吸引我的，是这些人作为体力生产者、手工业者与艺术家的结构性地位。"①

> 工匠——他们还是体力劳动者——对数学的掌握要求脑力劳动与体力劳动的齐一（Einheit），这构成了文艺复兴独一无二的成就。一般说来，这是作为从封建主义奴役中解放出来的成果而发展起来的，文艺复兴凭借其革命性的推进而造就了这一成果。因此，它开始沟通中世纪时期讲拉丁语的学者阶层与作为劳动人民的文盲阶层之间的鸿沟。在整个文艺复兴时期，脑力劳动与体力劳动的齐一都在发展，并在文艺复兴到近代的过渡的界点上得到完成，在这一过渡中，这种齐一又骤变为科学与工业雇佣劳动（industrieller Lohnarbeit）之间的新鸿沟。在文艺复兴时期手与脑的统一的发展过程中，可以发现一条数学思想从工匠到工匠的进步的阶梯，贯穿着 15 世纪和 16 世纪。②

仔细地看，索恩-雷特尔这里的思想构境有一个巨大的理论矛盾，因为依他的观点，早在古希腊哲学中，先天观念的生成就已经是商品交换和货币抽象的结果，而观念的本质也是基于体力劳动与脑力劳动的分

---

① ［德］索恩-雷特尔：《脑力劳动与体力劳动——西方历史的认识论》，84 页，南京，南京大学出版社，2015。
② 同上书，87 页。

离，而此处，后来文艺复兴时期的"工匠"（科学家和艺术家）则又是体力劳动与脑力劳动的**统一**，并且这种统一甚至在沟通"学者阶层与作为劳动人民的文盲阶层之间的鸿沟"。那么，索恩-雷特尔这里到底想说明什么？希腊哲学已经发生的先天观念综合在这里已经中断了吗？已经分裂的体力劳动与脑力劳动又重新缝合了吗？他似乎并没有意识到这个逻辑悖结，而只是简单地肯定这种体力劳动与脑力劳动的齐一，并且预先假定了这种齐一在不久之后来到了自然科学与"工业雇佣劳动"中的重新分裂。这就是索恩-雷特尔面对复杂思想构境时经常出现的不严谨。

索恩-雷特尔认为，这里出现的"生产者"（Produzenten）是一种全新的历史主体："在文艺复兴时期，生产者是这样的劳动者，他们通过从封建主义的奴役中摆脱出来而成为住宅与作坊的所有者，并由此变成他们的直接的劳动条件，并且为了确保其生产地位，而与其他相同专业的生产者联合为一个行会。"①依他的看法，中世纪的劳动者曾被禁锢在没有文化的状态之中，"与中世纪的脑力劳动者的拉丁语统治相对"，而现在，新的生产者要经过其专业学徒期，学会读写和计算，摆脱文盲状态，成为"进行实验的工匠"，于是，体力劳动与脑力劳动在生产者身上达到了统一的阶段，"他在手工劳动的实践中不再阻碍艺术创造力"。为此他列举了莱昂纳多的例子：

他不是**一个**工匠，而是集一个半或两个工匠身份于一身。一方

---

① ［德］索恩-雷特尔：《脑力劳动与体力劳动——西方历史的认识论》，89 页，南京，南京大学出版社，2015。

面，他是一位画家，因而凭借其感性的人格特点而登上了感受性的最高峰；另一方面，他作为一名实验的民用和军事工程师，在纯粹思想的灵感中进行探寻自然规律的试验，这些规律以对感官的感性世界的完全抽象为前提，并留下了上千张手稿图纸。作为画家，他像文艺复兴时期那些与他在业务上相竞争的其他艺术家那样，利用了手工工具；在其思想的沉思中，他追求着一种能够用来与杠杆工具、重物的等重关系、自由落体的斜面以及规律性一起进行实验的概念工具(be-grifflicher Apparat)。但这还是停留于实验阶段；他从未实现突破，即未将规律自身以概念的方式(begrifflich)表达出来。他大量使用符号而不是文字上的精确化来帮助自己，这些符号应当是技术性符号，但实际上却不是这样的。他明白，只有数学才能帮助他达成目标。①

我猜测，这正是索恩-雷特尔所憧憬的体力劳动与脑力劳动齐一的理想状态。其实，我觉得实际情况并非如索恩-雷特尔所推论的那样，因为，他原先所指认的专门从事哲学观念、科学艺术的脑力劳动者仍然存在，只是在新兴工业生产中出现了需要知识技能的新型劳动者罢了，这只是一个不同**领域的转换**，而并不是体力劳动与脑力劳动的重新统一。应该说，这是索恩-雷特尔制造的一个历史伪境。

也是在这里，索恩-雷特尔突然提到了一个十分重要的观点，他说："一般说来，在一个时代中流行的自然观(Naturauffassung)根本上依赖

---

① ［德］索恩-雷特尔：《脑力劳动与体力劳动——西方历史的认识论》，91—92页，南京，南京大学出版社，2015。

于生产者结构(Struktur des Produzenten),或者按我们所说的,依赖于同时代人所认为的生产者的一定的特征(bestimmten Figur)。这在 16 世纪——这是从文艺复兴向近代过渡的世纪——就能找到具体的例证。"①我得说,这是索恩-雷特尔**无意识**触碰到的一个历史唯物主义的**实践认识论**的重要原则。并且,索恩-雷特尔由此形成了一个有意思的观点,他认为,在手工生产者那里,他们将劳动的活力传递到"物之本性(Natur der Dinge)的**静态的惯性概念**(*statischer Inertialbegriff*)"中去了,他甚至说,在这个时候影响到一大批思想家的"**活力论是一种关于运动的手工业的人格化论**(*Anthropomorphismus*)","活力概念可以说标志着文艺复兴时期思维习惯中的根源(Verhaftung)"。② 请注意,在索恩-雷特尔这里对历史状态的细描中,他无意识地观察到一个重要事实,即在手工业劳动者那里,生产过程本身的结构方式和功能属性会直接传递到思维习惯方式中去,可是他并没有意识到,这一描述恰恰是对他自己的商品交换抽象规制思维的独断论的一种直接破境。当然,他也指出:

　　活力论属于农业劳动者和手工劳动者的宗教;在中世纪的欧洲,这些劳动者取代了古典时期的奴隶。这样一种"理论"只是在这样的时代中才是可以接受的:当时,所谓力学问题不是借助头脑而是借助双手,也就是说,借助人工实践(manuelle Praxis)的手段而

---

　　① [德]索恩-雷特尔:《脑力劳动与体力劳动——西方历史的认识论》,92 页,南京,南京大学出版社,2015。

　　② 同上书,92—93 页。

被克服，而不是凭借理论思维的手段来解决。[①]

这也是正确的观点，观念中的活力论来源于一定历史条件下的特定手工业实践——力学来自劳作的双手。这正是上述阿多诺所指认的观念中有**不是**来自交换抽象的东西。

索恩-雷特尔认为，当商业资本主义已经过渡到生产资本主义（Prokduktionskapitalismus）的时候，也就造成了生产关系（Produktionsverhältnis）的某种深刻改变。也是在这里，从新的生产关系中出现了一种新型"生产者"，但是他不再生产任何东西。

> 毋宁说，他仅仅是以其货币为工具来控制生产过程，他用这些货币买齐其项目所需的要素，物品的要素、人员的要素及其所需的专利这样的精神要素，等等，因此这货币是作为资本（als Kapital）来使用的。从这些要素的适当配置与组合（Montierung und Kombinierung），再加上被假设为独立的劳动力，便产生了一个运行着的生产过程，这个过程的运转，无需生产者动手。[②]

其实，这已经不是生产者，而是马克思所说的控制着资本主义生产总过程的**资本家**。在索恩-雷特尔这里，这个资本主义"生产者"的特征被假设为："他所负责的生产的相互关联的物质整体（zusammen

---

① ［德］索恩-雷特尔：《脑力劳动与体力劳动——西方历史的认识论》，92 页，南京，南京大学出版社，2015。

② 同上书，93 页。

hängende materielle Ganze der Produktion），构成了一种有效的**自动机制**（*selbsttätgier Mechanismus*）。如果不是这样，那么对于生产者来说，以单纯赚钱的手段来控制他的生产企业将是不可能的。那么，明白地说，整个生产资本主义将是不可能的。"[1]这就回到了前述索恩-雷特尔主要讨论的资本主义商品—市场经济过程中来了。

五、数学：从绳量师到几何学

在此书第二部分的最后，索恩-雷特尔还特别讨论了数学发生学的现实基础。我觉得，这是他此处思想构境中值得我们关注的一个思考质点。固然，他的论证意向并非完全如我们所愿。对此，索恩-雷特尔使用了这样一个标题"作为脑手分界线（Grenzscheide）的数学"。意思是，数学的发生基础，恰恰是体力劳动与脑力劳动的历史分立。我们来看他的讨论。

索恩-雷特尔说，在西方历史上，"数学的这种样态是公元前6、7世纪希腊人的发明。与之相关的最早的名字是泰勒斯与毕达哥拉斯"[2]。他又回到了念念不忘的古代希腊。他特别指认出毕达哥拉斯有可能在南意大利的克鲁顿建立了铸币厂，这说明当时已经存在发达的商品经济，也由此，毕达哥拉斯才会直接将**由货币而来**的抽象的**数**等同于物的本

---

[1]　［德］索恩-雷特尔：《脑力劳动与体力劳动——西方历史的认识论》，93页，南京，南京大学出版社，2015。
[2]　同上书，95页。

质。这还是索恩-雷特尔的那个量化货币导致抽象哲学观念的推论。可是，他也承认，先于意大利，一种不同类型的"数学"在埃及（以及印度和中国等地）就已经出现，希罗多德将其称为几何学（Geometrie）。这种数学出自建筑活动和广泛的土地丈量方面的应用中，产生于**实践中的工艺测量术**（Meßkunst），而从事这项工作的人则被叫作"绳量师"（Harpedonapten）[①]。索恩-雷特尔说，

> 莱茵德莎草纸（Rhind-Papyrus）中发现的教科书或练习册以及一些埃及浮雕图清楚地表明，这些绳量师通常与地位更高的法老的官员一同出现，服务于庙宇和金字塔的建筑、灌溉水坝的设计和构筑、仓库的设立和库存测算、从尼罗汛期之后重新出现的耕地的重新分配（为了确定来年应缴赋税），以及诸如此类的其他功能。[②]

不过，索恩-雷特尔认为，东方的这种"绳量技艺的活动不过是一种测量实践"，绳量技艺（Seilkunst）只是一门经验性的手艺，也就是说，"它只能由它的实践者来使用，并只能用于测量计划指定的地点。脱离这一点，它便失去了意义。离开精心细致的活动，它也不能对其几何学

---

① Harpedonapten 是古埃及的一个具有神圣性质的职业群体，在建筑和农业活动中借助打结的绳索进行丈量和测算，其运用最广泛的工具就是十二节绳尺，根据勾股定理产生直角。此处译为"绳量师"。——《脑力劳动与体力劳动》译者注。

② ［德］索恩-雷特尔：《脑力劳动与体力劳动——西方历史的认识论》，96 页，南京，南京大学出版社，2015。

内涵进行任何独立的阐述"。① 按照索恩-雷特尔的说法，测量实践是产生不了几何学的。我认为，这是完全错误的观点。因为按照马克思的观点，恰恰是人们的实践才创造了社会存在和由此发生的作为"我对我环境的关系"的一切意识内容和形式，特别是一定的生产实践的塑形和构序结构历史性地规制了整个社会生活和文化的性质和表现形式。人类学和多民族的原始部族文化研究中已经证实，从远古时代开始，数学的发生就是于生活中的结绳计数实践开始的（据《易·系辞》记载："上古结绳而治，后世圣人易之以书契"），数学和几何学的历史发生与进步离不开生产实践中的土地测量和建筑施工中的测绘技术。此后，才会有专门的数学家的基础理论研究。

在索恩-雷特尔的片面看法中，恰恰是"希腊人用直尺、圆规代替了埃及人成套的绳尺工具，从而如此深刻地改变了以前的测量术的知识，以致由此生长出一些全新的东西，正是我们所说的数学"②。这完全是胡扯，这既有西方中心论的傲慢，也有将实践技术与科学逻辑简单割裂开来的问题。我们知道，在中国的历史上，《史记·夏本记》中已经记载大禹治水时使用了规、矩、准、绳等作图和测量工具，并早已发现"勾三股四弦五"这个勾股定理（西方称毕达哥拉斯定理）的特例。而在秦汉时期，中国古代数学体系已经形成，它的主要标志是算术已成为一个专门的学科，以及以《九章算术》为代表的数学著作的出现。《九章算术》是在战国、秦、汉封建社会创立并巩固时期数学发展的总结，就其数学成

① ［德］索恩-雷特尔：《脑力劳动与体力劳动——西方历史的认识论》，97 页，南京，南京大学出版社，2015。

② 同上书，97 页。

就来说，堪称是世界数学名著。例如，分数四则运算、今有术（西方称三率法）、开平方与开立方（包括二次方程数值解法）、盈不足术（西方称双设法）、各种面积和体积公式、线性方程组解法、正负数运算的加减法则、勾股形解法（特别是勾股定理和求勾股数的方法）等，水平都是很高的。其中方程组解法和正负数加减法在世界数学发展史上是遥遥领先的。就其特点来说，它形成了一个以筹算为中心、与古希腊数学完全不同的独立体系。这完全可反驳索恩-雷特尔主观臆断。

依索恩-雷特尔的观点，

> 希腊人才是几何学阐述的辅助工具的发明人，并且这不是产生自被拉紧的绳索，而是来自线条（Linien），这些线条沿着直尺画出或用圆规画出；这些线条停留在底板上，并与其他同样的线条一起展现出一种持续的关联（zusammenhang）。在这种关联中，几何学的合规律性被认为具有内在必然性。这些线条及其关联并不与它们所服务的任何测量地点捆绑在一起，并且它们的绝对值是可以选择的。①

有的时候，学者们为了自己的逻辑齐一性，会不惜牺牲科学性和客观性。索恩-雷特尔此处的讨论，就是想证明希腊的数学与东方的经验测量术不同，是来自于已经发展起来的"交换和商品形式的普遍化"，因为西方数学的本质是一种抽象的形式化。这真是可笑的臆断。索恩-雷特

---

① ［德］索恩-雷特尔：《脑力劳动与体力劳动——西方历史的认识论》，97—98 页，南京，南京大学出版社，2015。

尔强调说，数学的——

> 目标只是对数量和空间的形式规律性（formgesetzlichkeit）的理解。其抽象内容不仅独立于某种特定的实践目的，而且独立于任何实践目的。但是，为了使其从实践任务中解放出来，就需要引入一种纯粹的形式抽象（Formabstraktion），并在反思思维中对之做出理解，而这只有通过交换和商品形式的普遍化（Verallgemeinerung）才能实现，而这二者是处于社会内的交往（innergesellschaftlichen Verkehr）及其与某种统一硬币法定纯分（Münzfuß）的普遍关联中的。①

当然，索恩-雷特尔还是承认，"从埃及的绳量师的测量技艺到希腊人的几何学的这种颠覆性的变迁，并非毕其功于一役，而是经过了数百年的曲折历程，而且是借助于生产力的深刻发展以及与之相应的生产关系的改变而实现的"②。这是对的。可是，他硬要证明，希腊的"纯粹数学"只能是脑力劳动与体力劳动分离的结果，因为希腊数学中"纯粹思维的枯燥无味和人为性（Synthetik）被推进得如此深远，以致它掌握了人与自然之间的物质交换的知识，而这既不从原始资料和辅助工具出发，也不是为了服从目的和用途"③。索恩-雷特尔就是无法理解，数学的抽象化本身就是源自实践，即便它不一定是货币的抽象关系。他讨论数学问

---

①　［德］索恩-雷特尔：《脑力劳动与体力劳动——西方历史的认识论》，98 页，南京，南京大学出版社，2015。

②　同上书，98 页。

③　同上书，99 页。

题的最后结论是可以预料的：

> 通过数学化，现代科学与商品经济的价值概念共享了直接与间接服务于它们的兴趣的量化。由于它们与资本及其生产方式的同源性（Stammverwandtschaft）对于经济承载者来说完全是隐匿不现的，所以，在其古典时代——这个时代建立在概念形式的普遍性，以及其与资本之间的实存的和理想的距离为基础——中，这些经济承载者因其研究动机的虚构的独立性而自鸣得意。①

然而，为什么只是讨论数学呢？同样抽象的逻辑学和整个西方形而上学呢？索恩-雷特尔总是只关心自己认为重要的东西，他并不在意学术论说的总体合法性。

索恩-雷特尔说，在 20 世纪中期以来，自然科学发生了根本性的变化，在爱因斯坦身后，"运动的惯性理论（lnertialtheorie）被电磁场论（die elektromagnetische Feldtheorie）排挤"，远古的铁器时代与资本主义的机器时代已经过渡到了今天的"原子时代"，相应地，"我们经历了从机器与雇佣劳动的生产力到电子与自动化的生产力的变迁"②。

---

① ［德］索恩-雷特尔：《脑力劳动与体力劳动——西方历史的认识论》，100 页，南京，南京大学出版社，2015。
② 同上书，102 页。

附录一 | 《脑力劳动与体力劳动》
1972 年修订版序言、导言[1]

第二版序言

我在本书新版中较之于旧版的显著扩充和增补，较少是因为我这本书所遭到的批评，而是更多来自于我在德国以及在伯明翰"马克思小组"内部所进行的紧张高效的讨论。[2] 增补的目的因此不是为了反驳那些批评，对这些批评，我更愿意在能够腾出时间的时候，以集中的反批评的形式来反驳。本书在其最初的

---

① 在《脑力劳动和体力劳动》一书的最终版中，1972 年以前原书中的序言和导言均被删除。

② Siehe Politikon Nr. 35，Sopo Nr. 12，Argument Nr. 64 und Neues Rotes Forum Nr. 4/71.

稿本中被限制得太短，以至于在其中甚至在理论上必要的东西都表达得十分有限。这些东西在这里必须要被弥补。[1] 吉塞拉·狄世纳和克里斯·贝泽尔对于我大量的批评和帮助巨大的指示，让我受益很多。

书的第三部分在这一版本中完全没有更改而被全部接受。原因并非这一部分不需要扩充和具体的详细解释，而正相反，这一部分尤其需要进一步阐释，以至于如果我要完成这一任务的话，就需要写一本新书出来。尽管有我所提及的缩减和抽象，我却没有脱离其所立足的一般原理。在这一形式中它们不再意味着一种单纯抽象的原理，对这一点我很清楚。然而我希望，通过一篇独立的文章来弥补这些缺陷，不会耗费太长时间。

伯明翰，1972 年 4 月 15 日，阿尔弗雷德·索恩-雷特尔

序　言

眼下这份研究是一个截然不同的例外，因为它是马克思主义的，然而在其语言上，以及一部分甚至在概念上都偏离了我们所熟悉的马克思主义的风格和术语。这是一种缺陷还是一种客观上的必然性，通过读物尚不能够判断；这些创新在结尾处也许不会表现得像开头那么极端了。

---

[1]　主要的增补有：导言结尾；在结构上增加了第五章"经济学与认识"；记忆关于原子价的一部分；对商品生产基础上的自然概念的增补；关于古典居有社会的重要增补以及一段重写的，还有最后的但不是不重要的，对于附录 A 的全部重写同样也值得提及。以及一些大量细微的详细阐释。

但是我承认，在表达方式上显而易见的矛盾一定会带来误解，尽管我不认为，这些误解在这种情况下是合理的，我也相信，对这一研究材料的更进一步探讨将会是能站得住脚的。

研究本身关注的是基础与上层建筑之间的关系。这一研究导向了马克思主义新领域中的主要部分，或者说，如果愿意这么讲的话，导向了一个补充性的辅助部门。马克思和恩格斯已经将历史建造的一般建筑学清楚地阐述了：由生产力和生产关系构成，以及物质基础构成了意识的上层建筑。然而他们却没有给我们留下从低层建筑走向上层建筑的梯子的图纸。这一梯子就是我们在这里所做的，或者最少是一个光秃秃的，但在形式上已经清晰可见的混凝土装置。还是打这个比方，为了建楼梯就需要在低层建筑上有一个可靠的固定，为了分析商品生产社会就一定要在商品的形式分析中寻找。但是这一形式分析，在其能够承担得起全部建筑之前，还需要一种恰当的扩展和深化。

当代企业的新颖与陌生因此就在于商品分析的变化了的探讨之中，因而也恰恰是马克思理论中一般被视为不可侵犯的基石的部分。也许在理论描述之前放一个简短的思想传记，来说一下这一不合常规的观点是如何产生和发展的，并如何能够回到初始处，不是不合适的。此外也许应该对这一古怪的事情做一句解释，对这一特征的在变化之中进行的研究第一次问世到现在已经整整五十年了。

说起大概和一般的起源，基本的思想发展源于与恩斯特·布洛赫、瓦尔特·本雅明、泰奥多·W. 阿多诺、齐格弗里德·克拉考尔的接触，以及受到格奥尔格·卢卡奇、马克斯·霍克海默和赫伯特·马尔库塞的著作的影响。它开始于"一战"之后的几年，因而也就应追溯到德国无产阶级革命兴起并在政治上失败的时代。这在今天罕有人提及了，我并不是要说，德国当代的马克思主义思想发展，可以作为法兰克福学派的见证，受到那个时代的驱动，因而在一定意义上也是因为德国革命缺场而引发的理论和意识形态的上层建筑。在法兰克福学派中回响着 1918 年圣诞节对王室的连续炮击声，以及柏林斯巴达克斯战斗的枪声。无论如何，就其带给我的触动而言，我知道，它是震撼到根基的精神，伴着这种精神当时的人们奔跑着穿过大街，奔向街角，并在集会的大厅里生活，翻过这一页直到五十年后依然显示出余波。

早在 1916 年我还在求学时，就已经开始阅读奥古斯特·倍倍尔和马克思。后来我被逐出家门，并在当时和海德堡的恩斯特·托勒参加了 1917 年的反"一战"学生运动。但不久后一切都失败了，革命来了又走了，最终只留下空荡荡一场，列宁的俄国越来越遥远，在大学里人们学到，它和马克思即便在理论上也并不完全一致，边际效用学说是有很多可取之处的，甚至马克斯·韦伯都陷入了资产阶级的反动毒药之中。但是后面的东西对于我们来说只有在大学的课堂里才是敞开的，在大学之外则是热闹的精神——在其中还有已经提到的我难忘的朋友阿尔弗雷德·赛德尔，他在 1924 年自杀①——这就是说事实上一切也并不全都那么糟。但是人们严肃地做些什么呢？我把自己藏在马克思之后，并开始阅读《资本论》——是的，"读《资本论》"，路易斯·阿尔都塞，你是对

---

① 他的遗稿由普林茨霍恩以《作为灾难的意识》为名出版。

的!① ——带着一种绝不允许懈怠的愤怒。应该是用了两年，我在大学学业的背景下写作了与之相关的像小山一样的论文，以至于我可以背出《资本论》前六十页的每一句重要表述，研究其定义的特征，首先是它的隐喻的含义，试图探索它们之间是如何相互证明又如何相互矛盾。从这一操练中所得到的，就是对呈现在目前状况中的商品分析的确定性的坚定不移的怀疑。这越来越多地隐藏在马克思也未曾清晰阐明的分析之中。最终，凭借一种疯狂的专注，我开始领悟到，在商品的形式结构的最内在之中，可以找到超越性的主体。显然这是一个对于每个人都清楚可见的，即这是毫无理性的，而没有一个人抓住了隐藏在文献堆之后的东西，然而我知道，我已经奋力抓住了一条线索的开端，从这一开端出发，还没有看到终点。但是我所看到的商品形式和思想形式神秘的同一性，是如此隐蔽，如此决定性地隐藏在整个资产阶级世界结构之中，以至于我最初试图将它和其他的东西揭露出来的幼稚探索，更多还是致使人们将我视作一个无望的事件而放弃了。"索恩-雷特尔的胡说八道!"，就是带有稍许同情的最终判决，比如阿尔弗雷德·韦伯对我所做的大量的批判。在这一环境之下在学界谋职也变得不可能，结果就是我始终保留了我的观点而做一名旁观者。只有后来个别的和我一样处于外围的思想家，持一种类似的认识在其灵魂之中生活，没有一个人像阿多诺一样向我致以同情，他在其思想之中以其特有的方式寻觅到了这一真理。他和我大约在 1936 年达成了相互理解。只有他自始至终将商品分析视作完全不同的东西。但即便与他的接触最终也只是一部分的，我对我真理

___
① 这句话原文是法文。——译者注

线索的发展是独自进行的。在这一过程中不是没有停滞和长时间的中断，因为谋生等可以想见的原因。那些中断和正常的遗忘的时间，日积月累甚至也积累为更为持久的具有推动力的理论努力，在其中我自己的事情逐渐发展为一种完美和澄清。在第二次世界大战之后，我作为反纳粹的流亡者而抵达了伯明翰，在那里我遇到了乔治·汤普逊教授这一位非常特殊的人。在他那儿我发现，他在完全不依赖于任何其他东西的情况下，在一个完全不同的领域，也就是在对古希腊的研究之中，认识到了哲学和货币经济学之间的形式本质的联系。我们也展开了合作，但是一份形成于1951年的分量很大的英文书稿，《脑力劳动与体力劳动——唯心主义认识论批判》一书在经过了持续的努力之后最终未能发表，因为在他的眼里这本书对于党的出版社来说太过非正统了，而对于资产阶级的出版人来说又太过激进了。

总之我一共只有三篇短文章发表了，一篇文章是关于马克思的方法论的，发表于《现代季刊》，第3卷第1期(1947—1948年冬)，这一文章在本书中被扩充为附录二，另外一篇是在洪堡大学的小圈子里发表的一篇讲座，名为《商品形式与思想形式：对"纯粹理性"社会本质的研究》(《洪堡大学学刊》，人文与语言学专刊，R. X.［1961］)，最后就是在《今日马克思》杂志上发表的《关于知识的历史唯物主义理论》，发表于1965年4月。对我理论的肯定性强调，有乔治·汤普逊在他1955年在伦敦出版的大部头著作《最初的哲学家》(此书的东德版本被译为《最初的哲学家》［Die ersten Philosophen］，学术出版社1991年版)一书中提到，遗憾的是西德学界几乎完全无视了我的研究，一部分因为反共产主义的老顽固，一部分因为反对通行对马克思著作理解的假绅士。在他们的无视中事情是足够的可怕的，至少语言是清楚和简单的也是让人难忘的，而马克思主义最终还是与工人阶级有关的！

我亏欠我的妻子约安太多太多，这是无法偿还的，没有她的牺牲和忍耐，我的著作就无法获得成功。

导　言

本研究建立在这一确信的基础上，即为了阐释清楚我们的时代，马克思主义理论需要一个更为广阔的开端。这种广阔不是离开马克思主义向前走，而是在其中更为深入。为何我们时代的本质问题会导致这些困难，是因为我们的思想还不够马克思主义，在很多重要领域没有搞透。

我们所处的是这样的一个时代，在其中资本主义向社会主义过渡，而社会主义社会的建设已经提上日程。与之相反，马克思的时代还完全内在于资本主义的发展过程之中，而这一走向终结趋势的社会形态也达到了它理论前景的边界。资本主义向社会主义的过渡按照马克思的指涉就意味着人类前史的终结，也就是说从自然形成的人类向自觉的人类的发展过渡。为了理解自然形成的社会形式，特别是其最后的资本主义阶段，首先需要对在物质生产力的发展和社会生产关系的构造之间的因果性和相互影响有准确的认识。社会基础如何决定精神的上层建筑并唤出不可或缺的"生产过程的精神力量"（MEW 23，446），在《资本论》中无疑有数不尽的线索，但是意识形式的问题并不位于核心，没有构成马克思主要著作的首要部分。然而这一问题是我们时代的主要问题。我们谈论精神的力量，因为比理解意识形态的意识构造更为重要的，是对于一个自觉的社会的可能性来说，对现代技术的本质及其自然科学中的理论基础的一种历史的唯物主义的认识。自然科学及其认识形式的问题自马克思开始就被放入历史的唯物主义的范围之中。在 1859 年著名的方法论指导原则中，科学是未被提及的，尽管它应该被构成为一种自身能够提出科学性要求，也被赋予权力提出科学性要求的思想观点的指导原则。在马克思那里，他自己思想的科学性在于无产阶级的阶级立场上，并将这一观点在关于劳动价值论的路径之上锚定在历史之中。然而自然科学则既不算意识形态上层建筑也不算社会的基础，而停留于一种没有开端的历史性之上。在《资本论》之中提及自然科学的地方，它们内在的理论可能性是和自明性的外表一起探讨的。这种对自然科学的认识论问题的历史的唯物主义的忽略，导致了在马克思主义阵营中在思想问题上巨大的两面性。一方面，意识世界为现象曾提供了什么，正提供什么，将会提供什么的问题没有任何论述，没有在其历史性中被理解，或辩证地以合乎潮流的方式来评价。相反，另一方面，我们在逻辑学、数学和客观性的问题中在基础上错用了无时间性的名词。因而一个马克思主义者是否就是在历史真理上的唯物主义者，而唯心主义者是在自然真理上的唯物主义者？在马克思的思想中，在一种时间本质地参与的辩证的真理概念和一种关于非时间性习惯的非辩证的真理概念之间，是否存在着一种断裂？

在马克思自己的思想之中这种不相容的思想方式的二元性不居统治地位，这当然是不需要强调的。马克思早期文献中有许多相反的证据，一直到《共产党宣言》，都可以证明这一点。[①] 在这里我要提及阿尔弗雷德·施密特杰出的研究《马克思的自然概念》，在其中所有重要的东西都被提及了。[②] 即便马克思也在《资本论》的第一版前言中说过"作为自然历史过程的经济的社会形态的发展"，他的研究方法建立在它能够使这一真理产生效果的基础上。然而马克思在他的著作中没有给出必要的解释，来防止他的继承者和追随者的理念分裂为两种矛盾的真理概念，一种是在历史的理解上辩证的和唯物主义的，另一种是非时间性的，即按照形式在自然认识上是唯心主义的。早在恩格斯关于自然科学的著作中和《自然辩证法》一书中这就已经显现出来了，即便因为实际上单纯的修饰特征而也许更为间接一些，而在辩证法上就十分贫乏了。

对马克思思想中的这种二分性（Zweigleisigkeit）的责难并不是一种没必要的对细节的拘泥。对这一问题的克服在当今时代来说，是一个对于社会主义理论和实践的切身问题（Lebensfrage）。为了建设社会主义，就需要社会成功地融入自然科学和技术的当代发展之中。当自然科学的思想形式和生产力的技术角度自身根本上从历史唯物主义的研究方式中脱离出去的时候，这样的吸纳也就无法成功。这样，今天的人类就不会走向社会主义，而是会走向技术统治，在这样的未来中，不是社会统治技术，而是技术统治社会。如果马克思主义不能够将占据统治地位的自然科学认识学说的非时间性真理理论驳倒的话，那么马克思主义作为一

---

① 尤其富有启发性的是1849年手稿中涉及自然科学的地方，特别是121页及以下（MEGA I，3）。它显示出，在马克思历史唯物主义的阐释中自然科学最初是包括在内的。

② 发表于《法兰克福社会学丛刊》，1962年。

种思想立场而被废弃就只是一个时间问题了。而这不仅是对于在西方世界能产生的作用而言的，在西方世界里技术统治的思想已经可以用实证主义来证明[1]，而对于一些社会主义国家来说作用还很有限，在这些国家技术统治沉湎于"辩证唯物主义"之名当中。

自然科学的认识形式及其发展的历史唯物主义起源的解释，因此位于这样的领域之中，为了解决它，一个马克思主义理论的更为广阔的开端被视为是必要的。另外一个理由是脑力劳动与体力劳动理论，它们历史性的分离和它们可能性结合的条件的欠缺。就是在《哥达纲领批判》中，马克思在论及"共产主义社会高级阶段"的前提条件时，说道："迫使人们奴隶般地服从分工的情形已经消失，从而脑力劳动和体力劳动的对立也随之消失。"就马克思而言，这种对立的消失是作为条件的，但如果在此之前没有解释其历史的成因就是不可理解的了。然而马克思的理论在这一问题上却没有依据可言。实际上以这种或那种形式存在的脑力劳动和体力劳动的对立存在于阶级社会和经济剥削的整个历史之中。这种对立属于异化的现象，在此之上剥削的存在就如植物之于氮气一样。然而为什么对于一个统治阶级来说，或长或短地始终服务于它所需要的脑力劳动的特定形式，就绝不是显而易见的了。尽管其根源与阶级统治的原因显然是紧密联系在一起的，每一种脑力劳动也都需要一种特定最低程度的对脑力的依赖性，来供统治阶级运用。即便是脑力劳动的担负者，如神职人员、哲学家或者科学家，也不直接等同于统治的首要受益者，他们为这些统治者做出了不可或缺的贡献。脑力劳动的客观认识特

---

[1]　"实证主义是一种哲学的技术统治。"霍克海默在《理性之蚀》(1947，59页)中说道。

征，也即真理概念自身，随着脑和手的分离进程而出现在历史中，这在它那一方面是社会阶级分离的构成部分。对智力方式认识的客观性与阶级功能因此在本质上联系在一起，也只有在它们的联系之中才能够被认识清楚。对于一个现代的、立足于更高技术阶段之上的无阶级社会的可能性来说，从这一事实情况之中可以得出什么线索？

这一问题导向了在过去的马克思主义理论中还未提及的另一个需要。到底在一个阶级社会和社会的无阶级性之间的关键区别是什么？两者都是社会生产关系的形式，但是这种一般概念并未给我们提供决定从资本主义向社会主义过渡，特别是建设社会主义的区别。我们需要的，是一个特殊的和明确的社会结构（不是意识形态的）标准，在此之上一个无阶级社会在其本质中清楚地和其他一切阶级社会区别开来。

在这里提出的三个问题群是内在关联的，而它们所连接的部分，就是社会综合（die gesellschaftliche Synthesis）。在这一处于所有我们进一步论述的中心概念之下，我们理解了在不同历史时代里，中介了人和一个可延续的社会的定在联系（Daseinszusammenhang）的功能。社会形式是如何发展和转换的，以及综合是如何将人之间劳动参与的依赖性之中的多样性整合为可延续的整体。

每一个社会都是人们在其活动之中建构起来的一种定在联系。对于他们的社会联系来说，人们所做的是更为首要的，而所想的意义是次要的。他们的活动必须相互产生联系，从而构成社会的一个部分，而这种联系必须一定揭示出同一性的一种最低限度，在此之上社会才能够表述一种功能作用的定在联系。行为相互之间的联系可以是一种自觉的或者不自觉的，但是它是不可或缺的，在社会没有变得有功能作用，人与人之间的依赖关系没有瓦解的情况下。以一种最为普遍的方式来表达的话，就是社会每一种形式的一个存在条件，也就是我在社会综合这一名称下所要把握的。这一概念不过就是马克思社会形态概念中的一个特殊部分，确切讲是一个特殊的结构化部分，就是它促使我在漫长的岁月里研究历史思想形式，将之作为理解其社会局限性的重要前提。在这一概念的帮助下，我能够形成基础的认识，即一个时代的社会必要的思想结构，与这一时代社会综合的形式有着最紧密的形式上的联系。在这种社会综合中根本的变化会出现，当行为的方式改变了，行为的方式相互之间的联系承载了人们的定在联系，例如这是否是生产性的或消费性的活动，在其中人们与自然处于交换关系，或者人与人之间的占有行为，在哪些自然交换的背后进行，并拥有剥削的特征，即便它采取了商品交换的相互形式。这种区别使我们有兴趣接下来去研究，社会综合概念如何通过其方法上的作用来证明它的合法性。

因此，这可以帮助我们理解历史的实质联系，这也是我接下来要去研究的，在这里首先列出其主要轮廓：

在商品生产社会中货币构成了社会综合的承载者，并且为了这一特定形式特征的功能而需要最高的抽象程度，这一抽象程度必须符合对所有在这些社会之中事实上的或者可能正在发生的商品和服务。这种从使用价值中抽象出来的形式特征，其为了社会功能的目的而必然附属于货币，然而在货币之上却不会有表现，的确，它能够作为纯粹的形式抽象而根本不能"表现"出来。在货币之上表现出来的，是其物质，其版式以及印在上面的符号，也就是那些使其成为一个物的东西，从而可以使人放在口袋里，支付和收取。但是使得一个物成为货币的，在价值以及

"价值抽象"的语境之中，则不是那些使它看起来、摸起来和清点起来如何的东西，而是本质上不同的东西，也就是那些按照其本质是纯粹形式的并且是最高程度上普遍性的即达到抽象阶段的东西。现在，在本文章中所出现的独特的命题，就是构成货币的社会—综合的功能的抽象形式要被分别证明出来；并且当这发生的时候，要作为在商品生产之中的，或者说货币中介的社会中变得必要的思想认识功能，作为最后的组织原则被证明出来。它是构成了古代哲学以及现代自然科学的概念基础的认识原则，也是我们可以因其简单性而用自康德以来变得流行的"先天范畴"的标签来标注的。因此可以说按照思想的社会化形式，这些形式一个有足够的智慧和训练的个体都可以胜任，这些范畴使用一个在概念上独立的为社会思考的智力和理智。然而对于个体自身来说，特别是现代的个体来说，他社会化的思想相反表现为他的成就，按照起源却是神秘的（神赋予的也是由神来否定的），按照其逻辑却是自主的，来自于他们自身的"我思"（ego cogitans）。与我们的解释相应，这些范畴是社会地预先塑形的，因而正如它们以一种完成了的（但也正因此长期没有直接被确定化的）形式给予个体，因此事实上"先天"（a priori）范畴对于这个社会的所有个体来说当然也是同一的。康德知道，这些范畴是被预先塑形的（vorgeformt），但是它将预先塑形的过程（Vorformungsprozeß）错置进意识之中，作为一个在时间上和空间上都无法被定位的，幻觉一般的"先天综合"。事实上，抽象范畴的这种预先塑形的综合是一个历史的过程，只有特定的、明确定义的社会形态才能表达。在货币上，更确切地是在它的社会综合功能上，附着着一系列未被认识的肖像的相似性（Porträtähnlichkeit），如果我们可以这样说，凭借"先验主体"，特别是形式特征，也许它可以使货币通过一切货币的差异而在功能上普遍化为唯一的。一旦装备上"纯粹理性"的这种社会产品，人会分裂为一种混乱状态，这种状态凭着"他的"一般的脑力劳动，也凭着他的个体体力劳动而以一种方式体现，它们的联系对于人来说是完全无法理解的。事实上"人"也会分解为知识分子和劳动者。在程度上，在其中知识分子（以伽利略为代表）在方法论上被塑造成为客观认识的器官，在自然问题上，知识分子必须将社会掌握为自然的历史进程，但他们却忽略了社会。康德的哲学以戏剧化的方式变成了必然错误的意识，尽管这无损于他科学的自然认识论的有效性。

这种宣称"纯粹理性"的历史本源来自社会的预先塑形的举证责任，首先在于将附着在货币之上的抽象形式分别厘清。必须指出，这种形式事实上与近代以来以数量来表示的自然认识的组织原则，例如在经典的牛顿式的形式中的原则是相符的。因而这必须由一个在康德那里功能相近的范畴的社会分析的"先验分析"其中的一个才能完成。借助这些充实了马克思的论断，这一论断比在其他任何地方都更准确地表达了历史唯物主义的原则，即"不是人的意识决定他的存在，而是相反他们的社会存在决定他的意识"，这是更具精确性的表达。

货币是一种二分（Abzweigung），确切讲是一种本质上属于商品形式的交换的相互占有关系的物的自我独立。论证的任务因此在于对马克思在《政治经济学批判》（1859 年）以及在《资本论》开篇中重新删减的商品分析的拓展和重新组织。我们说"删减"，因为我们注意到在马克思手稿中的商品分析，与后来关于商品分析的不可动摇的统治性的意志相反，既是不完善的，也不是在所有的部分中都无懈可击的。对马克思商品分析具体的批判可以在本书附录中看到。马克思第一个发现了商品抽象的现象，并认识到并描述了它的基础意义，但是马克思却没有对在商品分析之中包含的形式特征具体地加以分析。马克思将他的发现，也正符合于他政治经济学批判的目的，按照其经济学内涵的方面加以剖析了，但主要也就是在这一方面了。马克思没有探究商品分析的认识论内涵，在这一点上我特别赞同尤尔根·哈贝马斯，继承自黑格尔的马克思对认识论的忽略，对于马克思的理论来说更多是一个缺点而非优点。

无疑我们看到了内在于德国古典哲学之中，与传统的研究方式，甚至与哈贝马斯的观点也很不相同的，有重大理论意义的立场。为评判这些立场，我们将脑力劳动与体力劳动的分离当作一种尺度。为估量这一尺度，认识理论代替了一个重要的唯物主义兴趣，只要其能够帮助理解这种分离。但是在一种唯物主义的认识理论中，在没有考察其所属的与体力劳动的关系的情况下，"认识"也无从谈起。只有作为一种与体力劳动相区别的活动时，人的思想才能够激起哲学的兴趣。理论哲学恰恰产生自这种分离。康德关于"先天综合判断"的提问在全部资产阶级哲学的内容之外还保留有合法性的意义，即一种对于生产过程是足够的，然而不依赖于体力劳动的自然认识论是否是可能的。脑和手指尖的分离与社会的阶级分离紧密地联系在一起。如果生产技术的源头存在于工人之中的话，那么资本主义的生产方式就是一种不具可能性的事。它以来自其他源头的一种自然认识而非体力劳动的源头为前提。这样理解，康德的问题就与马克思的研究相并列了，即作为资本利用过程的生产是如何可能的。生产，也即按照法则并非生产的生产，而是交换的生产；而交换按照内容并非交换的交换，而是对剩余产品的占有。

康德的思想方式仅仅作为资产阶级哲学时才会遇到二元论的责难。而这种责难却可以为这种思想方式带来荣幸。资产阶级世界的真理如何能够以一种不同于二元论的方式来表述呢？黑格尔在其中认识到了虚假性，并试图超越资产阶级的局限。这正是黑格尔的伟大之处。但是只有通过对认识理论的排除，也就是通过实在，才能达到超越资产阶级世界的统一性。他带来了一个在其中批判的哲学思想可以固定住的反题，通过程序性的执行可以带来辩证法的瓦解。辩证法在发生着。作为可能性的问题它也许是不可能的。但是黑格尔辩证法的发生是纯粹哲学的，对世界的把握也是通过精神的唯一工作，在严格的"内在性"（Immanenz）中完成的。这种辩证法因而也只是在精神的幻觉中完成的，甚至在这种幻觉中实在最终仅仅对于不变的资产阶级世界及其国家才是有效的。用阿多诺的话来说："如果黑格尔的综合是对的，那么它也就是错的。"（Wenn die Hegeische Synthesis stimmte，so wäre sie die falsche）在排除认识论这一问题之上，马克思主义的确没有继承黑格尔的旨趣。马克思主义的旨趣是相反的。对政治经济学的批判必须与对认识论的批判结合在一起。这两者是并行的，而非谁在谁之上的关系。对政治经济学的历史的形式解释，也就是说对它的"批判"，以及对认识形势的历史解释，也就是对内在虚假解释的批判，是两个彼此独立的系统任务，两者相互之间不能够替代。尽管它们产生于同样的历史根由之上，经济学和自然认识论彼此是完全无视的，并因为它们各自特殊的逻辑和自身的必然性而互不依赖。

从一开始资本主义生产方式的发展就一方面是经济的，另一方面是智识的，两者看起来是偶然的过程，但是实际上是必然决定的历史同时性。作为商业革命的结果，封建主义走向终结，并为资本主义创造了开端，生产所面临的任务，只有通过社会化才能够解决。生产对于中世纪的手工工匠来说，不仅要超越他们的经济资源，在文字的意义上还要超越头脑。对于火器、更发达的采矿术、冶金、筑城、港口装置、远洋航行等技术来说，个人手和脑的统一的辅助，目测的辅助，和个体单独的劳动一样作用有限。个人手和脑的统一被打碎了，从而为他们社会的分离创造了空间。手工劳动变得需要合作，并在更大程度上社会化，但更片面的手工劳动也更要求"资本的集聚"。脑力劳动经受了向精确科学的计量化方法的转变，也就是说，向一个社会化头脑的转变。社会化劳动的资本主义生产过程，以及社会化的然而片面智识思想的科学以同样的比例发展，凭借一种本质的联系，其秘密隐藏在作为基础的社会综合的形式和功能之中。

《资本论》分析和描述了这种欧洲的总体发展的经济方面，它是如何在实质上足以理解一个还完全由单纯自然形成的因果性的辩证法统治的时代，这一时代对它的经济学及其科学来说没有共同的概念为之命名。但是自马克思的时代中介以来，大约自 1880 年以来，社会综合的整个局势都越来越根本地转变了。社会综合可以在这种劳动过程之上的交换过程的变化中把握，并在两种方式矛盾的并存中起作用，在这两种方式之中，任何一个都不再能够统治社会的过程。在综合的不同基础之上，在阶级社会和无阶级的社会化之间的对立是隐蔽的。这些随着如此深刻的变化而导致的问题，只有当人们努力得到能打开理解总体发展通道的钥匙时，才能够解答。从前文中应清楚的是，本研究完全不同于我的一些批评者所认为的那样，是一种意识形态理论的研究文章。[①] 我的研究试图达到的更加有限，即推动服务于意识解释的社会化的存在分析，使颠倒的意识形态的问题转变为那些深化的存在理解的一个问题。意识特定的基础形式问题应该成为社会存在变化的支点。这首先适用于意识现象，其按照传统的尺度构成了认识论的首要问题，也就是社会化的必要思想形式，数学的客体认识的可能性依赖于它。这一思想形式的关键推论，被视作对我们社会的存在理解在方法上意义重大，如果对我们来说，来自社会存在的那些不可或缺的思想形式的一个推论不成功，那么我们对这种存在的理解也一定会是不准确的或者不完美的。"如果对资本主义的经济分析不符合于这一标准，那么它在任何一个社会存在变化的地方都不会符合。它将在社会存在的对它的历史理解中，证明那些分辨不清的剩余。两者相互决定。"[②]因此我想强调的就在于，我在这里所进行的殚精竭虑的分析可以作为马克思商品分析的补充和发展来理解。

显然，通过将资本主义作为一个更为发达的发展阶段，就是将其作为一个要超越自身的过渡阶段，其结构和社会存在建构的特定角度是全新的。在深入的关联的特定序列（Züge）之上运用更具确切性的分析是必要的，这些序列在马克思那里还是相对边缘的和形式主义的，正如所有和认识现象联系在一起，但也有经济基础的特定方面如劳动的可计算

---

①　参见 Helmut Reinicke，论索恩-雷特尔资产阶级意识形态的建构，Politikon，Nr. 36，1971 4/5。这类问题的提出需要一些在我这本书的框架中没有讨论的问题。顶多是在其作为意识形态和作为科学的差异性之中的机械思想的强调，在我书的第二部分提供了在这一方向上的特定讨论点，但是恰恰在这一问题上，Reinicke 鲜有提及。

②　参见我的文章《商品形式和思想形式》，Ffm. 1971，S，10/11。

性，及其决定性的修改的一般意义，或者最终的生产力和生产关系之间的确切联系，如果这是在变化之中被把握的，以及思想和认识形态在我们技术的科学化的时代里，对生产力发展的反作用。所有这一切都是我们这一时代所特有的现象，也是在对马克思的理解中必须要被弥补的，还要提及的可能性是，当人们不再紧盯着马克思表达的文本，而是试图将马克思思想的原则化作己用，因而马克思的设想从其自身的流动的形式安置到生产的运动中，遵照历史自身的发展，在一个自觉的社会控制的内在必然性的方向之上。

在这一视角下才可以评价本研究。这一分析领域将会越过马克思的论述而扩展为对于马克思理论的一个生产性进展的起始点和开端。为了使这一努力在其缺陷外还能够获得其成就，应该有一定的理解和接受的意愿，此外，它自然是一种冒险行为，在一种如此压倒性的量和全面性，以及马克思创造的理论上，引出关于其创造者的魅力，不是因为马克思的生产能力不够，而是因为历史已经走出了他所面临的局面。在今天不能将马克思的著作当作经文的集合一样内在于他的原文来解释，而不多关注历史的进展。如果马克思主义者不再推动历史唯物主义的话，那他们也就不再是马克思主义者了。

接下来的研究有三部分。第一部分是对商品分析的进一步拓展和根本上的体系化，第二部分则试图探讨认识史的特殊里程碑，第三部分探讨的是在我们自己的时代里社会综合的根本变化。

（李乾坤　译）

阿多诺—霍克海默—索恩-雷特尔通信若干

一、阿多诺致索恩-雷特尔[①]

亲爱的阿尔弗莱德，毫不夸张地说，你的信带给了我在哲学中经历过的最强烈的精神震撼(Erschütterung)，而这样的经历，只有在第一次遭遇本雅明的著作时才有过——那已经是 1923 年了！这一震撼显示出你思想的磅礴与力量——但它同时也显示出一种与我契合(Übereinstimmung)的深度(Tiefe)，甚至比你，或者我本人，所能预期的更深，无比之深。并且，对这一

---

① *Theodor W. Adorno und Alfred Sohn-Rethel Briefwechsel 1936-1969*，ed. Christophe Gödde.

契合的意识，你可能只是在我有关爵士乐著作的伪综合（die falsche Synthesis）概念中观察到一些痕迹，但它根本存在于辩证唯物主义中对唯心主义的批判—内在转换（die kritisch-immanente Überführung＝辩证同一性 dialektische Identifikation）之中；存在于这样一种认识之中，并非真理被包含在历史（Geschichte）之中，而是历史被包含在真理之中；存在于文章中的一种逻辑起源史之中。这一极大的肯定的契合，使我不能赞美你著作的才华，因为我担心最终在称赞自己。无需语言来表达我在阅读你的文章后想要与你见面的愿望。正如莱布尼茨在听到牛顿（微积分）的发现后的必然感受，反过来亦如此。我不觉得我在发疯，现在，我确定地相信我长期以来在自己的努力中所假设的东西：唯心主义爆破（sprengen）的成功，不是通过与实践之间的"抽象"对立（die abstrakte Antithesis von Praxis）（尽管在马克思那里仍然如此），而是通过唯心主义自身的二律背反（die eigene Antinomik des Idealismus）。那就是——至于是什么，我不想现在说出。然而，我想说的是，在说了一通之后这听上去有些可笑，我将在研究所为你的著作尽我**所有**力量！

如果可以，请周六过来，中午左右，尽快告知我确切细节。

挚友，阿多诺
牛津大学墨顿学院
1936 年 11 月 17 日
（杨乔喻　译）

二、霍克海默致索恩-雷特尔①

尊敬的索恩-雷特尔先生，

我还没有找到机会来读您的"陈述（Exposé）"（它实际上远比一份研究计划要长），所以我想至少先对您 10 月 14 日的短信致以谢意，此外向您确认一下，这份作品已经在我这里了。尽管您请求我尽快给您一个判断，但我目前的工作使我没法挤出时间来阅读您的作品。我已经和阿多诺联系并达成一致，您应该很快可以从他那里得到一些信息。

我现在可以向您提一个问题吗？您是如何理解"有效性特征（Geltungscharakter）"的？意识的唯物主义还原（materialistische Reduktion），与其并不相适应。在我看来，您从这一概念出发，生产出一系列其他的理论范畴的关系，建立在我目前极为片段化的最初阅读基础上，是非常不清楚的。据我所知，您自己的观点，必须要在这上面下很大力气，从而揭示出这些联系。如果您能以简短的几页纸跟我说一下，您在这上面做了什么的话，那我对您感激不尽，而我的阅读也肯定会在很大程度上变得轻松些。

我非常理解您的愿望，被一切流行的东西最终舍弃的理性（Ratio），"应该通过他们合法的遗产而被拯救和保证"。但是我——当然是建立在最肤浅的文字上的——对如下问题还一无所知：由您所开创的"人类存在的真理批判之奠基"应该是怎么样的。您在 112—113 页给出的解释，甚至使我担心，您将一种自主化（Verselbständigung），历史过程的绝对

---

① *Theodor W. Adorno und Alfred Sohn-Rethel Briefwechsel 1936-1969*，ed. Christophe Gödde.

化，作为您的避难所，而这实际上与我们朋友保罗·蒂利希的实证哲学相距不远。此外，我该如何理解您的这句话，辩证法是"思想和存在这两者的现实性，在人的存在的历史过程的综合之中（Synthese des geschichtlichen Prozesses）"？如果您不打算搞一种形而上学的历史变形（eine metyphysische Geschichtsverklärung）的话，那么对我来说在这一方向上的澄清（Aufklärung）会很有帮助。我要坦陈，这一类的表达，例如，通过"历史的辩证展开"的"人类存在的深刻基础"，我感觉会导向唯心主义的领地，而如果我知道，在某些缺陷一定要被清除这一问题上意见与您是一致的话，那么您自己肯定也没有兴趣，从批判理论再次回到一种永恒的体系（ewiges System）。在与这一理论的缺陷和不足的联系中，也关系到唯物主义者与唯心主义者最大的区别。

然而所有这些还完全不是对您作品的回答。您还会从我们这里得到进一步的答复，一旦我们腾出一点空闲时间。在这期间您还可以给我们一些其他的提示，从而让我们更好地理解您。

致以友好的问候。

马克斯·霍克海默

1936 年 11 月 25 日（纽约）

（李乾坤　译）

三、霍克海默致阿多诺①

不幸的是，对索恩-雷特尔的著作，我们的观点并不相同。马尔库塞和我已经读过他的草案（Entwurf），尽管只读了一部分，但毫无疑问我们已经对其形成了判断。如果他在通信和谈话（而不是通过推荐）中给你留下的深刻印象没有表现出与草案中完全不同的索恩-雷特尔洞见的话，尽管你拥有伟大智慧，但你也未免太轻易地被说服了。

如果我们能够在他的著作中找到任何正确之处的话，那就是我们长期以来共同持有的理论观点，它以一种学术上自负和浮夸的腔调被宣扬。例如，他说"认知问题的解决方式（Lösung des Erkenntnisproblems）"将"通过实践中得收获"来执行，这要么是对理论交织于实践之中、人们必须在实践中——在各种实践斗争中——获胜的思想的差劲表述，要么便干脆是一句空谈。紧接下来的一句话同样如此："相反，人们看到，有关认知有效性特征的认知真理的形式问题（formale Wahrheitsproblem），人类历史发展本质意义上的意识真理的物质问题，最后，在处于不可分割的联系当中的人们的存在问题的实践解决方式意义上的真理的实践问题。"这一真理的三位一体的形式、物质和实践问题，最终要表达的是，所有这些问题和范畴都是相互等同并相互生成的。"有效认知源起于社会存在的论证，与以人类本质为标准对人类社会存在真理进行实践批判是相等同的。"对于这些夸张的唯心主义表述，你一定不会表示特别赞同。你记得谢林同一性哲学（Identitätsphilosophie）的

---

① *Adorno-Horkheimer Briefwechsel Band I*, eds. Christoph Gödde and Henri Lonitz, Frankfurt a. M. : Suhrkamp Verlag, 2003, S. 246-267.

那些部分，被黑格尔描述为黑夜的部分，在其中，所有的牛都是灰色的。至少谢林没有建构有待去实现的无休止的浮夸的假设；相反，他将同一性宣布为形而上学观的信念。索恩-雷特尔不断重申，如下任何问题的解决——存在的"起源（Genesen）"、历史的"起源"、正在发展的人类存在的"起源"、人类存在于其历史之中的最深入根基的"起源"——都将等同于意识真理的问题、认知有效性问题，或是社会的实践问题。这听起来真是无聊和无趣透顶。

在我看来，你似乎被索恩-雷特尔对辩证（或者更应该说，非辩证）同一化（Identifikation）的狂热所感染，以至于无视你与他之间在思维方式上的巨大差异。你的目的——证明主体的唯心主义概念与唯物主义概念之间的必要和内在的关联性——可能与索恩-雷特尔有关认知的唯心主义概念的唯物主义化的假设之间存在契合，然而，在某些情况下，这些形式上的契合甚至可能在我们和我们最坏的敌人之间建立。对我而言，这一问题无关宏大的哲学企图，而是有关特殊的决定性表述。因此，你必须更仔细地看待索恩-雷特尔的工程：观察具体命题之间的联系，尤其要寻找有关这一整体工作与历史现实之间关系的某种指示，以及作者如何理解这一现实。你将无法抵御这样的感觉，在充满沉重内容的乏味词句背后存在着如此巨大的思想力量，但那只是历史本身，或者只属于雅斯贝尔斯或某位其他教授。在你爵士乐文章的每一句话中，我们与现实之间的紧张关系，比在索恩-雷特尔高调解释的沉重中得到了更贴切的表达。你的《克尔凯郭尔》一书可能还带着你在书中声称放弃的唯心主义思维方式的印迹；但在很多地方，是你犀利的目光，由对现有条件的仇恨打磨，才是决定性的。是的，我同时也认识到，你的思想无法与当下的客观精神相统一，我也对这一客观精神中思想的正确性表示怀疑。我再次重申：重新拿起索恩-雷特尔的作品，透过其目镜凝视它的观点；你们在目的上的形式契合，将在这一工具的有意测试背后消失。

最糟糕的，是马克思的理论在这一文本中的表现方式。在我看来，在不必做出任何改变的情况下，文中的马克思范畴完全可以替换为孔德或斯宾塞的概念。并且，经济学概念完全可以被任意替换为历史编纂学的、生物学的或是心理学的概念。在通篇文章中，找不到马克思范畴独具特色的讽刺，更见不到这些范畴的批判功能。实际上，这些范畴的具体经济学内容从来没有被澄清。马克思的理论，于他而言的功用，仅仅在于帮助他廓清通向"具体"作为激进的道路，尽管在这条道路上，有关具体和激进的思想并不需要与格式塔心理学或现象学（den gestalters o-der der Phänomenologie）产生太大差异。

"价值形式的分析已经足以说明：首先，价值形式本身，是物相对于其统一性（unity）的存在的反思形式；其次，在这一分析之中，物的定在（Dasein der Dinge）与人类之间，在存在主体的存在所在之处发生关联。"黑格尔《哲学全书》的自然科学部分，包含着这样一些句子，在语言学上表明作者并未自如应对其对象。但在索恩-雷特尔的判断中，再明确不过的是，作者与其分析之间存在着真实的对立。可能引文这句话中包含了对物化现象（Phänomen der Verdinglichung）的无法消化的记忆，由索恩-雷特尔从对卢卡奇的阅读上获得。这发展成一种理论：社会需求在价值中表明自身，无论是多差的表明，类似社会齐一（Einheit der Gesellschaft）的东西通过这一过程被中介。我可能要说，在这里，在其他地方同样如此，禁止将索恩-雷特尔的论证与经济理论明确关联起来。因为他的论证表述具有普遍性：没有讨论任何特定的人或特定的年代，只讨论了物的存在形式、物的定在（Dasein）、"这样的人"，等等。剥削的概念被完全剥夺了其进步性内容，以曼海姆都没有做到的方式；它仅仅沦为其他一些任意思想关联的占位符。在某种程度上，它遵从于意识形态（Ideologie），与其更加从容地相处。从索恩-雷特尔，我们认识到，在剥削关系的人类两极之间，一种反思突显出来，将"现实的起源关系升级为纯粹的人与人之间的运动"，这些运动"作为直接有效的而被遵从"。反思通过这些运动被赋予魔力，而不是通过反思得以在其中书写的哲学表述的广度和深度，后者才在剥削关系之上回荡并变革着这些关系。国家，对原始社会剥削关系的"反思结果"，"这一剥削因此具有了本质（Wesen）的形式（Gestalt）"，国家，"由源起而生又与起源相对，起源的否定被彻底封锁起来，成为一个没有后视的本质，起源在其中仅仅沦为在其自身存在中的自我牵绊，而仅存在于人们之间的统治关系的客观中介及其直观有效性，仅仅影响它对客观性的权利"。这样的国家，已经将这一伟大句子的作者指认为它的权贵。我知道，如果有必要，上述都可以被理解，但一旦有人多少理解了，便会立刻注意到，作者认为可信的洞见，被唯心主义地装扮起来，并且同时去除了所有刻薄的印迹。正如我所说的，我并不能对所有东西做出总结式的判断，但我假设这些特殊的例证，目前为止无一例外地真实刻画了整个著作。

　　我对你的看法是，这一案例可能最终与你更为广泛的经验相关，这意味着，我将尊重你持有与我相反的态度。因此，我首先只要求一件事，在任何情况下，在我们没有进一步通知你之前，请不要对索恩-雷特尔做出任何承诺。你能否请他围绕他的基本思想写一篇短小清晰、最终可发表的文章，我可以承诺付给他一千法郎。然而，我们不应制造进一步的希望，因为如果这篇文章不能够展现与提纲完全不同的其他特质，我将严肃地打消与索恩-雷特尔合作的想法。

霍克海默

1936 年 12 月 8 日

（杨乔喻　译）

索 引

参考文献

1. Alfred Sohn-Rethel，*Geistige und körperliche Arbeit：Zur Theorie der gesellschaftlichen Synthesis*，Suhrkamp Verlag Frankfurt am Main，1972.

2. Alfred Sohn-Rethel，*Geistige und körperliche Arbeit：zur Epistemologie der abendländischen Geschichte*，VCH，Acta Humaniora，1989.

3. [德]索恩-雷特尔：《脑力劳动与体力劳动——西方历史的认识论》，谢永康等译，南京大学出版社 2015 年版。

4.《马克思恩格斯全集》(中文第一版)第 1~50 卷，人民出版社 1956—1985 年版。

5.《马克思恩格斯选集》(中文第二版)第 1~4 卷，人民出版社 1995 年版。

6. 马克思、恩格斯：《费尔巴哈》，人民出版社 1988 年版。

7. 马克思：《资本论》第 1~3 卷，人民出版社 1953 年版。

8. 马克思：《资本论》，中国社会科学出版社 1983 年版。

9. 马克思：《剩余价值理论》第 1~3 册，人民出版社 1975 年版。

10. [英]亚当·斯密：《国民财富的性质和原因的研究》（上卷），郭大力、王亚南译，商务印书馆 1972 年版。

11. [英]亚当·斯密：《国民财富的性质和原因的研究》（下卷），郭大力、王亚南译，商务印书馆 1974 年版。

12. [英]大卫·李嘉图：《政治经济学及赋税原理》，郭大力、王亚南译，商务印书馆 1962 年版。

13. [德]康德：《纯粹理性批判》，韦卓民译，华中师范大学出版社 1991 年版。

14. [德]康德：《实践理性批判》，韩水法译，商务印书馆 1999 年版。

15. [德]康德：《历史理性批判文集》，何兆武译，商务印书馆 1990 年版。

16. [德]海德格尔：《存在与时间》，陈嘉映、王庆节合译，生活·读书·新知三联书店 1987 年版。

17. [德]西美尔：《金钱、性别、现代生活风格》，刘小枫编，顾仁明译，学林出版社 2000 年版。

18. [德]韦伯：《新教伦理与资本主义精神》，于晓、陈维纲等译，生活·读书·新知三联书店 1987 年版。

19. [德]韦伯：《经济与社会》，林荣远译，商务印书馆 1997 年版。

20. [匈]卢卡奇：《历史与阶级意识》，杜章智等译，商务印书馆 1992 年版。

21. [德]马克斯·霍克海默、[德]阿多尔诺：《启蒙辩证法》，洪佩郁、蔺月峰译，重庆出版社 1990 年版。

22. [德]阿多尔诺：《否定的辩证法》，张峰译，重庆出版社 1993 年版。

23. ［德］阿多尔诺：《自然历史观念》，张亮等译，见张一兵主编：《社会批判理论纪事》第 2 辑，中央编译出版社 2007 年版。

24. ［德］本雅明：《本雅明文选》，陈永国、马海良译，中国社会科学出版社 1999 年版。

25. ［德］本雅明：《经验与贫乏》，王炳钧、杨劲译，百花文艺出版社 1999 年版。

26. ［法］阿尔都塞：《保卫马克思》，顾良译，商务印书馆 2006 年版。

27. ［法］福柯：《知识考古学》，谢强、马月译，生活·读书·新知三联书店 1998 年版。

28. ［法］福柯：《规训与惩罚》，刘北成、杨远婴译，生活·读书·新知三联书店 1999 年版。

29. ［斯洛文尼亚］齐泽克：《意识形态的崇高客体》，季广茂译，中央编译出版社 2002 年版。

30. ［斯洛文尼亚］齐泽克：《实在界的面庞——齐泽克自选集》，季广茂译，中央编译出版社 2004 年版。

31. ［瑞士］皮亚杰：《发生认识论原理》，王宪钿等译，商务印书馆 1981 年版。

32. ［瑞士］皮亚杰、［瑞士］海尔德：《儿童心理学》，吴福元译，商务印书馆 1980 年版。

33. ［美］汉森：《发现的模式》，邢新力、周沛译，中国国际广播出版社 1988 年版。

34. ［英］波普尔：《无穷的探索》，邱仁宗、段娟译，福建人民出版社 1984 年版。

35. ［美］库恩：《科学革命的结构》，李宝恒、纪树立译，上海科学技术出版社 1980 年版。

36. ［德］耶格尔：《阿多诺：一部政治传记》，陈晓春译，上海人民出版社 2007 年版。

37. ［日］望月清司：《马克思历史理论的研究》，韩立新译，北京师范大学出版社 2009 年版。

38. ［德］魏格豪斯：《法兰克福学派：历史、理论及政治影响》（上、下册），孟登迎、赵文、刘凯译，上海人民出版社 2010 年版。

39. 张一兵：《马克思历史辩证法的主体向度》，武汉大学出版社 2010 年第三版。

40. 张一兵：《回到马克思——经济学语境中的哲学话语》，江苏人民出版社 2014 年第三版。

41. 张一兵：《回到列宁——关于"哲学笔记"的一种后文本学解读》，江苏人民出版社 2008 年版。

42. 张一兵：《回到海德格尔——本有与构境》，商务印书馆 2014 年版。

43. 张一兵：《回到福柯——暴力性构序与生命治安的话语构境》，上海人民出版社 2016 年版。

44. 张一兵：《反鲍德里亚——一个后现代学术神话的祛序》，商务印书馆 2009 年版。

45. 《张一兵自选集》，广西师范大学出版社 1999 年版。

46. 张一兵：《劳动塑形、关系构式、生产创序与结构筑模》，《哲学研究》2009 年 11 期。

索恩-雷特尔进一步研究推荐参考文献

1. Brand，P. *Der Autonome Intellekt：Alfred Sohn-Rethels Kritische Liquidierung Der Materialistischen Dialektik Und Erkenntnistheorie*. Frankfurt Am Main：Verlag Marxistische Blatter，1976.

2. Dickler，Robert，Sohn-Rethel Alfred，and Wassmann Bettina. *Gesellschaft Und Bewutsein in Der Weimarer Zeit：D. Gesellschaftstheorie Alfred Sohn-Rethels in Histor. Perspektive*. Bremen：Wassmann，1979.

3. Dischner，Gisela，Sohn-Rethel Alfred，and Wassmann Bettina. *Ein Brief*. Bremen：Wassmann，1979.

4. Dombrowski，Heinz D. ，Krause Ulrich，and Roos Paul. *Symposium Warenform-Denkform：Zur Erkenntnistheorie Sohn-Rethels*. Proc. of Zur Erkenntnistheorie Sohn-Rethels. Frankfurt：Campus，1978.

5. Ely，John. "Intellectual Friendship and the Elective Affinities of Critical Theory"，*South Atl Q The South Atlantic Quarterly* 97. 1 (1998)：187-224.

6. Engster，Frank. "Sohn-Rethel und das Problem einer Einheit von Ge-

sellschafts-und Erkenntniskritik, Philosophische Gespräche 15, Helle Panke", Berlin 2009.

7. Engster, Frank. *Das Geld als Maß, Mittel und Methode. Das Rechnen mit der Identität der Zeit.* Berlin: Neofelis, 2013 (im Erscheinen).

8. Frisch, Heike, Nagl Manfred, and Fachhochschule Stuttgart-Hochschule Fur Bibliotheks-Und Informationswesen. *Der Begriff Der Ware Im Kapital Bd I Von Karl Marx Und Alfred Sohn-Rethel.* Thesis. N. d. *Der Begriff Der Ware Im Kapital Bd I Von Karl Marx Und Alfred Sohn-Rethel.* 1973.

9. Gallwitz, Klaus, Schumann Carl-Wolfgang, and Ziemke Hans-Joachim. *Deutsche Malerei Im 19. Jahrhundert: Eine Ausstellung Fur Moskau Und Leningrad.* Stadtische Galerie Im Stadelschen Kunstinstitut, Frankfurt Am Main, 14. 2. -20. 4. 1975.

10. Gerstenberger, Heide, Sohn-Rethel Alfred, and Wassmann Bettina. *Beim Lesen Von Alfred Sohn-Rethels Aufsatz "Die Formcharaktere Der Zweiten Natur".* Bremen: Wasmann, 1979.

11. Goodchild, Philip. "Money, Gift and Sacrifice: Thirteen Short Episodes in the Pricing of Thought", *Angelaki* 4. 3 (1999): 25-39.

12. Gray, Richard T. , Wunderlich Werner, and Lauer Enrik. "Review Of: Der Literarische Homo Oeconomicus: Vom Marchenhelden Zum Manager. Beitrage Zum Okonomieverstandnis in Der Literatur", *German Quarterly* 71. 3 (1998): 319-321.

13. Greffrath, Mathias, and Manthey Jurgen. *Die Zerstorung Einer Zukunft*: *Gesprache Mit Emigrierten Sozialwissenschaftlern*: *Gunther Anders*, *Hans Gerth*, *Marie Jahoda*, *Leo Lowenthal*, *Adolph Lowe*, *Toni Oelsner*, *Alfred Sohn-Rethel*, *Karl August Wittfogel*. Reinbek Bei Hamburg: Rowohlt, 1979.

14. Halfmann, Jost, and Rexroth Tillman. *Marxismus Als Erkenntni-skritik*: *Sohn-Rethels Revision Der Werttheorie Und Die Produktiv-en Folgen Eines Missverstandnisses*. Munchen: C. Hanser, 1976.

15. Heckstall-Smith, R. M. , and Sohn-Rethel Alfred. "Review of In-tellectual and Manual Labour: A Critique of Epistemology", *British Journal of Sociology*, 30. 3 (1979).

16. Heinsohn, Gunnar, Sohn-Rethel Alfred, and Wassmann Bettina. *Theorie Des Totungsverbotes Und Des Monotheismus Bei Den Isra-eliten Sowie Der Genese*, *Der Durchsetzung Und Der Welthisto-rischen Rolle Der Christlichen Familien-Und Fortpflan-zungsmoral*. Bremen: Wassmann, 1979.

17. Heinz, Rudolf. *Geld Und Geltung Zu Alfred Sohn-Rethels Soziol-ogischer Erkenntnistheorie*. Wurzburg: Konigshausen Und Neu-mann, 2006.

18. Horisch, Jochen. *Die Theorie Der Verausgabung Und Die Veraus-gabung Der Theorie Benjamin Zwischen Bataille U. Sohn-Rethel*. Bremen: Wassmann, 1983.

19. Hundt-Heyer, Sonke, Heyer Sonke Hundt, Sohn-Rethel Alfred,

and Wassmann Bettina. *Thesen Zum Verhaltnis Von Sohn-Rethels Theorie Der Neuen Gesellschaftlichen Synthesis Und Der Geschichte Der Betriebswirtschaftslehre*. Bremen: Wassmann, 1979.

20. "Intellectual and Manual Labour: An Introduction to Alfred Sohn-Rethel", *Capital & Class Capital & Class* 2. 3 (1978): 126-139.

21. Jakel, Martin. *Historisches Apriori: Sohn-Rethels Und Foucaults Revisionen Der Kantischen Transzendentalphilosophie*. Thesis. N. d. *Historisches Apriori: Sohn-Rethels Und Foucaults Revisionen Der Kantischen Transzendentalphilosophie*, 2005.

22. Jappe, Anselm. "Sohn-Rethel and the Origin of Real Abstraction: a Critique of Production of a Critique of Circulation?" *Historical Materialism*, vol. 21 (1), pp. 3-15.

23. Kershaw, I. "Book Reviews: The Economy and Class Structure of German Fascism. By Alfred Sohn-Rethel", *German History* 6. 2 (1988): 205-206.

24. Knieper, Rolf, Sohn-Rethel Alfred, and Wassmann Bettina. *Geld Und Recht*, 16 *Thesen*. Bremen: Wassmann, 1979.

25. Kratz, Steffen. *Sohn-Rethel Zur Einfuhrung*. Hannover: SOAK, 1980.

26. Kruger, Hans-Peter. *Kritik Der Kommunikativen Vernunft: Kommunikationsorientierte Wissenschaftsforschung Im Streit Mit Sohn-Rethel, Toulmin Und Habermas*. Berlin: Akademie-Verlag, 1990.

27. Kudascheff, Alexander. *Die Genesis Des Apriori: Zu Alfred Sohn-Rethels Epistemologie*. Thesis. N. d. *Die Genesis Des Apriori: Zu*

Alfred Sohn-Rethels Epistemologie, 1977.

28. Lauer, Enrik. *Literarischer Monetarismus: Studien Zur Homologie Von Sinn Und Geld Bei Goethe, Goux, Sohn-Rethell, Simmel Und Luhmann*. St. Ingbert: Rohrig Universitatsverlag, 1994.

29. Low-Beer, Peter, and Sohn-Rethel Alfred. *Industrie Und Gluck: Der Alternativ-Plan Von Lucas Aerospace*. Berlin: Wagenbach, 1981.

30. Lukoschik, Bernd. *Gesellschaftliche Formbestimmtheit Von Naturbegriff Und Erkenntnissubjekt: Versuche Zur Materialistischen Erkenntniskritik*. Thesis. N. d. *Gesellschaftliche Formbestimmtheit Von Naturbegriff Und Erkenntnissubjekt: Versuche Zur Materialistischen Erkenntniskritik*, 1988.

31. Mattick, Paul, Sohn-Rethel Alfred, and Haasis Hellmut G. *Beitrage Zur Kritik Des Geldes*. Frankfurt Am Main: Suhrkamp, 1976.

32. Muckenberger, Ulrich, Sohn-Rethel Alfred, and Wassmann Bettina. *Grenzuberschreitungen: Wie Aktuell Ist Arbeitern D. Sozialismus?* Bremen: Wassmann, 1979.

33. Muller, Joachim, Sohn-Rethel Alfred, and Wassmann Bettina. *Automatisierung Und Computer: E. Beitr. Zur Diskussion Uber D. Kritik Moderner Maschinerie*. Bremen: Wassmann, 1979.

34. Negt, Oskar. *Alfred Sohn-Rethel*. [Bremen]: Wassmann, 1988.

35. Negt, Oskar. *Unbotmassige Zeitgenossen: Annaherungen Und Erinnerungen*. Frankfur Am Main: Fischer Taschenbuch Verlag, 1994.

36. Nowotny, Helga, Sohn-Rethel Alfred, Arbeit Geistige, Arbeit Korperliche, and Seve Lucien. "Review of Frankfurt Am Main: Suhrkamp Verlag, 1970", *Theory and Society* 5. 1 (1978): 132-133.

37. Orikasa, Isao, Sohn-Rethel Alfred, and Wassmann Bettina. *Alfred Sohn-Rethel Und Die Marx-Forschung in Japan*. Bremen: Wassmann, 1979.

38. Paetzel, Peter. *Zum Allgemeinen Verhaeltnis Von Gesellschaftstheorie Und Erkenntnistheorie : Untersuchungen Zu Alfred Sohn-Rethel Und Georg Lukacs*. Thesis. N. d. *Zum Allgemeinen Verhaeltnis Von Gesellschaftstheorie Und Erkenntnistheorie : Untersuchungen Zu Alfred Sohn-Rethel Und Georg Lukacs*, 1974.

39. Panzieri, Raniero, Sohn-Rethel Alfred, and Conference of Socialist Economists (London), *The Labour Process and Class Strategies*. London: Stage 1, 1978.

40. Peterson, Larry, Wohlgemuth Heinz, Ullrich Volker, Ruge Wolfgang, Rurup Reinhard, Lucas Erhard, Krause Hartfrid, Morgan David W. , Wheeler Robert, Eisner Freya, Schock Eva Cornelia, Lehndorff Steffen, Duczynska Ilona, Bremer Jorg, Sohn-Rethel Alfred, Sohn-Rethel Martin, Mason Timothy, and Mason Timothy. "From Social Democracy to Communism: Recent Contributions to the History of the German Workers' Movement 1914-1945", *International Labor and Working-Class History* 20 (1981): 7-30.

41. Schmiede, Rudi, Sohn-Rethel Alfred, and Wassmann Bettina.

Taylorismus, *Zeitokonomie Und Kapitalverwertung in Der Entwicklung Des Deutschen Kapitalismus*. Bremen: Wassmann, 1979.

42. Schweitzer, Arthur, and Sohn-Rethel Alfred. "Review of Economy and Class Structure of German Fascism", *Journal of Economic History* 40. 4 (1980): 886-887.

43. Shaw, William H., Sohn-Rethel Alfred, Sohn-Rethel Martin, and Ruben David-Hillel. "Review of Intellectual and Manual Labour: A Critique of Epistemology", *The American Historical Review* 84. 3 (1979): 708-709.

44. Siebert, Rudolf J. *The Critical Theory of Religion: The Frankfurt School*. Lanham, MD: Scarecrow, 2001.

45. Slater, Phil, Sohn-Rethel Alfred, and Wassmann Bettina. *Alfred Sohn-Rethel on the Transition from Weimar to Nazi Germany*. Bremen: Wassmann, 1979.

46. Sohn-Rethel, Alfred. *Materialistische Erkenntniskritik Und Vergesellschaftung Der Arbeit. 2. Aufsatze*. Berlin: Merve-Verlag, 1971.

47. Sohn-Rethel, Alfred, and Vonk Erik. *Grootkapitaal En Fascisme: De Duitse Industrie Achter Hitler*. Amsterdam: Van Gennep, 1975.

48. Sohn-Rethel, Alfred. *Das Geld, Die Bare Munze Des Apriori*. Berlin: K. Wagenbach, 1990.

49. Sohn-Rethel, Alfred. *Das Ideal Des Kaputten*. Bremen: B. Wassmann, 1990.

50. Sohn-Rethel, Alfred. *Die Okonomische Doppelnatur Des Spatikapitalismus*. Darmstadt: Luchterhand, 1972.

51. Sohn-Rethel，Alfred. *Die Politischen Buros Der Deutschen Gross-industrie.*

52. Sohn-Rethel，Alfred. *Economy and Class Structure of German Fascism.* London：CSE，1978.

53. Sohn-Rethel，Alfred. *Geistige Und Korperliche Arbeit：Zur Epistemologie Der Abendlandischen Geschichte.* Weinheim：VCH，1989.

54. Sohn-Rethel，Alfred. *Industrie Und Nationalsozialismus：Aufzeichnungen Aus Dem Mitteleuropaischen Wirtschaftstag.* Berlin：Wagenbach，1992.

55. Sohn-Rethel，Alfred. *Intellectual and Manual Labour：A Critique of Epistemology.* Atlantic Highlands，N. J.：Humanities，1978.

56. Sohn-Rethel，Alfred. *Soziologische Theorie Der Erkenntnis.* Frankfurt Am Main：Suhrkamp，1985.

57. Sohn-Rethel，Alfred. *Von Der Analytik Des Wirtschaftens Zur Theorie Der Volkswirtschaft：Methodolog.Unters.Mit Bes.Bezug Auf D.Theorie Schumpeters. Thesis.* N. d. *Von Der Analytik Des Wirtschaftens Zur Theorie Der Volkswirtschaft：Methodolog.Unters.Mit Bes.Bezug Auf D.Theorie Schumpeters.* Emsdetten，Westf.：n. p.，1936.

58. Sohn-Rethel，Alfred. *Warenform Und Denkform；Aufsatze.* Frankfurt：Europaische Veragsanstalt，1971.

59. Toscano，Alberto. "The Culture of Abstraction"，*Theory，Culture & Society*，25. 4（2008）：57-75.

60. Toscano，Alberto. "The Open Secret of Real Abstraction"，*Rethin-*

king Marxism，20. 2（2008）：273-287.

61. Woesler, Christine. *Fur Eine Be-greifende Praxis in Der Natur*： *Geldformige Naturerkenntnis U. Kybernet. Natur.* Lahn-Giessen： Focus-Verlag，1978.

62. Wolf，Philipp. "The A Priori of Money：Alfred Sohn-Rethel and Literature"，（1999）：n. pag.

63. Zwerman，Gilda，and Sohn-Rethel Alfred. "Review of Intellectual and Manual Labor"，*Theory and Society*，11. 1（1982）：115-117.

（杨乔喻　收集整理）

后　记

　　2004 年，我第一次从齐泽克的《意识形态的崇高客体》中看到索恩-雷特尔这个名字，感觉可以说是完全陌生的。后来在我所关心的日本学者广松涉的书中，我又看到他的思想在场。① 后来我了解到在他很早出版的《脑力劳动和体力劳动》(1970)一书中就已经提出了商品交换中的现实抽象问题，让人为之一动。因为，这也是我在《回到马克思》中思考过的问题，虽然与索恩-雷特尔更宽泛的视角不同，我确认的是特定资本主义商品—市场交换中的客观关系抽象，可是，我并没有展开讨论这一重要的问题。并且，我也

---

　　① ［日］广松涉：《资本论的哲学》，第 243 页，南京，南京大学出版社，2013。令人吃惊的是，索恩-雷特尔的《脑力劳动与体力劳动》一书出版不久，日本学界就迅速翻译和出版了此书(寺田光雄、水田泽译，合同出版社，1975)。

没有真正从历史认识论的具体研究层面对此进行过深入的思考。不过说实话，索恩-雷特尔的思想构境之虚实真的很吸引我。于是，我很快让南京大学出版社购买了此书的德文版权，并且由南开大学哲学系的谢永康博士主持完成整个翻译工作。

我有些迫不及待地想将这本书介绍给国内马克思主义哲学研究界。原因很简单，因为索恩-雷特尔是一位试图从马克思的经济学语境中探寻出更深一层哲学认识论构境的思者，我也假设，他已有的理论努力有可能把我们关于马克思研究的思想学术构境层大大向认识论方向拓展为一个更宽广的平台。然而，最后的研究结果多少有些令我失望。因为，不客气地说，索恩-雷特尔的理论思考层级真的是远远落在我们南京大学马克思主义哲学研究水平之下的，无论是对马克思文本的熟悉程度和理解深度，还是对整个欧洲现当代学术史特别是西方马克思主义思潮中最重要的方法论进展的了解，我们可能都会比他更深更远一些。更重要的是，他在马克思主义的经济学与历史认识论的关联思考中，并没有获得真正的成功。即便如此，我还是坚持完成了对他这本书的研究，原因当然也是我打算利用他的正确思想构境道路做一些我自己曾经思考过的历史认识论问题的导引。这一点，还是那种寄生性的逻辑依附传递把戏。可能，这也是我下一步历史认识论研究构境意向的预告。

关于索恩-雷特尔的研究和思考，发生在我修改关于阿甘本那本小册子的第二稿期间，《脑力劳动与体力劳动》一书的译稿出来之后，我第一时间对其进行了完整的精读，并开始与周嘉昕博士、杨乔喻博士等人讨论其中的主要观点。出乎我的意料，他们都站在霍克海默式的批评立场上看待索恩-雷特尔的观点，这倒让我更加坚定了专题研究索恩-雷特尔的决心。于是，我放下手上的所有研究，在有限的业余时间中，全身心地投入到对索恩-雷特尔这本书的创作中去。本书的写作，开始于2015年春天，历时将近一年。应该说，索恩-雷特尔的理论构境并不属于思辨哲学的理路，但由于他独白式的固执和个人话语风格，写作还是遇到了一些困难，有时也会出现长时段的停顿。不过，最终我还是克服了这些困难，完成了这本小册子的全部写作。

这些年，我的行政工作已经占用和超出正常的工作时间，因为寒暑假和周末的时间几乎都被公务所征用，所以，我的学术研究和写作已经完全被挤压到清晨和往返南京到北京的高铁路途中。辛苦，倒也开心。我常想，人活着就是将时间拧出有效性汁水的过程，在这种碎片式的时间利用中，往往会有常人所没有的专注和无法体验的得意。

感谢南京大学哲学系的青年教师周嘉昕博士和杨乔喻博士参与此项研究工作的研讨，特别是他们的否定性批判意见激发出了我的斗志。我的博士研究生李乾坤在德文文献方面做了不少工作，1972年修订版的导言等文本都是他翻译的。乔喻在本书的目录和提要的英译上也承担了主要工作，并且，作为本书附录的两封书信也都是她翻译的。谢谢我的这些青年同事和学生。

最后，感谢出版社的编辑老师，没有他们负责任的编排校订，本书也不可能与读者见面。

我将此书题献给自己十分敬爱的大姐张莎亚。在我的记忆中，她是我在这个世界上所看到的最善良、最平实的人。在一个不可见的感情构境层面上，除去我的母亲，大姐用她圣性的真纯深深地影响了我自幼萌成的心灵结构。如果说，我能够在这个暴怒无情的世界里以德报怨，化恨为爱地去处世，多少都是受到她独特生命样态的教化。这一世，能遇到这样的大姐，真是命中福分。真心爱你，莎亚大姐。来世希望再续姐弟情缘。

张一兵

2016 年春节三稿于南京茶岗

图书在版编目（CIP）数据

发现索恩-雷特尔：先天观念综合发生的隐秘社会历
史机制 / 张一兵著. —北京：北京师范大学出版社，
2018.8
（当代国外马克思主义哲学研究丛书）
ISBN 978-7-303-22635-1

Ⅰ.①发… Ⅱ.①张… Ⅲ.①索恩-雷特尔-哲学思
想-研究 Ⅳ.①B516.6

中国版本图书馆 CIP 数据核字（2017）第 188386 号

营　销　中　心　电　话　010-58805072　58807651
北师大出版社学术著作与大众读物分社　http://xueda.bnup.com

FAXIAN SUOEN LEITEER
出版发行：北京师范大学出版社　www.bnup.com
　　　　　北京市海淀区新街口外大街 19 号
　　　　　邮政编码：100875
印　　刷：北京盛通印刷股份有限公司
经　　销：全国新华书店
开　　本：710 mm×1000 mm　1/16
印　　张：26.5
字　　数：315 千字
版　　次：2018 年 8 月第 1 版
印　　次：2018 年 8 月第 1 次印刷
定　　价：81.00 元

策划编辑：饶　涛　　　责任编辑：赵雯婧
美术编辑：王齐云　　　装帧设计：王齐云
责任校对：段立超　　　责任印制：马　洁